Systemadministration mit Windows Server 2022
und Windows 11 in 35 Tagen
Teil 3 - Weiterführende Themen
Tag 26-35: Netzwerk und Unternehmensumgebung

Nicole Laue

Systemadministration mit Windows Server 2022 und Windows 11 in 35 Tagen

Teil 3 - Weiterführende Themen

Tag 26-35: Netzwerk und Unternehmensumgebung

Verlag Nicole Laue

Bibliografische Information der Deutschen Bibliothek:
Die Deutsche Bibliothek verzeichnet diese Publikation in der Deutschen Nationalbibliografie; detaillierte bibliografische Daten sind im Internet über http://dnb.ddb.de abrufbar.

Herstellung: BOD, Books on Demand, Norderstedt
Titelfoto: iStock.com/baranozdemir
Hintergrundbild iStock.com/K_Thalhofer
ISBN: 978-3-947938-09-4

Inhaltsverzeichnis

Für wen ist dieses Buch?

Dieses Buch ist der dritte Teil einer Reihe von drei Büchern, in denen Sie durch alle relevanten Themengebiete der Serveradministration mit Windows Server 2022 und Windows 11 als Client geführt werden.

Diese Reihe führt Sie in insgesamt 35 Schulungstagen durch dieses komplexe Thema.

Sie sollten die beiden vorhergehenden Bücher

Systemadministration mit Windows Server 2022 und Windows 11 in 35 Tagen

Teil 1 – Grundlagen

Tag 1-15

und

Systemadministration mit Windows Server 2022 und Windows 11 in 35 Tagen

Teil 2 - Weiterführende Themen

Tag 16-25: Active Directory

vorher durchgearbeitet haben, oder zumindest die darin vermittelten Kenntnisse besitzen.

Das Buch ist für zwei Personengruppen gleichermaßen geeignet:

- Privatleute, die sich die Kenntnisse im Selbststudium aneignen möchten
- Schulungsunternehmen, die eine Schulungsunterlage benötigen

In Zusammenarbeit mit der GFN GmbH wurde die Reihe für die Ausbildung zum Fachinformatiker Systemintegration (FISI) konzipiert und wird dort als Schulungsunterlage eingesetzt.

Ein Schulungsbuch kann nur gut sein, wenn das Erlernte sofort in praktischen Übungen ausprobiert werden kann.

Aus diesem Grund finden Sie in jedem Kapitel viele Übungen.

Sowohl die Lösungen für diese Übungen als auch die PowerPoint Präsentationen für den Unterricht stehen auf der Homepage des Verlags http://www.laue-net.de zum Download bereit.

Übungsumgebung

Die Hardwarevoraussetzungen für eine Übungsumgebung sind nicht besonders hoch. Sie können jeden Computer dafür benutzen, der folgende Mindestvoraussetzungen erfüllt:

- 32 GB Arbeitsspeicher
- 1 - 2 TB freien Festplattenspeicher

Für die Übungen installieren Sie eine Virtualisierungssoftware, die Übungen sind auf Hyper-V ausgelegt.

Ansonsten benötigen Sie lediglich DVDs oder ISO-Dateien mit Windows Server 2022 und Windows 11.

Einrichtung der Übungsumgebung

Falls Sie den vorherigen Kurs mit den Schulungstagen 16 - 25 (Active Directory) bearbeitet haben, können Sie mit der Übungsumgebung nahtlos weiterarbeiten.

Setzen Sie diese einfach auf den Prüfpunkt „Basis“ zurück und beginnen Sie mit diesem Buch.

Falls Ihnen keine Übungsumgebung zur Verfügung steht, können Sie eine Installationsanleitung auf der Homepage des Verlags http://www.laue-net.de herunterladen.

Software

Für die Übungen benötigen Sie folgende Evaluierungskopien:

- Windows Server 2022
- Windows 11

Die meisten dieser Evaluierungskopien können Sie bei Microsoft erhalten: Natürlich können Sie auch Vollversionen verwenden, die dann nicht aktiviert werden müssen.

Wie benutze ich dieses Buch?

Dieser Kurs ist für eine Gesamtdauer von 35 Tagen ausgelegt.

Sie müssen sich nicht akribisch daran halten, an manchen Tagen geht es schneller, und Sie sind früher fertig, an manchen Tagen aber ist der Stoff für Sie nicht so einfach und Sie brauchen länger.

Das ist kein Problem!

Die Einteilung in Arbeitstage ist nur ein Anhaltspunkt, Sie sollten sich nach Ihren Bedürfnissen richten, damit Sie zum bestmöglichen Ergebnis kommen.

Für jeden Tag gibt es einige Übungen.

Diese Übungen sind von großer Bedeutung, Sie wiederholen damit die gelernte Theorie und trainieren Ihre Fähigkeiten.

Laden Sie sich für alle Übungen die Lösungen herunter, damit Sie überprüfen können, ob Sie alles richtig gemacht haben.

Sie kommen bei einer Übung nicht weiter?

Das ist auch kein Problem, denn die Lösungen sind als Schritt-für-Schritt Anleitung geschrieben, damit Sie jederzeit wieder den Anschluss finden.

Die Übungsumgebung ist so aufgebaut, dass Sie für jeden neuen Lerntag mit einer zuvor weggespeicherten Konfiguration arbeiten können.

Das ist wichtig, falls Sie einen bestimmten Lerntag noch einmal wiederholen möchten, Sie müssen dafür nur die Übungsumgebung auf einen bestimmten Stand zurücksetzen.

Wir wünschen Ihnen viel Erfolg auf Ihrem Weg zur Systemadministration!

Danksagung

An dieser Stelle möchte ich mich bei den vielen hilfreichen Freunden und Mitarbeitern bedanken, die erst ermöglicht haben, dass dieses Buch entstehen kann.

Ich bedanke mich bei folgenden Helfern:

Karin Feichtinger und meinem Mann Christian.

Sie waren mir als Betaleser eine große Hilfe und haben freiwillig ihre Freizeit geopfert. Mit ihrem großen Fachwissen waren sie ein wichtiger Bestandteil der Entstehung dieses Buches.

Besonderer Dank gilt den Mitarbeitern und Trainern der GFN GmbH, mit denen wir in enger Zusammenarbeit die Themen dieses Buchs abgestimmt haben.

26 Tag 26: Datendeduplizierung und BitLocker

Willkommen zurück!

Nun tauchen wir gemeinsam in die Weilt der erweiterten Systemadministration ein.

26.1 Einrichten der Datendeduplizierung

Seit einigen Versionen ist die Datendeduplizierung Bestandteil des Windows Servers.

Mit dieser Funktion wird verhindert, dass identische Daten mehrfach gespeichert werden. Damit kann der Speicherplatz effektiver genutzt werden.

Hierbei werden nicht nur ganze Dateien betrachtet. Daten werden in Blöcke mit variabler Größe unterteilt (32 KB bis 128 KB). Doppelte Daten werden nun anhand der Blöcke identifiziert.

Ein Beispiel:

Sie speichern ein Word-Dokument mit dem Protokoll des letzten Seminars.

Ein Kollege kopiert diese Datei, ändert nur den Namen des Teilnehmers und speichert die Datei in seinem Speicherlaufwerk.

Hierbei sind die Daten zum allergrößten Teil identisch, da die Datei ja in Blöcke aufgeteilt wird. Also können 99% der zweiten Datei beseitigt werden, es muss lediglich ein Verweis auf die ursprünglichen Datenblöcke bestehen bleiben.

Windows Server 2022 erweitert die Funktionalität auch auf die virtuellen Systeme, in denen ja häufig doppelte Daten zu finden sind. Jetzt können sowohl physische, als auch virtuelle Festplatten mit diesem Feature bereinigt werden.

Allerdings müssen die Datenträger mit NTFS formatiert sein, ReFS wird nicht unterstützt.

Windows Server 2022 unterstützt die Optimierung von Volumes mit einer Größe bis zu 64 TB.

Die Voraussetzungen für die Datendeduplizierung bezüglich der Laufwerke sind folgende:

- Sie dürfen kein System- oder Startvolume sein
- Sie müssen mit dem NTFS-Dateisystem formatiert sein
- Sie können als Master Boot Record (MBR) oder GUID-Partitionstabelle (GPT) partitioniert sein
- Sie können sich in Speicherfreigaben befinden, z. B. Speicher mit einem Fibre Channel- oder SAS-Array oder einem iSCSI-SAN, wenn das Windows-Failoverclustering vollständig unterstützt wird
- Sie dürfen nicht vom Microsoft Resilient File System (ReFS) abhängig sein
- Sie dürfen nicht größer als 64 TB sein
- Sie müssen für das Betriebssystem als nicht austauschbare Laufwerke verfügbar gemacht werden. Remote zugeordnete Laufwerke werden nicht unterstützt

Die Datendeduplizierung ist sehr einfach einzurichten, sie wird zunächst als Rollendienst der „Datei-/Speicherdienste“ installiert.

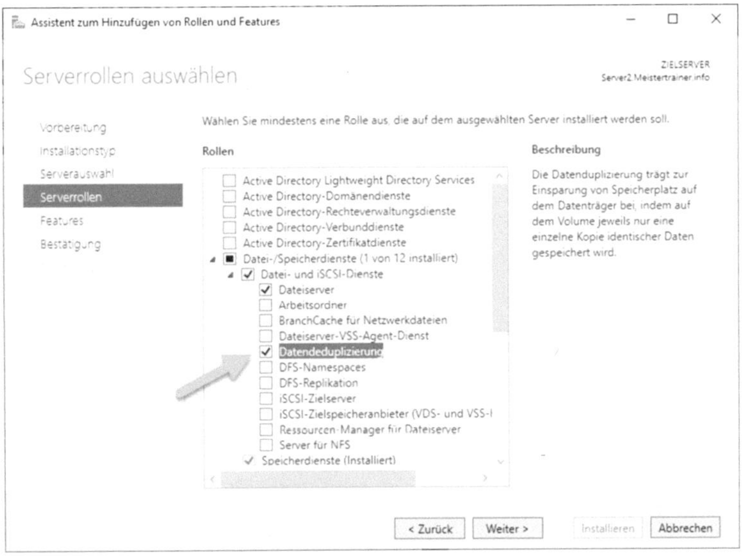

Abbildung 26.1: Installation

Nun kann sie konfiguriert werden.

Anders als die meisten Tools wird die Datendeduplizierung aber direkt im Server-Manager konfiguriert!

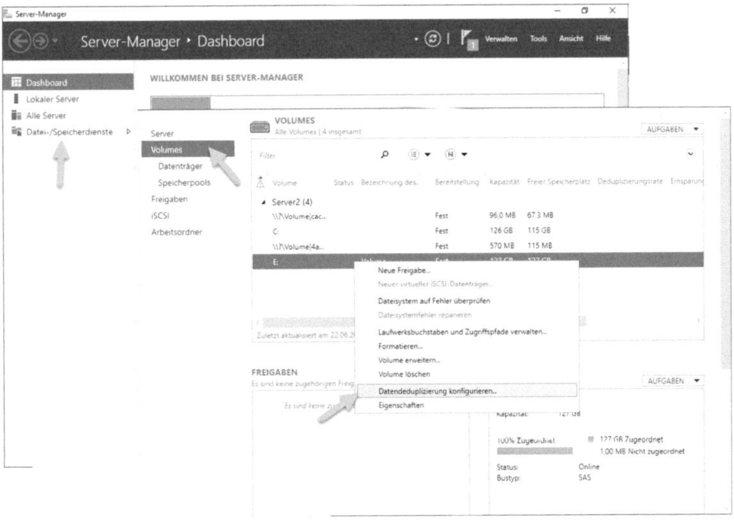

Abbildung 26.2: Konfiguration

Dazu wählen Sie „Datei- /Speicherdienste“ und klicken auf „Volumes“.

Im Kontextmenü können Sie nun „Datendeduplizierung konfigurieren“ wählen.

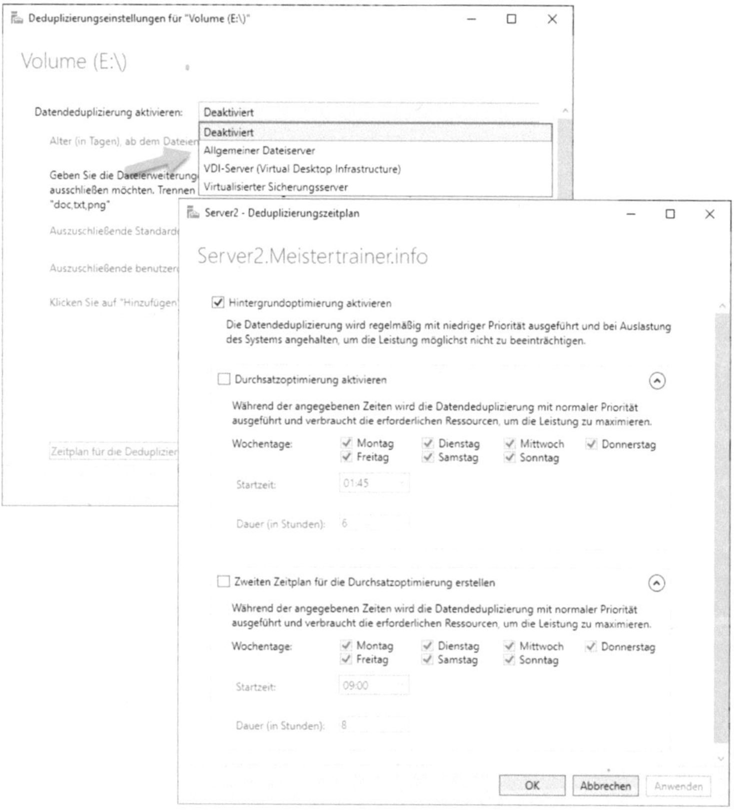

Abbildung 26.3: Datendeduplizierung

Hier wählen Sie die Art des Dateiservers aus und konfigurieren den Zeitplan.

Hier können Sie auch den Punkt „Virtualisierter Sicherungsserver“ wählen.

Die Datendeduplizierung in Windows Server 2022 eignet sich auch als Speicherplatz für Backups, da eine Größe bis zu 64 TB unterstützt wird.

Übung 26.1

- o Richten Sie auf der virtuellen Maschine „Server2“ eine weitere Festplatte ein
- o Aktivieren Sie auf dieser Festplatte die Datendeduplizierung für einen allgemeinen Dateiserver
- o Aktivieren Sie die Hintergrundoptimierung

26.1.1 Überwachung der Datendeduplizierung

Zum Überwachen der Datendeduplizierung stehen einige PowerShell Cmdlets zur Verfügung.

GET-DEDUPSTATUS

Gibt den Status für Laufwerke mit Metadaten für die Datendeduplizierung an.

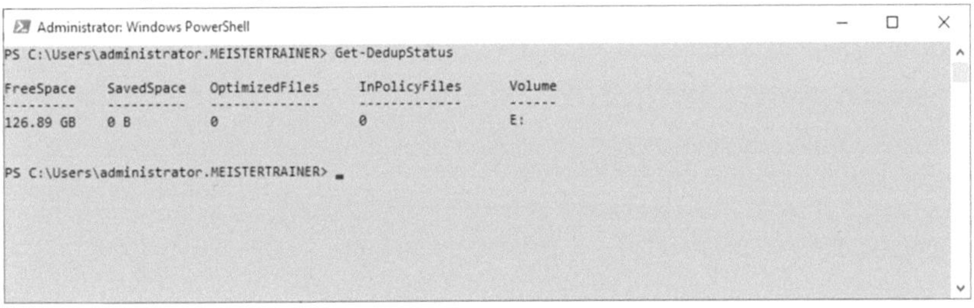

Abbildung 26.4: Get-DedupStatus

GET-DEDUPVOLUME

Gibt Laufwerke aus mit Metadaten für die Datendeduplizierung.

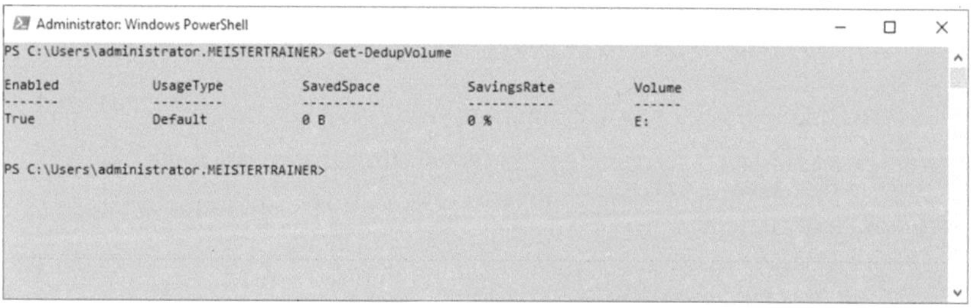

Abbildung 26.5:Get-DedupVolume

GET-DEDUPMETADATA

Gibt die Metadaten für Laufwerke mit Datendeduplizierung aus.

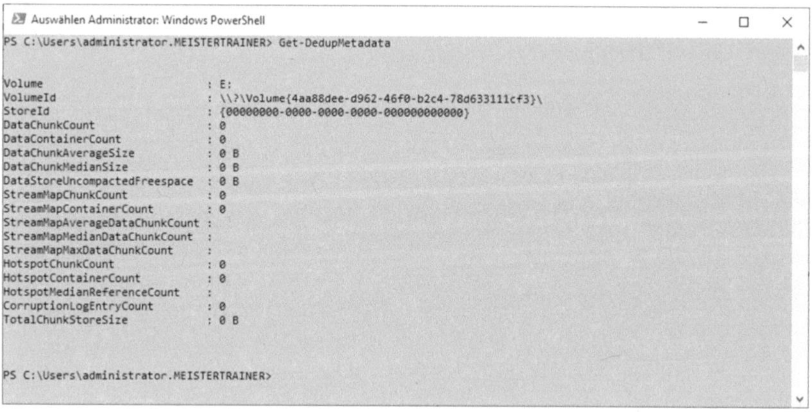

Abbildung 26.6: Get-DedupMetadata

GET-DEDUPSCHEDULE

Gibt die geplanten Jobs für die Datendeduplizierung aus.

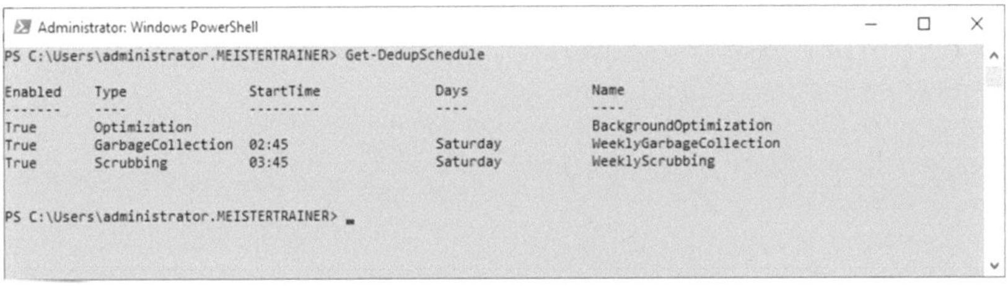


```
PS C:\Users\administrator.MEISTERTRAINER> Get-DedupSchedule

Enabled   Type               StartTime     Days       Name
-------   ----               ---------     ----       ----
True      Optimization                                BackgroundOptimization
True      GarbageCollection  02:45         Saturday   WeeklyGarbageCollection
True      Scrubbing          03:45         Saturday   WeeklyScrubbing

PS C:\Users\administrator.MEISTERTRAINER>
```

Abbildung 26.7: Get-DedupSchedule

Übung 26.1.1

- Betrachten Sie die eingerichtete Datendeduplizierung mithilfe der gelernten PowerShell cmdlets

26.2 BitLocker

BitLocker ist eine Möglichkeit, ganze Laufwerke komplett zu verschlüsseln, so dass beim Systemstart immer ein Verschlüsselungscode abgefragt wird. Da diese Funktion in den meisten Fällen eher auf dem Client als auf dem Server benutzt werden wird, zeigen wir hier die Einrichtung auf einem Windows 11 Client.

Damit wird sichergestellt, dass das Betriebssystem und die lokalen Festplatten sicher sind. Dies kann auf zwei verschiedene Arten erreicht werden:

Computer hat TPM (Trusted Platform Module) Chip 1.2

Die Computer der neuen Generation haben einen TPM Chip 1.2 oder höher. In diesem Fall kann die Verschlüsselung auf diesem Chip gespeichert werden.

Computer hat kein TPM (Trusted Platform Module) Chip 1.2

Alle anderen Computer, die den TPM Chip nicht haben, können BitLocker trotzdem verwenden, indem die Verschlüsselung auf einem USB Memory Stick gespeichert wird.

ACHTUNG!

Die Speicherung des Schlüssels auf einem USB-Stick kann natürlich nur ein Notbehelf sein. Ein USB-Stick ist ein Medium, das nicht die Zuverlässigkeit hat, wie ein Hardwarechip!

Sie sehen, bei einer BitLocker Verschlüsselung wird die Festplatte verschlüsselt und die Verschlüsselungsinformation wird auf der Hardware gespeichert.

Dadurch ergeben sich folgende Schutzszenarien, die durch BitLocker abgedeckt sind:

- Falls die Festplatte aus dem System ausgebaut wird und in ein anderes System eingebaut wird, ist die Entschlüsselungssequenz nicht verfügbar und das System kann nicht gestartet werden.

  Dies kann natürlich nur funktionieren, wenn der Schlüssel entweder auf dem TPM-Chip gespeichert worden ist, oder der USB-Stick nicht verfügbar ist, deswegen sollten Sie den USB-Stick immer abziehen, wenn Sie das System nicht benutzen!
- Falls Änderungen an den Startdateien, (die natürlich nicht verschlüsselt werden können) oder am BIOS vorgenommen worden sind, stimmt der Schlüssel nicht mehr und das System kann ebenfalls nicht mehr gestartet werden.

ACHTUNG!

Natürlich gibt es für diese Fälle auch ein Wiederherstellungskennwort, denn es ist ja möglich, dass Startdateien geändert werden müssen, oder dass Sie eine Festplatte in ein anderes System übernehmen müssen.

Dieses Kennwort sollten Sie sehr gut verwahren!

Wenn Sie den BitLocker aktivieren wollen, gehen Sie folgendermaßen vor:

- Systemsteuerung
- System und Sicherheit
- BitLocker-Laufwerksverschlüsselung

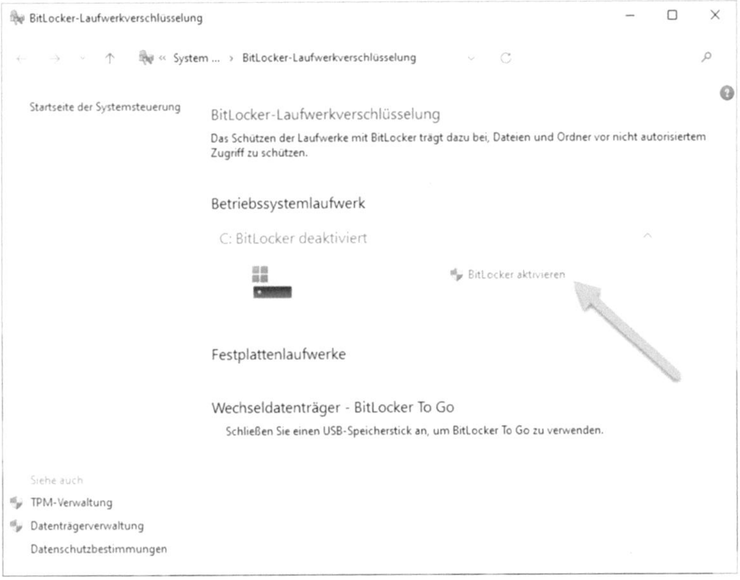

Abbildung 26.8: BitLocker Laufwerksverschlüsselung

Sie klicken hier auf „BitLocker aktivieren“.

Nun überprüft Windows das System.

Falls Sie einen startfähigen Datenträger im Laufwerk haben erkennt BitLocker das und lässt die Konfiguration nicht zu.

Abbildung 26.9: Startbarer Datenträger gefunden

Erst nach dem Entfernen des Datenträgers und einem Neustart können Sie BitLocker konfigurieren.

Abbildung 26.10: BitLocker wird gestartet

Nun wählen Sie aus, wo das komplexe Wiederherstellungskennwort gespeichert wird, das Sie benutzen müssen, wenn der Start von BitLocker verhindert wird.

Dies kann immer dann passieren, wenn Sie die Festplatte in ein anderes Gerät einbauen, oder wenn Sie beispielsweise die Startdateien geändert haben.

Dieses Kennwort wird in einer Datei gespeichert und kann auch ausgedruckt werden.

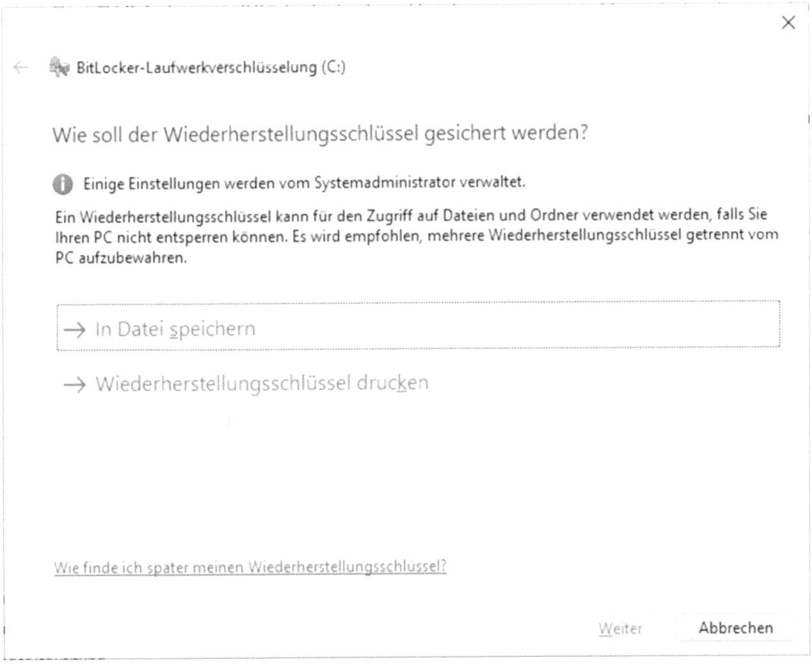

Abbildung 26.11: Wiederherstellungsschlüssel

ACHTUNG!

Sie können das Kennwort auf Diskette, auf dem USB-Stick oder auf der Festplatte speichern, nicht aber auf der verschlüsselten Partition!

Bedenken Sie auch, dass es auf dem USB-Stick vielleicht nicht so gut aufgehoben ist, denn gerade bei einem Ausfall des Sticks brauchen Sie das Kennwort!

Der nächste Schritt ist die Auswahl, ob das gesamte Laufwerk verschlüsselt werden soll oder nur der verwendete Speicherplatz.

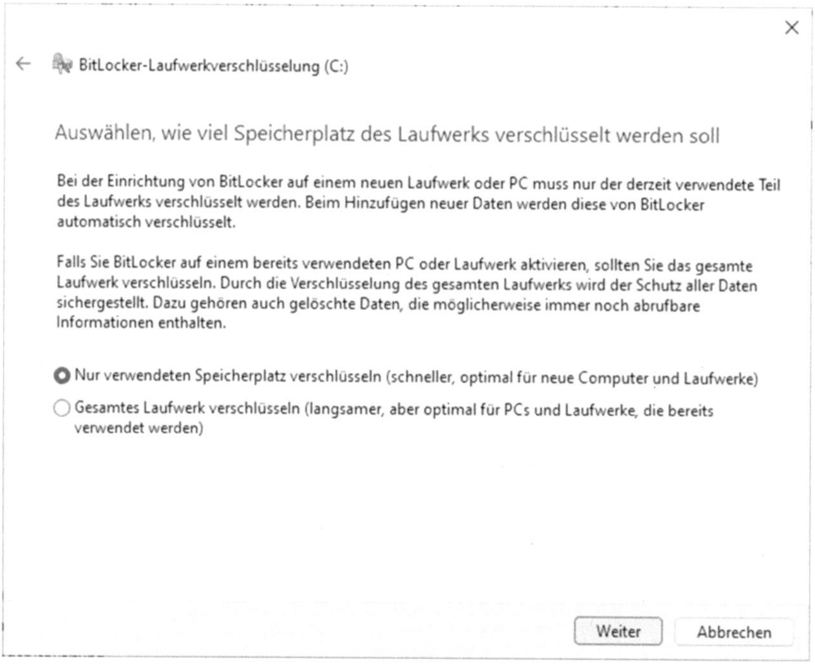

Abbildung 26.12: Auswahl Speicherplatz

ACHTUNG!

Auch wenn Sie wählen, dass nur der verwendete Speicherplatz verschlüsselt werden soll, bedeutet das nicht, dass die später hinzugefügten Daten unverschlüsselt sind.

Diese werden natürlich beim Hinzufügen auch verschlüsselt.

Der einzige, aber relevante Unterschied ist, dass bei einem Computer, der bereits in Gebrauch ist, unter Umständen Reste von zuvor gelöschten Daten vorhanden sind, die eventuell wiederhergestellt werden könnten.

Diese würden dann nicht verschlüsselt werden, da sie nicht als „verwendeter Speicherplatz“ betrachtet werden.

In diesem Fall sollten Sie immer das gesamte Laufwerk verschlüsseln, da dadurch auch diese Datenreste verschlüsselt und damit sicher sind.

Die letzte Auswahl ist der zu verwendende Verschlüsselungsmodus.

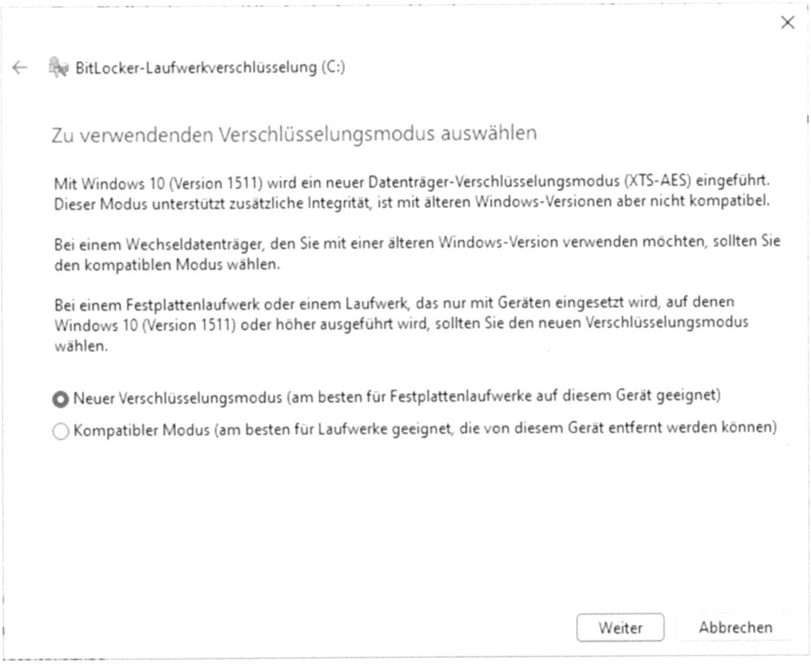

Abbildung 26.13: Verschlüsselungsmodus

BitLocker gibt es schon eine ganze Weile, dieses Feature ist permanent verbessert worden, oft, ohne dass man es bemerkt hat.

So wurde mit Windows 10 beim ersten großen Funktionsupdate im Herbst 2015 der Verschlüsselungsalgorithmus geändert.

Das hat zur Folge, dass nur Clients mit Windows 10 ab Version 1511 und Windows 11 diesen neuen Verschlüsselungsalgorithmus auch wieder entschlüsseln können.

Das sollte normalerweise kein Problem sein, nur wenn Sie dieses Laufwerk unter Umständen auch in älteren Systemen einsetzen möchten, sollten Sie den „kompatiblen Modus“ wählen.

Er folgt noch eine Abfrage, bei der Sie die Systemüberprüfung aktivieren können.

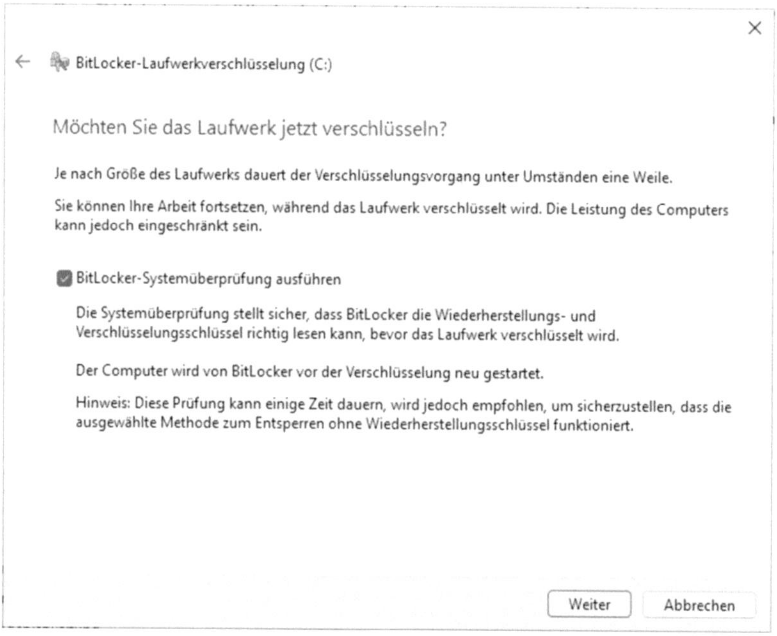

Abbildung 26.14: Systemüberprüfung

BitLocker verschlüsselt nun das Laufwerk und verlangt einen Neustart.

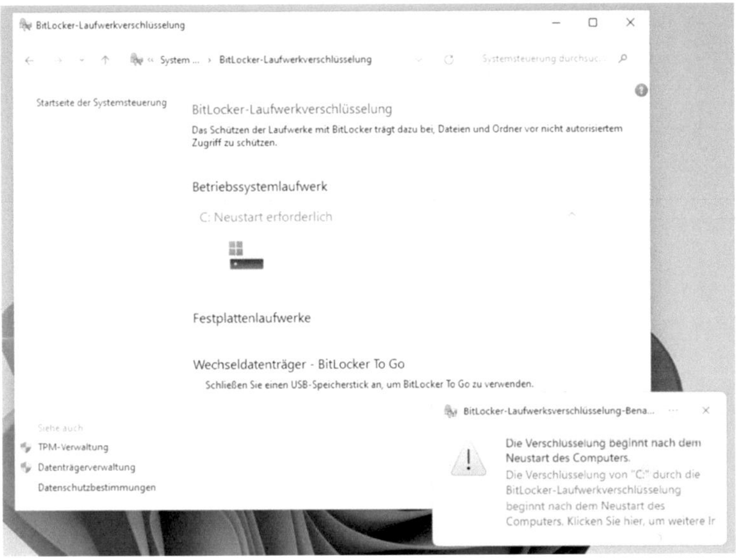

Abbildung 26.15: Neustart

Nach dem Neustart ist das Laufwerk verschlüsselt, kann aber vom Benutzer ohne Einschränkungen benutzt werden.

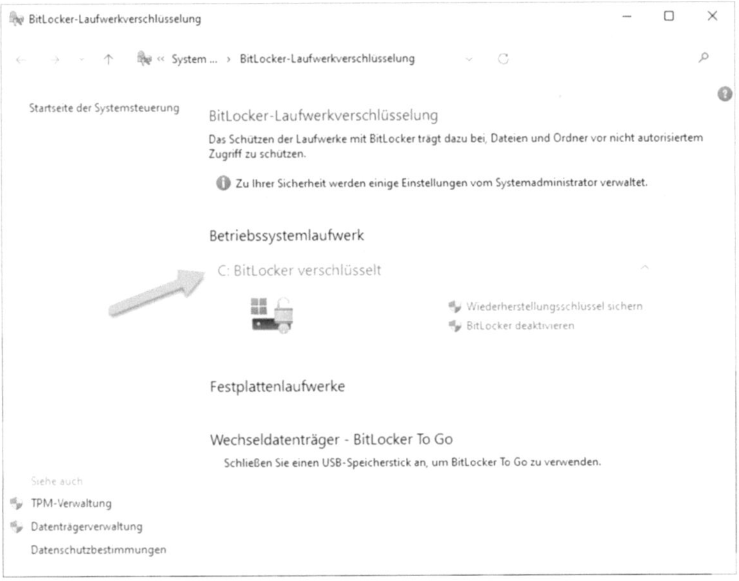

Abbildung 26.16: Laufwerk ist verschlüsselt

Übung 26.2

- Aktiveren Sie BitLocker auf W11
- Speichern Sie den Schlüssel in einer Freigabe mit Namen „Bitlocker“ auf Server2 unter dem Namen „BitLockerW11“
- Konfigurieren Sie BitLocker optimiert für einen bereits benutzten W11 Desktop und aktivieren Sie eine Systemüberprüfung

26.2.1 BitLocker mit USB-Stick

Windows 11 setzt ja für die Installation bereits einen TPM-Chip voraus, insofern gibt es mit diesem Betriebssystem im Normalfall keine Probleme.

Allerdings kann es durch Upgrades von Windows 10 in einigen Fällen dazu kommen, dass Windows 11 auch ohne TPM-Chip läuft.

In diesem Fall, oder falls Sie Windows 10 ohne TPM-Chip installiert haben, müssen Sie das Betriebssystem so konfigurieren, dass der BitLocker-Schlüssel nicht auf einem TPM-Chip gespeichert wird, sondern auf einem USB-Stick.

Dies können Sie wieder in der lokalen Gruppenrichtlinie konfigurieren.

Dafür erstellen Sie wieder eine MMC und fügen das Snap-In „Gruppenrichtlinienobjekt – Lokaler Computer“ ein.

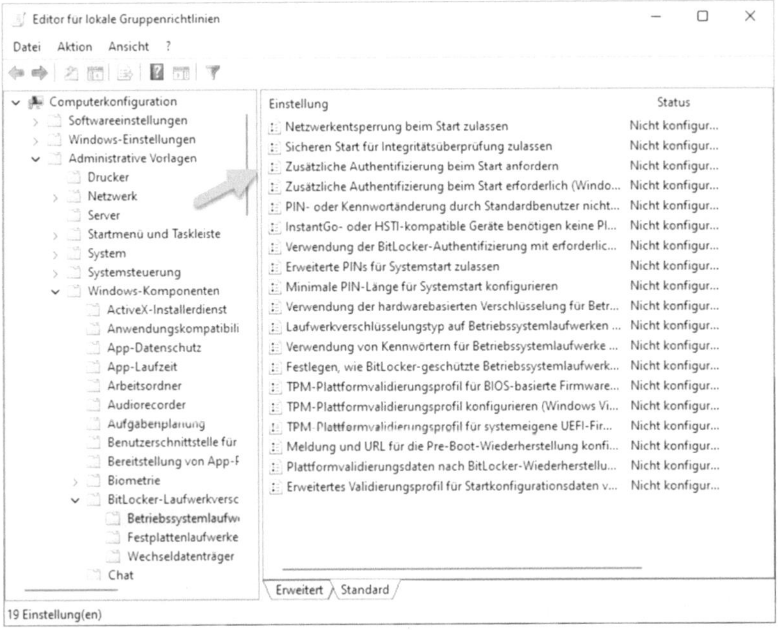

Abbildung 26.17: Gruppenrichtlinieneinstellung

Nun gehen Sie folgenden Weg:

- Computerkonfiguration
- Administrative Vorlagen
- Windows Komponenten
- BitLocker-Laufwerksverschlüsselung

Dort wechseln Sie ins Untermenü „Betriebssystemlaufwerk“ und wählen die Einstellung: „Zusätzliche Authentifizierung beim Start anfordern“ aus.

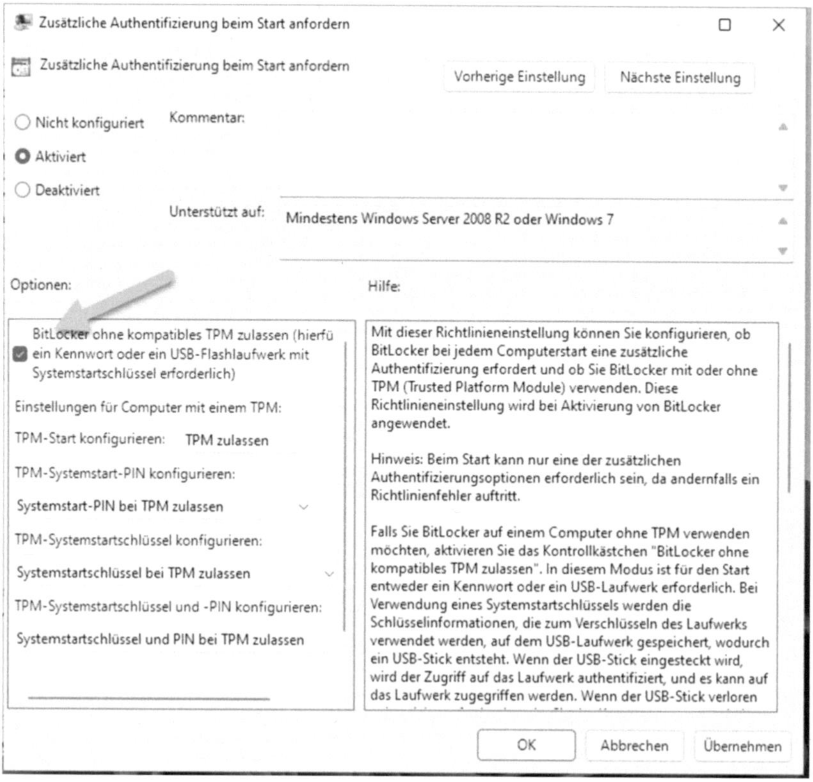

Abbildung 26.18: Zusätzliche Authentifizierung

Hier können Sie den Haken setzen vor „BitLocker ohne kompatibles TPM zulassen“. Dann wird für den Systemstart ein USB-Stick vorausgesetzt, der TPM ersetzt.

Nun können Sie BitLocker auch ohne TPM-Chip aktivieren.

Übung 26.2.1

- Betrachten Sie auf dem Client „W11“ die Einstellungen für BitLocker ohne TPM-Chip
- Ändern Sie die Einstellungen nicht

26.3 BitLocker To Go

BitLocker To Go ist für Wechselmedien gedacht. Es werden folgende Dateisysteme unterstützt:

- exFat
- FAT 16
- FAT 32
- NTFS

In der Standardkonfiguration wird mit 128 Bit AES verschlüsselt, dies können Sie aber in einer Gruppenrichtlinie anpassen.

Wenn ein Wechseldatenträger, wie ein USB-Stick, einmal mit BitLocker To Go verschlüsselt worden ist, kann er an jedem Windows Rechner ab Windows XP gelesen werden.

Der Zugriff auf die verschlüsselten Dateien wird durch ein Passwort oder eine Smart Card geschützt.

26.3.1 Konfiguration von BitLocker To Go

BitLocker To Go wird an der gleichen Stelle wie BitLocker konfiguriert.

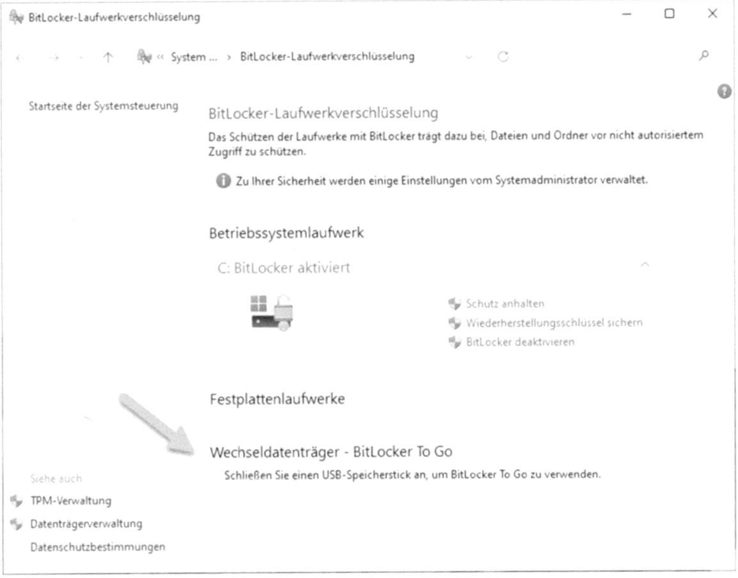

Abbildung 26.19: BitLocker To Go

Sie starten die Verschlüsselung des USB-Sticks, indem Sie auf „BitLocker deaktiviert“ klicken.

Der Assistent startet.

Nun legen Sie fest, ob der Stick mit einem Kennwort oder mit einer Smartcard entschlüsselt werden soll.

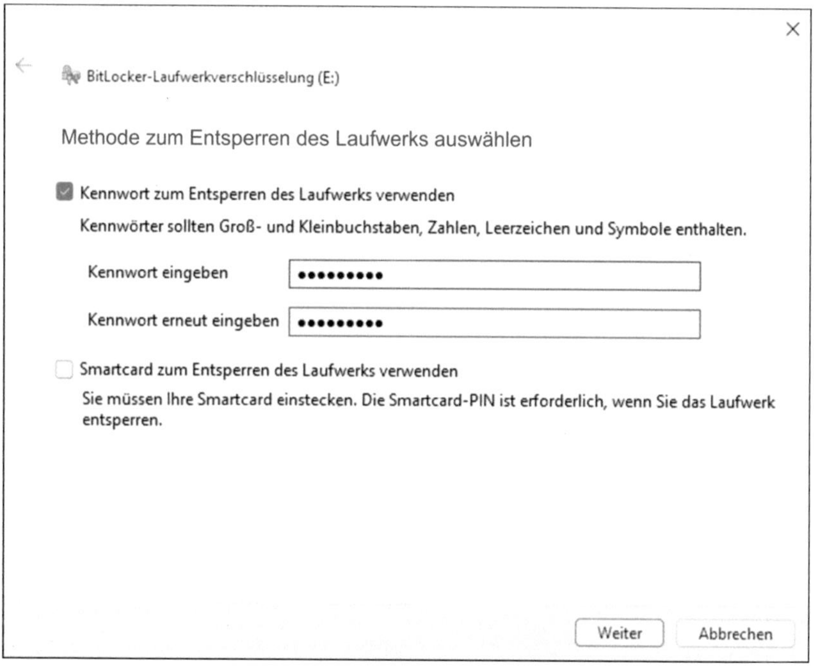

Abbildung 26.20: Kennwort oder Smartcard

Die restliche Einrichtung ist identisch mit der Verschlüsselung einer Festplatte.

Sie können natürlich BitLocker To Go in der Konsole wieder deaktivieren, oder Konfigurationseinstellungen vornehmen.

26.4 Wiederherstellung durch Active Directory

Falls Sie die mit BitLocker geschützten Daten wiederherstellen müssen, haben Sie ja für diesen Fall den Wiederherstellungsschlüssel, den Sie in einer Datei gespeichert haben und ihn eventuell auch ausgedruckt haben.

Wenn Sie BitLocker in einer Domäne einsetzen, besteht auch die Möglichkeit, die Informationen für die Wiederherstellung im Active Directory zu speichern.

Diese Konfiguration nehmen Sie in einer Gruppenrichtlinie vor.

Auch hier gehen Sie folgenden Weg:

- Computerkonfiguration
- Richtlinien
- Administrative Vorlagen
- Windows Komponenten
- BitLocker-Laufwerksverschlüsselung

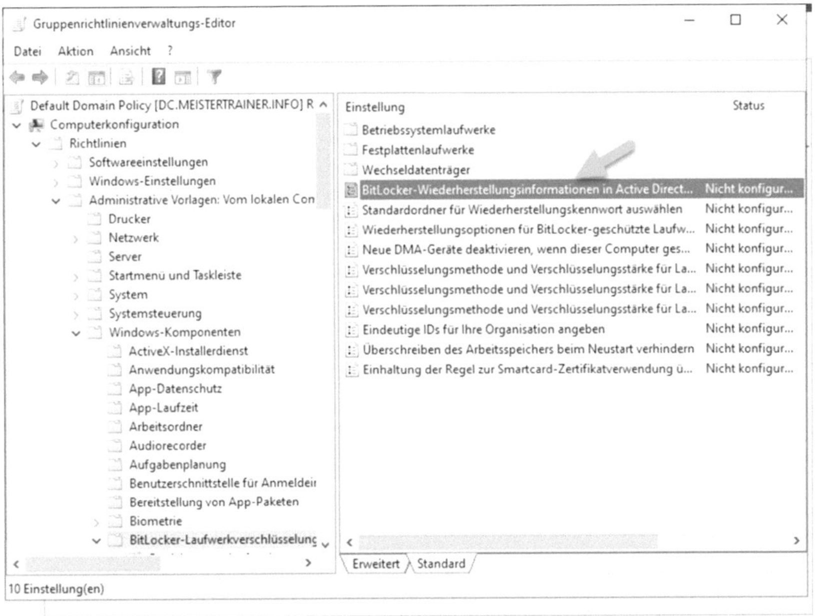

Abbildung 26.21: Gruppenrichtlinie

Bitte beachten Sie, dass Sie hierfür mindestens eine Windows Server 2008 Domäne benötigen!

Hier aktivieren Sie die Einstellung „BitLocker-Wiederherstellungsschlüssel in Active Directory speichern“.

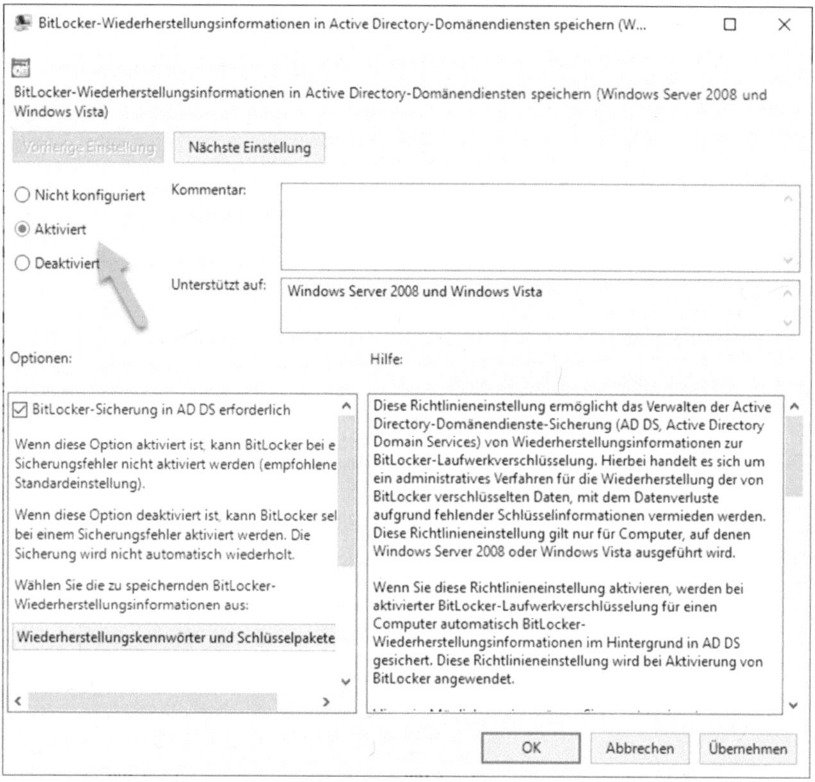

Abbildung 26.22: Konfigurationseinstellungen

Übung 26.4

- Aktivieren Sie das Speichern der BitLocker-Wiederherstellungsschlüssel im Active Directory
- Setzen Sie alle virtuellen Maschinen auf den Prüfpunkt „Basis“ zurück

26.5 BitLocker mit der PowerShell

Die wichtigsten Befehle für BitLocker finden Sie hier:

Cmdlet	**Bedeutung**
Add-BitLockerKeyProtector	Fügte einen Schlüssel hinzu
Backup-BitLockerKeyProtector	Sichert den Schlüssel im Active Directory
Clear-BitLockerAutoUnlock	Entfernt die automatischen Entsperrschlüssel
Disable-BitLocker	Deaktiviert BitLocker auf einem Laufwerk
Enable-BitLocker	Aktiviert BitLocker
Get-BitLockerVolume	Zeigt Informationen
Import-TpmOwnerAuth	Importiert einen Schlüssel in die Registry (Änderung möglich)
Get-TpmSupportedFeature	Überprüft die Eigenschaften des TPM-Chips

27 Tag 27: Speicherverwaltung

27.1 Einrichten der Serverspeicherung

Größere Firmen haben immer zu wenig und zu langsamen Speicherplatz.

Außerdem muss der Speicher so sicher wie möglich gegen Ausfall und Datenverlust sein.

Microsoft bietet in Windows Server 2022 hierfür die sogenannte Serverspeicherung an.

Der Grundgedanke ist, dass Sie die verschiedensten Festplatten benutzen können, um daraus einen Speicherpool zu erstellen.

Abbildung 27.1: Spicherpool

Innerhalb dieses großen Speicherpools können Sie dann virtuelle Festplatten definieren, die fehlertolerant sind, da die Daten auf mehrere Festplatten verteilt gespeichert werden können.

Diese virtuellen Festplatten werden „Speicherplätze“ oder „Storage Spaces“ genannt. Sie sind fehlertolerant, und führen automatisch alle nötigen Aktionen aus, um Daten wiederherzustellen, wenn Festplatten ausgefallen sind.

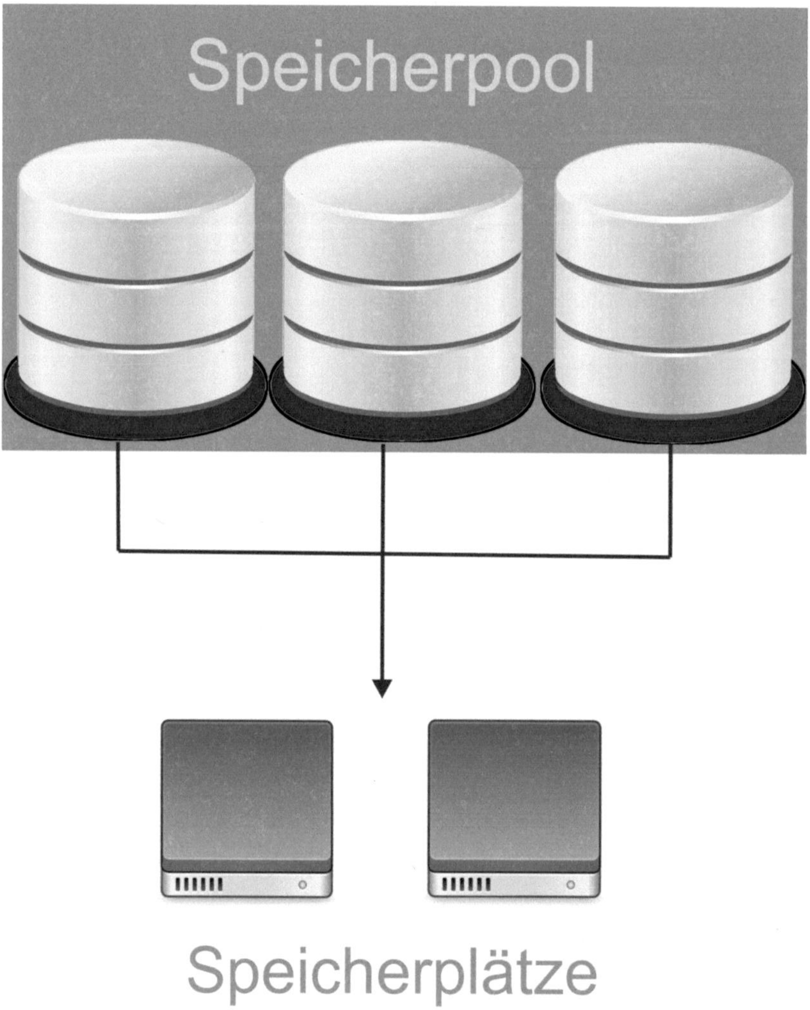

Abbildung 27.2: Speicherplätze

Im dritten und letzten Schritt legen Sie dann innerhalb dieser virtuellen Festplatten einzelne Laufwerke an, auf denen die Daten gespeichert werden können.

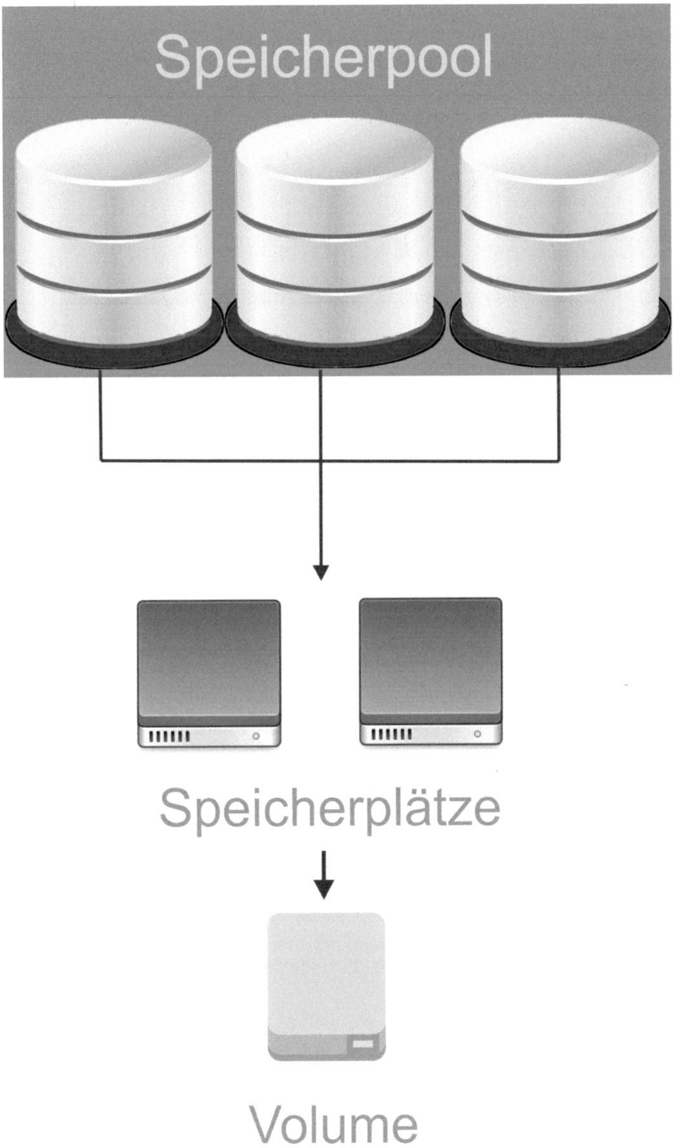

Abbildung 27.3: Laufwerke definieren

27.1.1 Anlegen eines Speicherpools

Um einen Speicherpool anzulegen, dürfen die Festplatten noch nicht benutzt oder formatiert sein. Die Platten müssen auch nicht online geschaltet oder partitioniert sein, es reicht aus, wenn sie mit dem Server verbunden sind und in der Datenträgerverwaltung angezeigt werden.

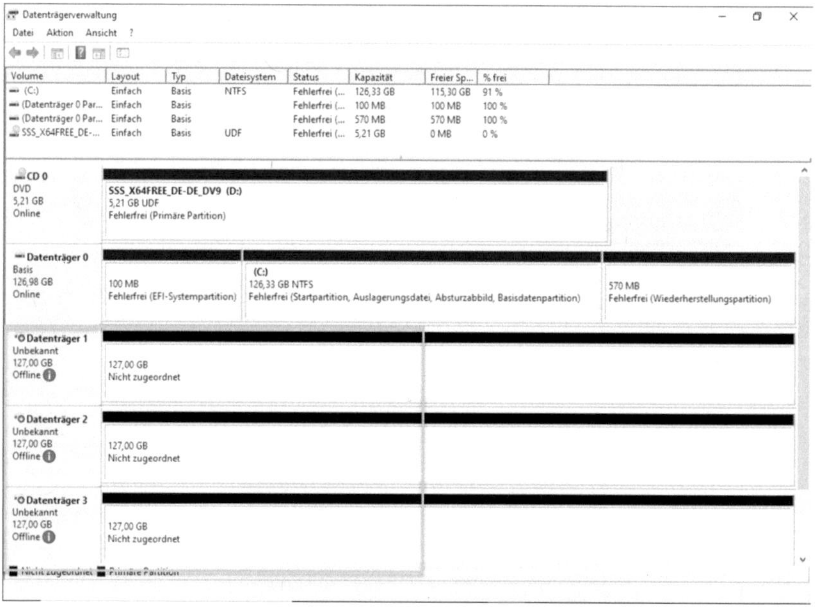

Abbildung 27.4: Festplatten für einen Speicherpool

Wenn Sie diese Voraussetzungen erfüllt haben, klicken Sie im Server-Manager auf „Datei- /Speicherdienste“.

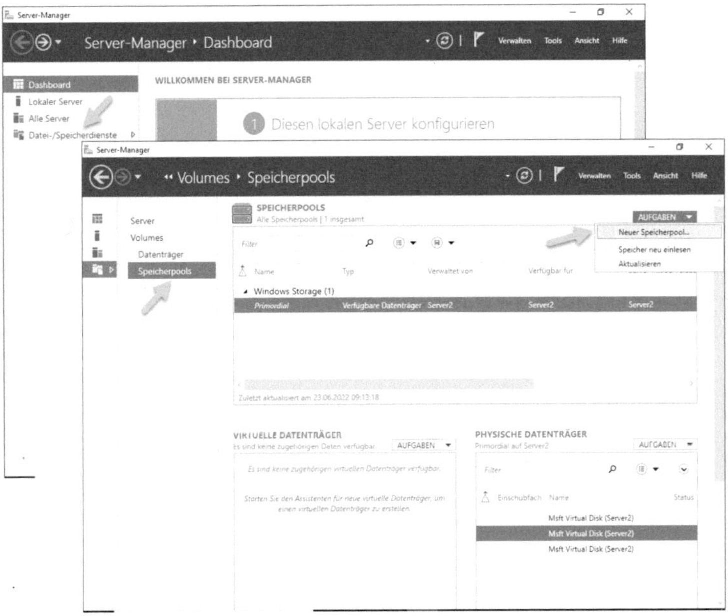

Abbildung 27.5: Speicherpools

Dort wählen Sie „Speicherpools" aus.

Zum Erstellen eines Speicherpools wählen Sie „Aufgaben" – „Neuer Speicherpool".

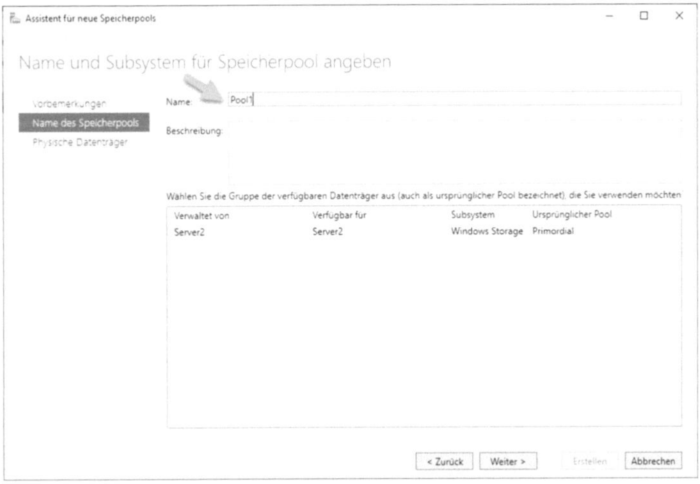

Abbildung 27.6: Name

Geben Sie dem Speicherpool einen Namen.

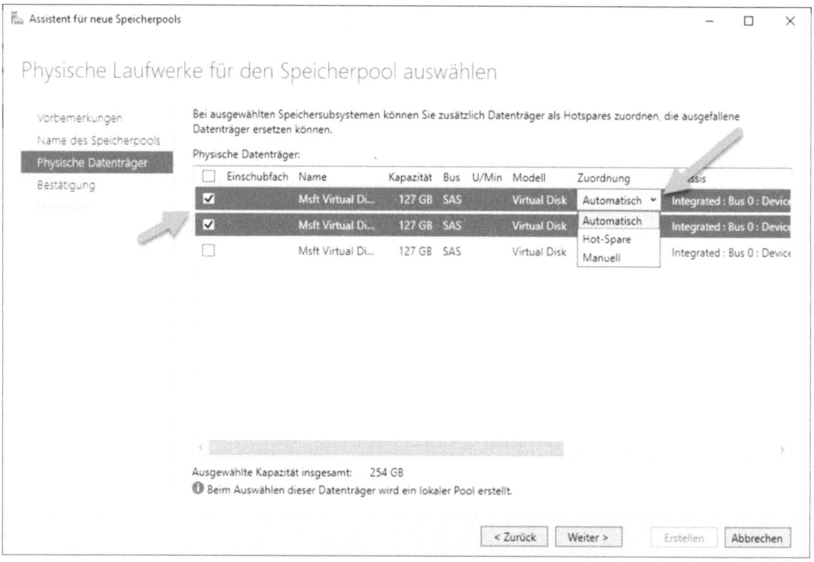

Abbildung 27.7: Festplatte hinzufügen

Fügen Sie alle gewünschten Festplatten hinzu.

Hier können Sie die Zuordnung der Festplatte wählen, das bedeutet:

Automatisch

Windows wählt selber, wie die Festplatte verwendet wird.

Hot Spare

Diese Platten würden bei einem Fehler sofort als Ersatz im laufenden Betrieb einspringen.

Manuell

Manuelle Auswahl.

Damit ist der Speicherpool erstellt.

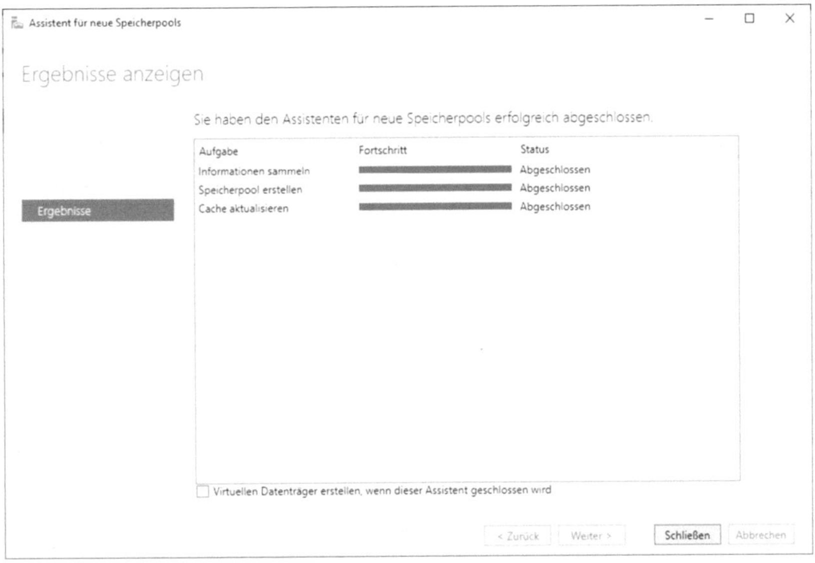

Abbildung 27.8: Speicherpool ist erstellt

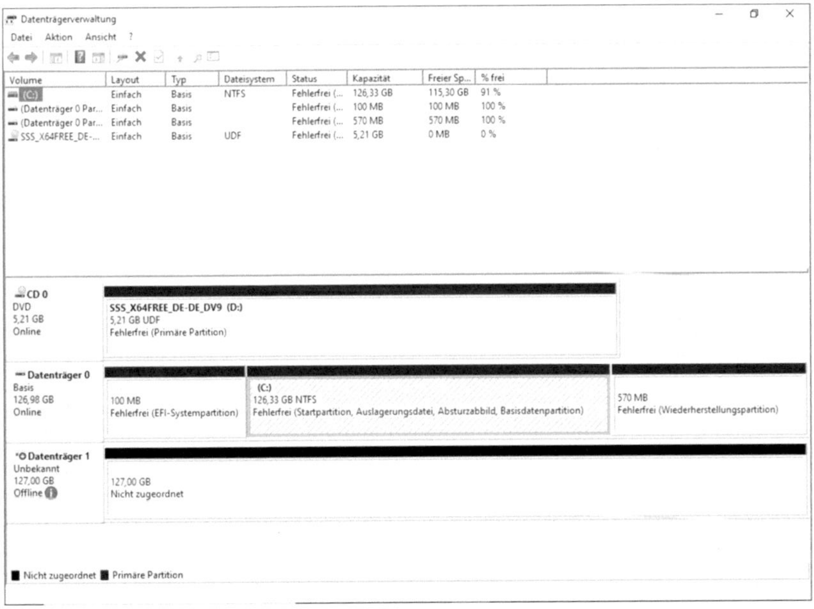

Abbildung 27.9: Datenträgerverwaltung

Interessant ist, dass die Festplatte aus dem Speicherpool nicht mehr in der Datenträgerverwaltung ist!

Sie wird nun ausschließlich über den Server-Manager verwaltet.

Übung 27.1.1

- Fügen Sie auf „Server2“ drei neue Festplatten hinzu
- Legen Sie auf zwei dieser Festplatten einen Speicherpool mit Namen „Pool1“ und den Standardeinstellungen an
- Überprüfen Sie danach in der Datenträgerverwaltung, ob und wie diese Festplatten angezeigt werden

Speicherpools mit der PowerShell

Speicherpools und virtuelle Festplatten lassen sich auch in der PowerShell verwalten.

Geben Sie an der PowerShell den Befehl

```
GET-COMMAND *STORAGE*
```

ein. Sie erhalten alle Befehle für die Speicherverwaltung.

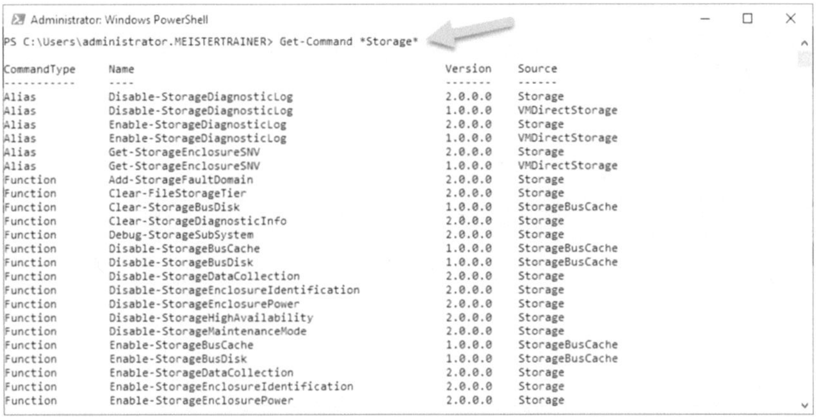

Administrator: Windows PowerShell

```
PS C:\Users\administrator.MEISTERTRAINER> Get-Command *Storage*

CommandType     Name                                               Version    Source
-----------     ----                                               -------    ------
Alias           Disable-StorageDiagnosticLog                       2.0.0.0    Storage
Alias           Disable-StorageDiagnosticLog                       1.0.0.0    VMDirectStorage
Alias           Enable-StorageDiagnosticLog                        2.0.0.0    Storage
Alias           Enable-StorageDiagnosticLog                        1.0.0.0    VMDirectStorage
Alias           Get-StorageEnclosureSNV                            2.0.0.0    Storage
Alias           Get-StorageEnclosureSNV                            1.0.0.0    VMDirectStorage
Function        Add-StorageFaultDomain                             2.0.0.0    Storage
Function        Clear-FileStorageTier                              2.0.0.0    Storage
Function        Clear-StorageBusDisk                               1.0.0.0    StorageBusCache
Function        Clear-StorageDiagnosticInfo                        2.0.0.0    Storage
Function        Debug-StorageSubSystem                             2.0.0.0    Storage
Function        Disable-StorageBusCache                            1.0.0.0    StorageBusCache
Function        Disable-StorageBusDisk                             1.0.0.0    StorageBusCache
Function        Disable-StorageDataCollection                      2.0.0.0    Storage
Function        Disable-StorageEnclosureIdentification             2.0.0.0    Storage
Function        Disable-StorageEnclosurePower                      2.0.0.0    Storage
Function        Disable-StorageHighAvailability                    2.0.0.0    Storage
Function        Disable-StorageMaintenanceMode                     2.0.0.0    Storage
Function        Enable-StorageBusCache                             1.0.0.0    StorageBusCache
Function        Enable-StorageBusDisk                              1.0.0.0    StorageBusCache
Function        Enable-StorageDataCollection                       2.0.0.0    Storage
Function        Enable-StorageEnclosureIdentification              2.0.0.0    Storage
Function        Enable-StorageEnclosurePower                       2.0.0.0    Storage
```

Abbildung 27.10: PowerShell Befehle

Hier finden Sie alle relevanten PowerShell Cmdlets.

Ein Beispiel:

Zum Erstellen eines neuen Speicherpools geben Sie ein:

NEW-STORAGEPOOL

27.1.2 Erstellen von Speicherplätzen

Nun kommen wir zum zweiten Schritt, dem Erstellen von Speicherplätzen innerhalb des Speicherpools.

Dafür erstellen wir virtuelle Festplatten, natürlich ebenfalls im Server-Manager.

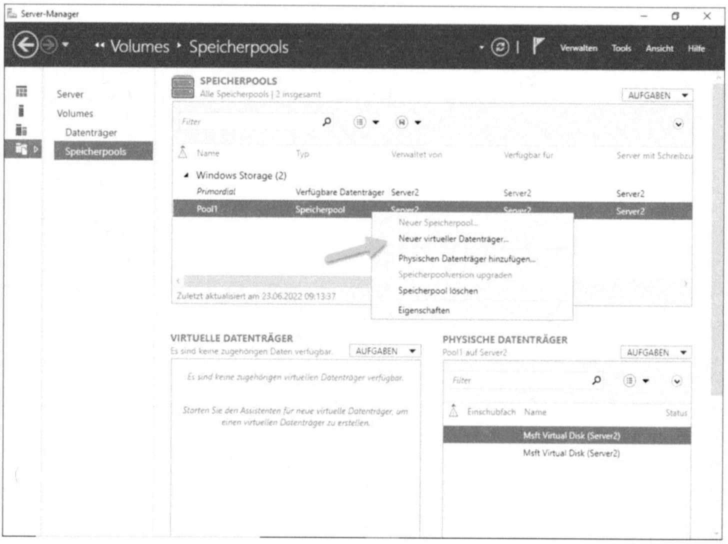

Abbildung 27.11: Virtuelle Festplatten

Klicken Sie mit der rechten Maustaste auf den Speicherpool, in dem Sie neue virtuelle Festplatten erzeugen wollen. Wählen Sie „Neuer virtueller Datenträger".

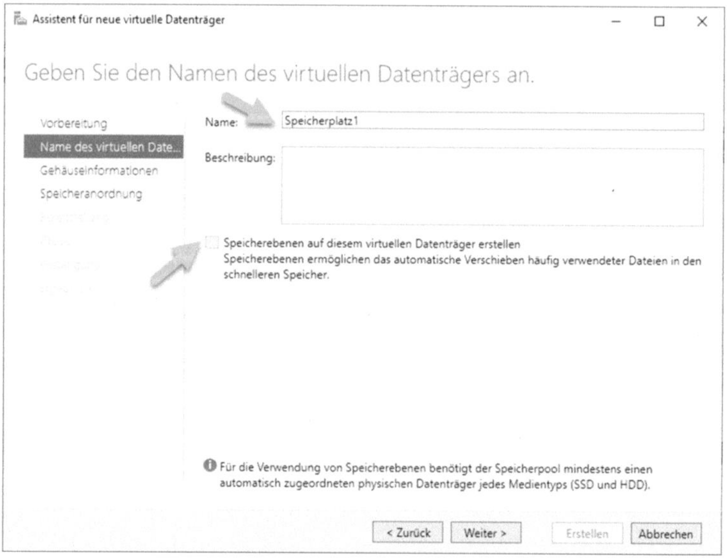

Abbildung 27.12: Assistent

Ein Assistent startet.

Sie geben dem Speicherplatz einen Namen und können wählen, ob Sie Speicherebenen erstellen möchten.

Das ist eine interessante Funktion, die zum Tragen kommt, falls sich in Ihrem Speicherpool sowohl HDD als auch SSD Speicher befindet.

Der SSD-Speicher ist bekanntlich der schnellere Speicher.

Wenn Sie diese Option wählen, verschiebt die Speicherverwaltung automatisch die häufig verwendeten Daten auf diesen schnelleren Speicher, damit der Zugriff optimiert wird.

Im nächsten Schritt geben Sie an, ob die Platten in getrennten Gehäusen gespeichert werden.

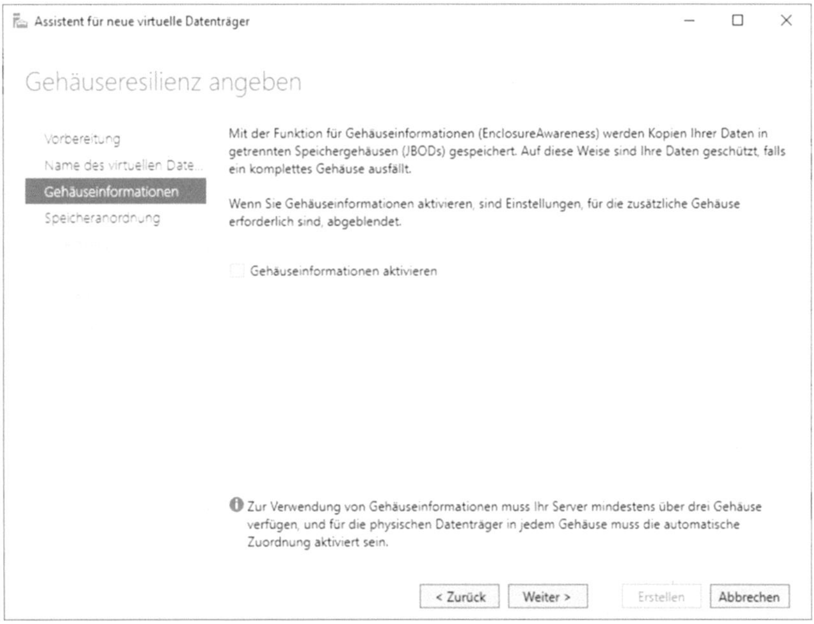

Abbildung 27.13:Gehäuseresilienz

Das ist durchaus sinnvoll, denn wenn einige Festplatten im selben Gehäuse untergebracht sind, könnten sie auch gemeinsam ausfallen, falls ein Problem vorliegt.

Deshalb kann dieser Umstand angegeben werden, und das System verteilt die Zugriffe soweit, dass möglichst immer Festplatten aus verschiedenen Gehäusen für einen Speicherplatz verwendet werden.

Der nächste Schritt ist die Auswahl der Speicheranordnung.

Simple

Keine Fehlertoleranz, die Daten werden über alle Festplatten verteilt, ähnlich dem Stripeset

Mirror

Gespiegelt

Parity

Das entspricht einem Stripeset mit Parität

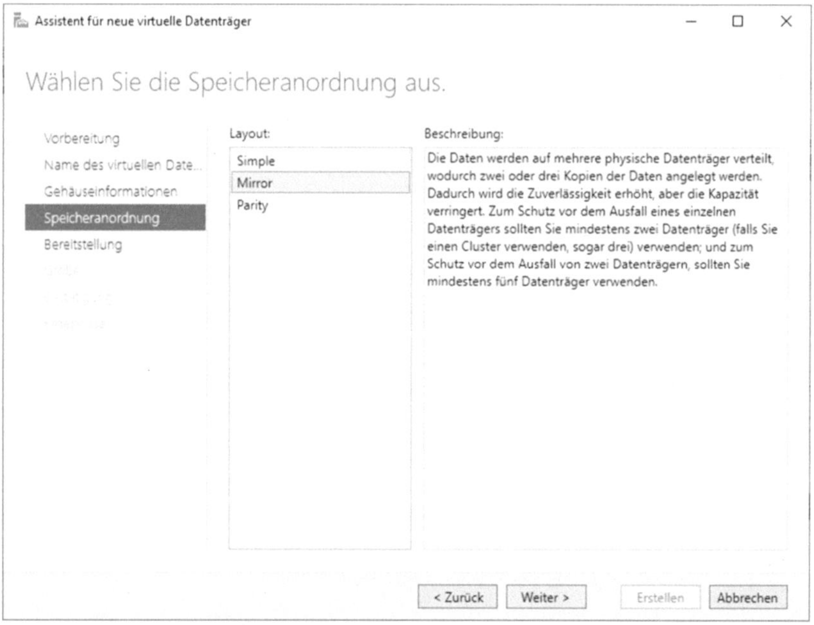

Abbildung 27.14: Speicheranordnung

Nun kommen wir zum wichtigsten Konfigurationsschritt. Hier kann die Datensicherheit für die virtuelle Festplatte festgelegt werden.

Dünn:

„Dünn“ bedeutet „Thin Provisioning“.

In diesem Fall können Sie mehr Platz verwenden, als durch die physischen Festplatten verfügbar ist.

Sollte der Speicherplatz aufgebraucht sein, erhalten Sie eine Meldung und können mehr Speicherplatz zur Verfügung stellen.

Fest:

Das ist die normale Bereitstellung, in der die Größe angegeben ist und nicht überschritten werden kann.

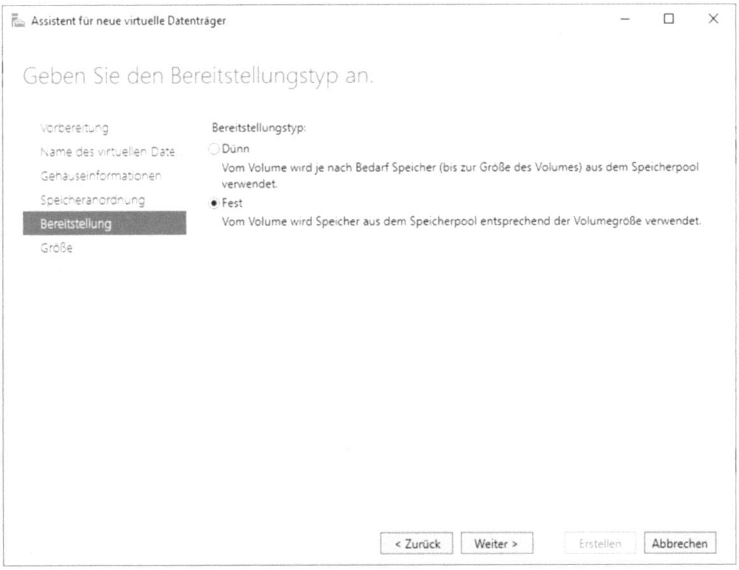

Abbildung 27.15: Weitere Konfiguration

Im nächsten Schritt können Sie noch festlegen, ob die Größe des virtuellen Volumes dynamisch wachsen soll, oder ob der Speicherplatz fest zugeteilt werden soll.

Auch können Sie die maximale Größe der virtuellen Festplatte festlegen.

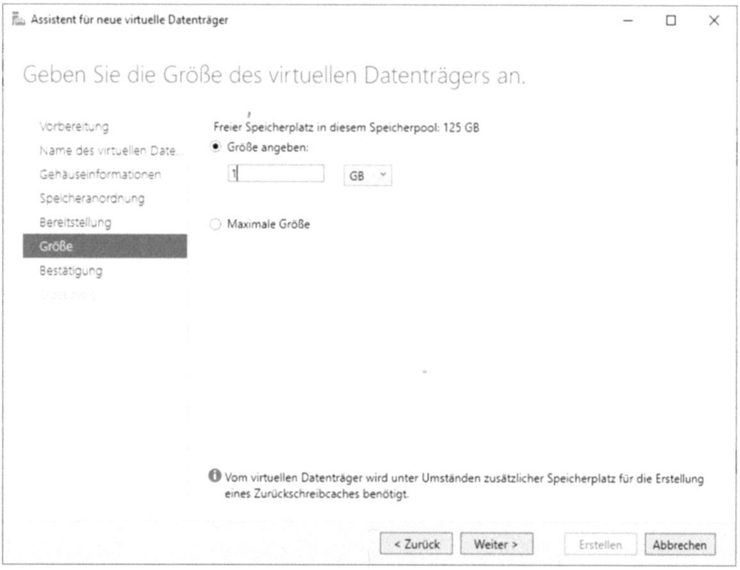

Abbildung 27.16: Größenangabe

Nun wird der virtuelle Datenträger erstellt.

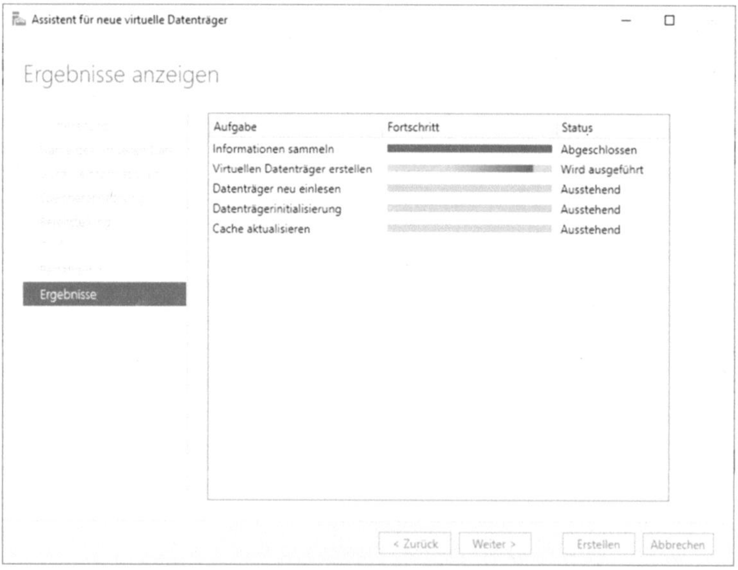

Abbildung 27.17: Virtueller Datenträger wird erstellt

27.1.3 Erstellen von Volumes

Was haben wir bisher gemacht?

Wir haben eine oder mehrere Festplatten zu einem gemeinsamen Speicherpool zusammengefügt und dann haben wir innerhalb des Speicherpools einen virtuellen Datenträger erstellt.

Mit der PowerShell machen Sie dies folgendermaßen:

NEW-VIRTUALDISK

Was fehlt noch?

Ganz einfach: Wir haben noch kein Volume erstellt!

Aus diesem Grund startet nach dem Erstellen des virtuellen Datenträgers automatisch ein weiterer Assistent, der uns genau durch diese Schritte führt.

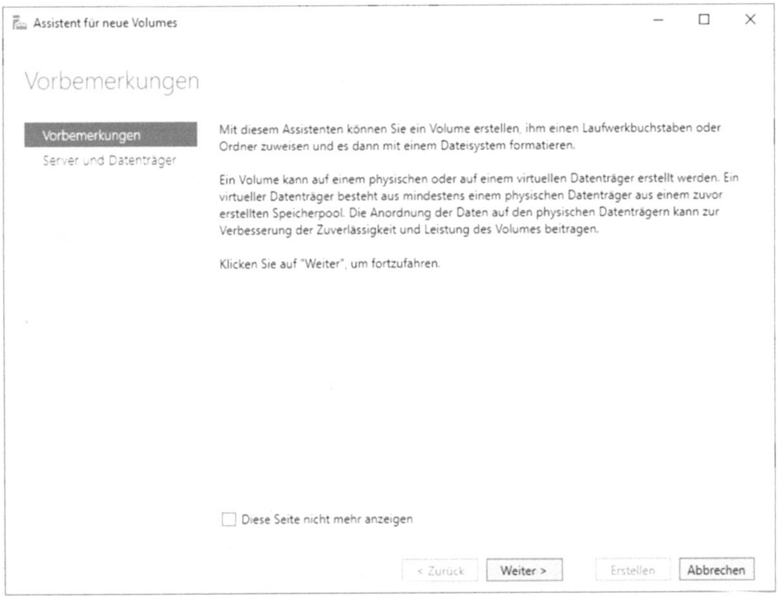

Abbildung 27.18: Assistent für neue Volumes

Zunächst suchen Sie den Server und den Datenträger aus, auf dem Sie ein Volume erstellen möchten.

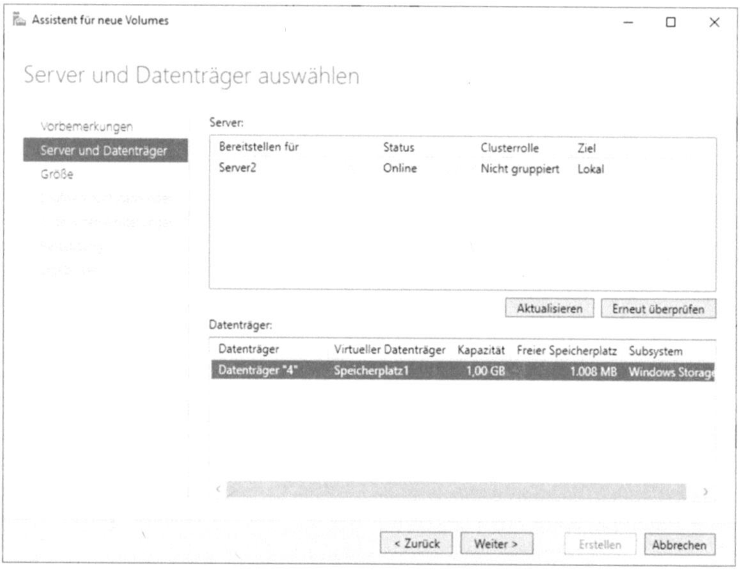

Abbildung 27.19: Auswahl Server und Datenträger

Danach legen Sie Größe und Laufwerksbuchstaben fest.

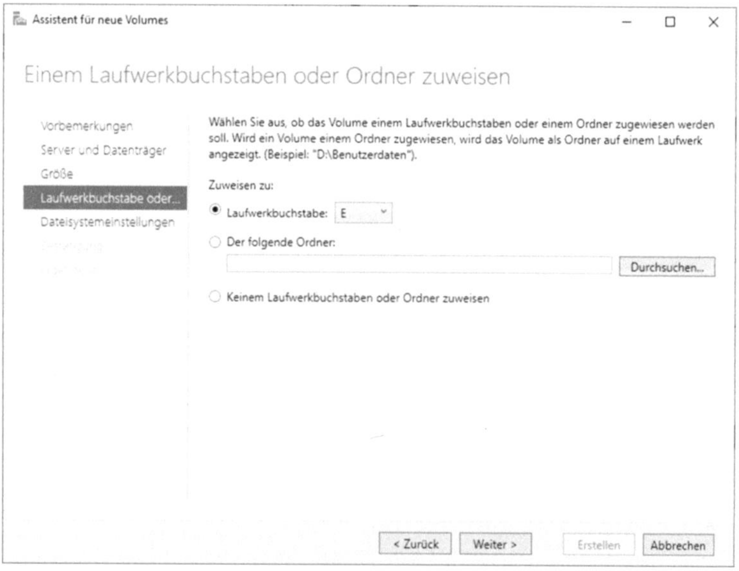

Abbildung 27.20: Auswahl Größe und Laufwerksbuchstabe

Danach wird das Volume erstellt.

PowerShell Cmdlets:

Initialize-Disk

New-Partition

Format-Volume

Übung 27.1.3

- Erstellen Sie einen Speicherplatz mit Namen „Speicherplatz1“ innerhalb des zuvor erstellten Speicherpools
- Der Speicherplatz soll die Daten spiegeln und eine feste Größe von 1 GB haben
- Legen Sie ein Volume mit dem Laufwerksbuchstaben E:\ an, verwenden Sie dabei den kompletten Speicherplatz

27.1.4 Erweitern von Speicherpools und virtuellen Festplatten

Ein großer Vorteil der Speicherpools ist, dass sie jederzeit erweiterbar sind.

Sie können eine weitere Festplatte physikalisch hinzufügen und dann im Server-Manager den Speicherpool um diese Festplatte erweitern:

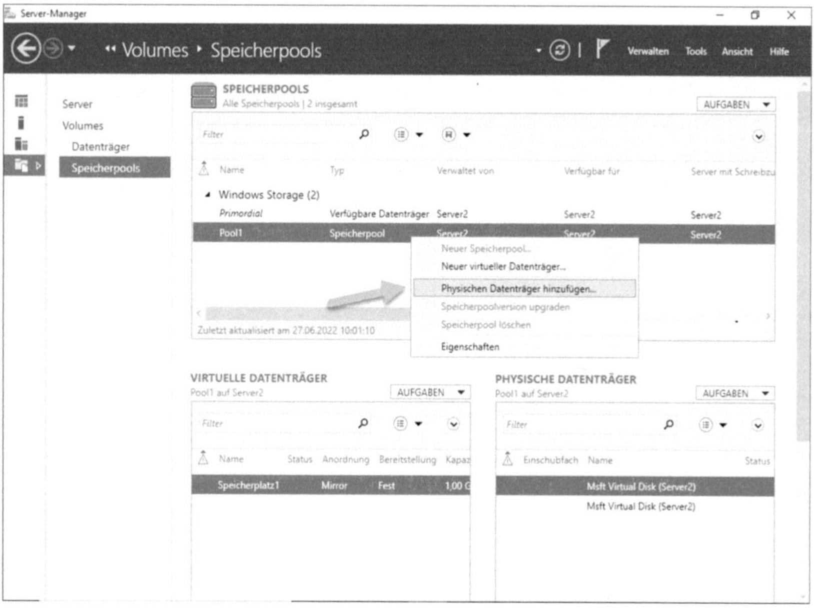

Abbildung 27.21: Speicherpool erweitern

Genauso einfach lässt sich auch ein virtueller Datenträger vergrößern:

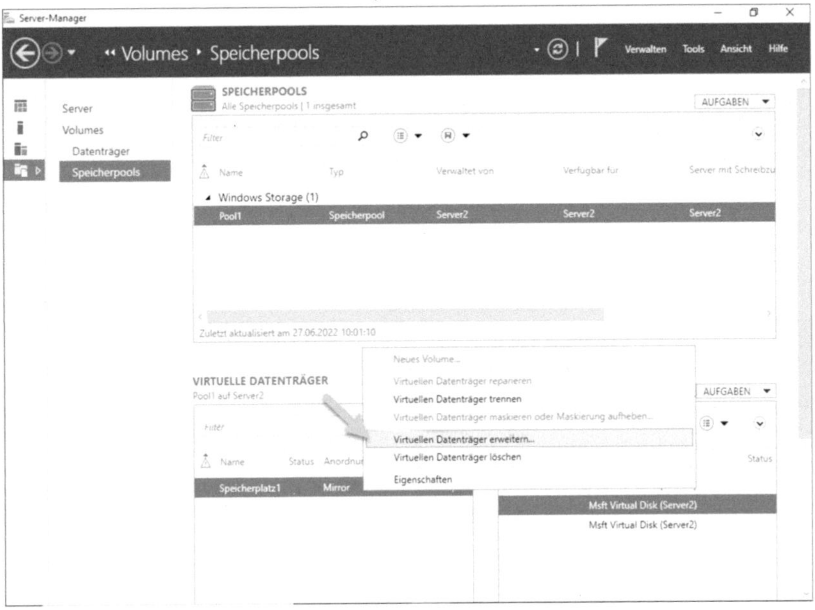

Abbildung 27.22: Erweitern eines virtuellen Datenträgers

Wenn eine Festplatte ausfällt, benötigen Sie zwei PowerShell Cmdlets:

RESET-PHYSICALDISK

REMOVE-PHYSICALDISK

Übung 27.1.4

- Fügen Sie dem Speicherpool „Pool1" eine neue Festplatte hinzu
- Verwenden Sie dafür die dritte virtuelle Festplatte, die Sie zuvor auf „Server2" erstellt haben
- Erweitern Sie danach das Volume „Speicherplatz 1" auf eine Größe von 2 GB

27.2 Optimieren der Speicherverwaltung durch iSCSI

In größeren Firmen fallen riesige Mengen an Daten an. Viele Firmen nutzen aus diesem Grund eigene Speichereinheiten, wie Network Attached Storage (NAS).

Auch der Begriff SAN (Storage-Area-Network) wird in diesem Zusammenhang oft benutzt.

Für Sie stellt sich hier die wichtige Frage:

Wie kann ich auf die Daten zugreifen, die sich auf einem ausgelagerten Speichergerät befinden?

Hier kommt das Protokoll iSCSI (Internet Small Computer System Interface) ins Spiel. Mit iSCSI benutzen Sie das Protokoll TCP, um auf die Remote-Daten zuzugreifen.

iSCSI betrachtet verbundene Festplatten als interne Laufwerke. Dadurch ist der Zugriff sehr schnell, da die Daten blockweise übertragen werden.

Zusätzlich entfallen dadurch auch alle Einschränkungen, die Sie haben, wenn Sie auf Netzwerklaufwerke zugreifen.

27.2.1 Funktionsweise von iSCSI

Damit ein Zugriff über iSCSI klappt, werden zwei Komponenten benötigt.

iSCSI Target oder iSCSI Ziel

Diese Komponente muss sich auf dem Speicher befinden, damit über das Protokoll iSCSI auf diesen zugegriffen werden kann.

Abbildung 27.23: iSCSI Target / iSCSI Ziel

Viele NAS haben diese Komponente bereits aktiviert, damit Sie den Speicher sofort in Ihr System einbinden können.

Das iSCSI Target /iSCSI Ziel kann aber in vielen Systemen auch installiert werden, um schnellen Zugriff auf den verwalteten Speicherplatz zu gewähren.

iSCSI Initiator

Der iSCSI-Initiator ist das Gegenstück zum iSCSI Ziel.

Er muss auf einem Server des Netzwerks vorhanden sein, und ermöglicht die Kommunikation mit dem iSCSI Ziel.

Der iSCSI-Initiator kann Hardware sein, er kann aber auch, wie in Windows Server, als Dienst zur Verfügung stehen.

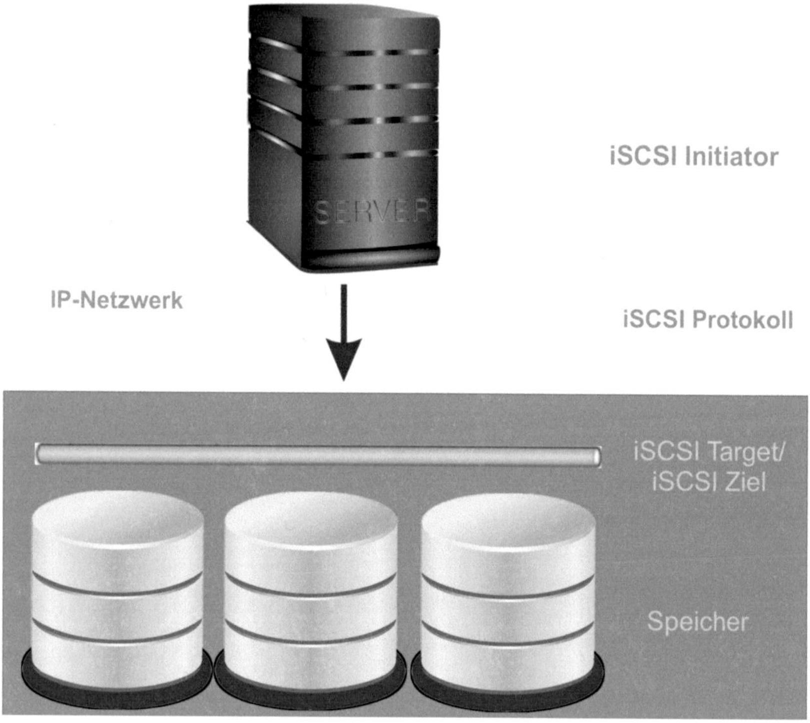

Abbildung 27.24: iSCSI Initiator

iSCSI ist eine einfache und kostengünstige Möglichkeit, schnell und sicher auf Daten zuzugreifen, die auf externen Speichergeräten abgelegt sind.

Sie benötigen dafür nur eine Ethernet-Schnittstelle und ein Gerät, auf dem die Komponente iSCSI Ziel vorhanden ist.

27.2.2 Einrichten von iSCSI

In dieser Schulungsumgebung haben wir keinen externen Datenspeicher, wir haben nur Windows Server.

Deswegen werden wir auf „Server2“ ein iSCSI Ziel einrichten.

Dafür wird die Rolle „iSCSI-Zielserver“ installiert und ein iSCSI-Datenträger eingerichtet, auf den später über iSCSI zugegriffen werden soll.

„Server3“ wird als iSCSI Initiator eingerichtet. Dieser Server dient später als Zugriffspunkt auf den externen Speicher.

Abbildung 27.25: Einrichten von iSCSI

Einrichten eines iSCSI-Zielservers

Auf einem Windows Server 2022 kann der iSCSI-Zielserver als Rolle installiert werden.

Diese Rolle finden Sie unter

- Datei- und Speicherdienste
- Datei- und iSCSI-Dienste
- iSCSI-Zielserver

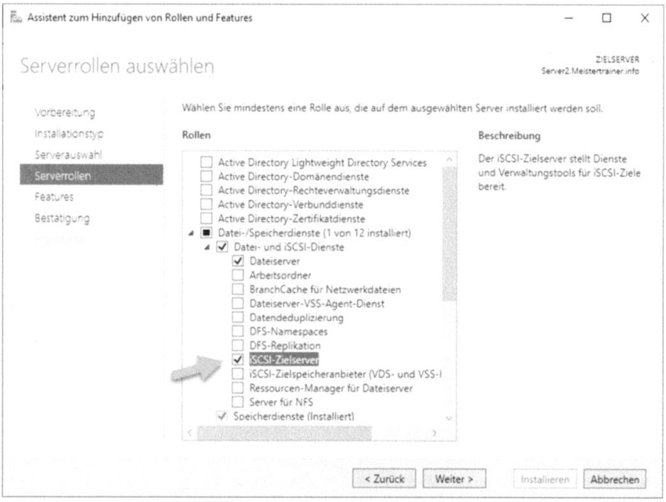

Abbildung 27.26: Installation der Rolle

Mit der Installation der Rolle können Sie auf diesem Server iSCSI-Ziele erstellen, in Form von virtuellen iSCSI Festplatten.

Erstellen von virtuellen iSCSI-Datenträgern

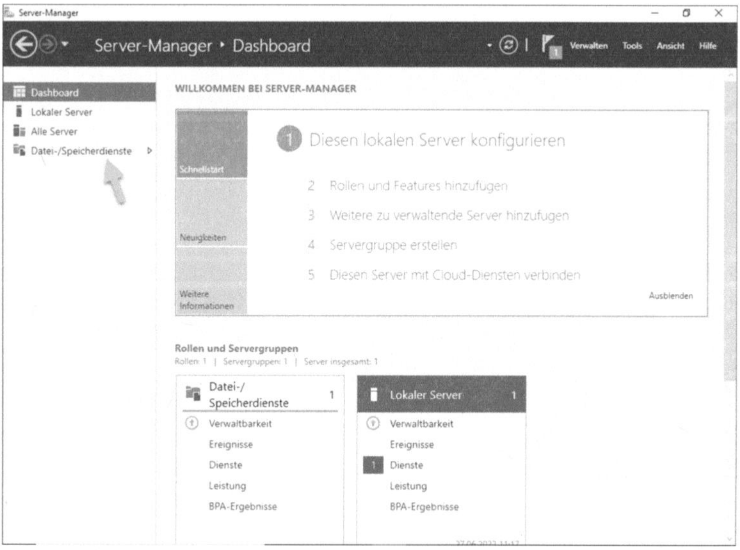

Abbildung 27.27: iSCSI

Einen solchen iSCSI Datenträger erstellen wir nun.

Dazu wählen wir im Server-Manager

- Datei / Speicherdienste
- iSCSI

Hier wählen wir bei den „Aufgaben" „Neuer virtueller iSCSI-Datenträger…".

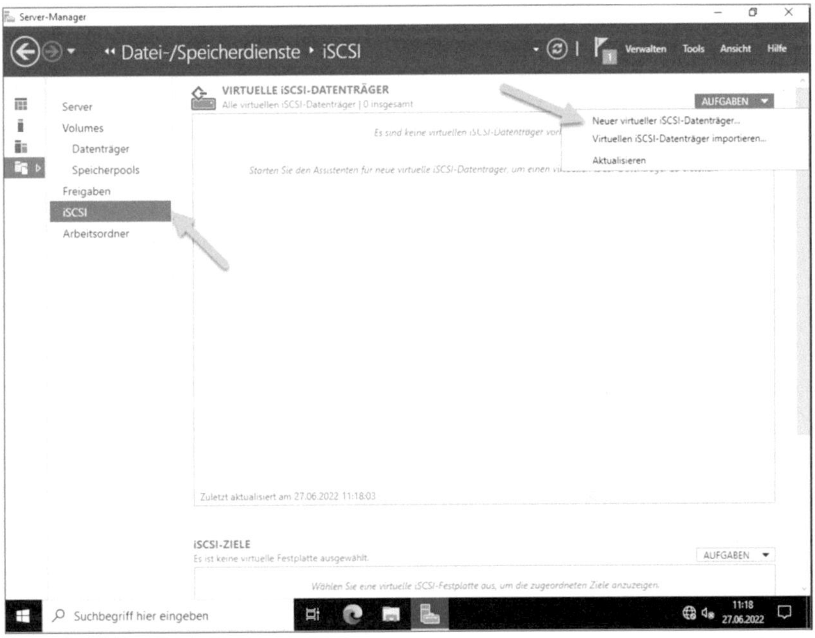

Abbildung 27.28: iSCSI-Datenträger erstellen

Als Speicherort für den virtuellen iSCSI-Datenträger wählen wir den zuvor erstellten Speicherplatz mit dem Laufwerksbuchstaben E:\\ aus.

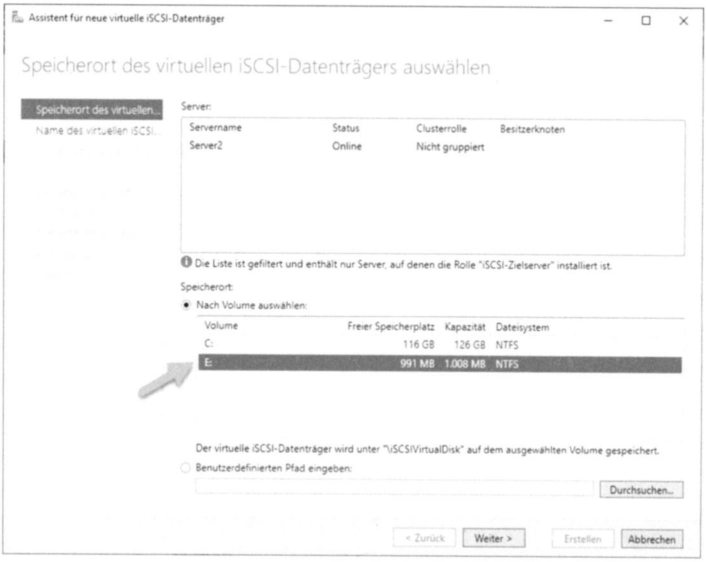

Abbildung 27.29: Speicherort

Nun geben wir dem iSCSI-Datenträger einen Namen und wählen die Größe.

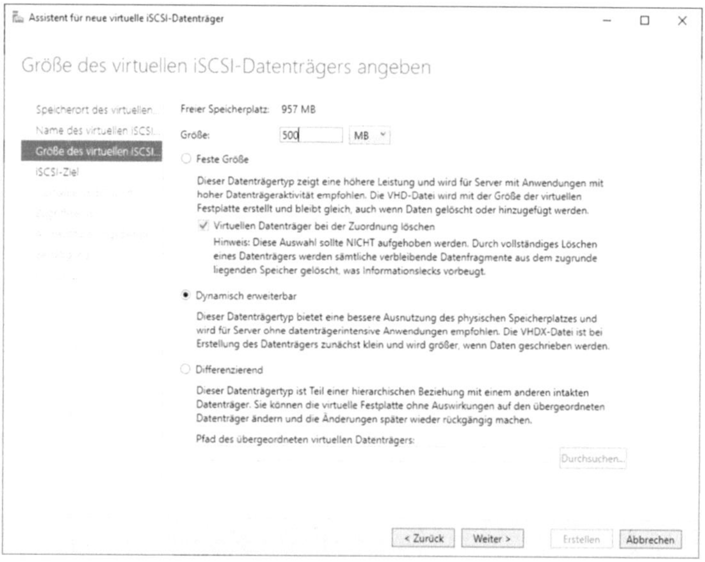

Abbildung 27.30: Name und Größe

Nun wählen wir das iSCSI-Ziel.

Da wir kein vorhandenes Ziel haben, erstellen wir ein neues Ziel und geben diesem einen Namen.

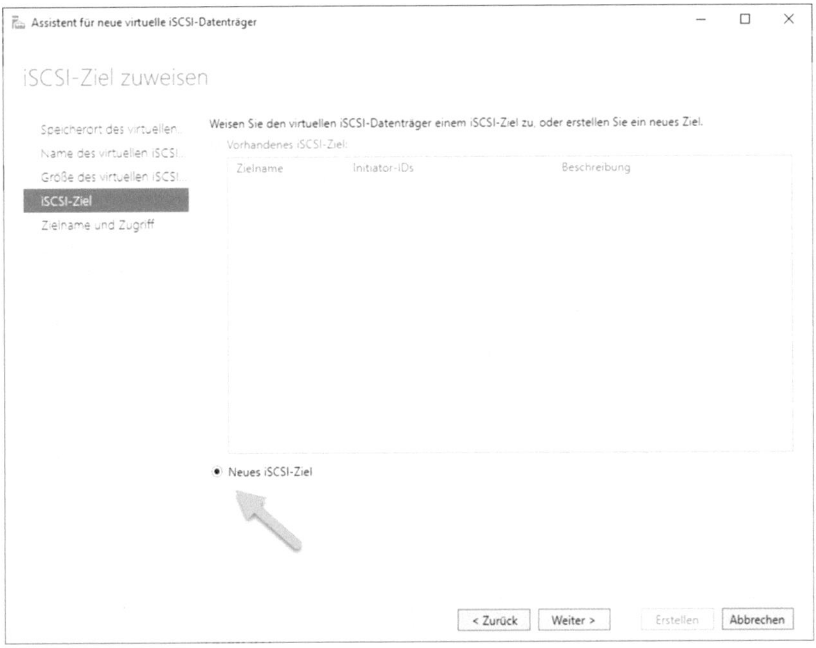

Abbildung 27.31: Ziel

Im nächsten Schritt definieren wir den Zugriffsserver, also den Server, der später auf das iSCSI-Ziel zugreifen soll.

Dies ist auch eine Frage der Sicherheit, denn so können wir den potentiellen Zugriff einschränken.

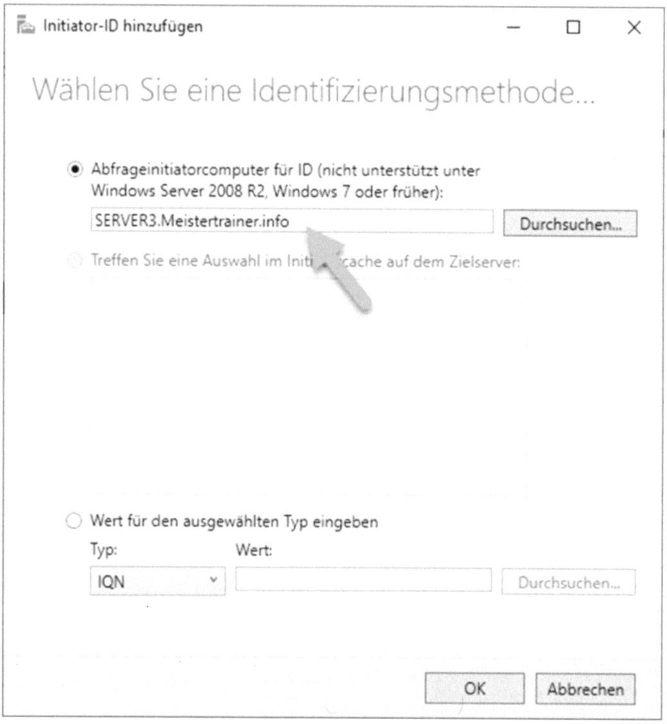

Abbildung 27.32: Auswahl Zugriffsserver

Wie Sie sehen wird für den Server, der eigentlich „DC.Meistertrainer.info" heißt, ein IQN erstellt.

Nach der optionalen Wahl der Authentifizierungsdienste wird der virtuelle iSCSI-Datenträger erstellt.

Verbinden mit dem iSCSI-Speicher

Nun kann vom Zugriffsserver aus eine Verbindung mit dem iSCSI-Speicher hergestellt werden.

Auf dem Zugriffsserver wird die Komponente „iSCSI-Initiator“ benötigt, dies ist in Windows Server 2022 ein Dienst.

Wählen Sie bei „Tools“ „iSCSI-Initiator“.

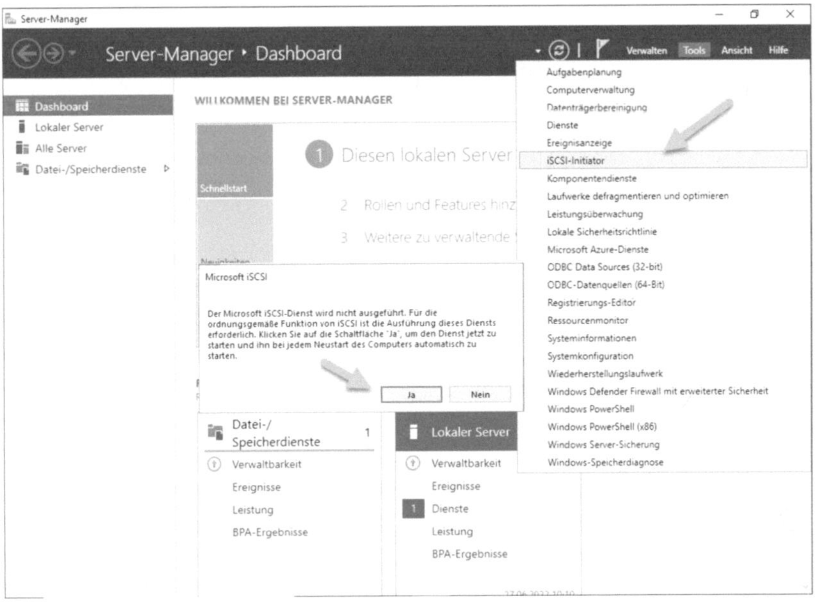

Abbildung 27.33: iSCSI-Initiator

Sie erhalten eine Meldung, dass die Startart des Dienstes geändert wird.

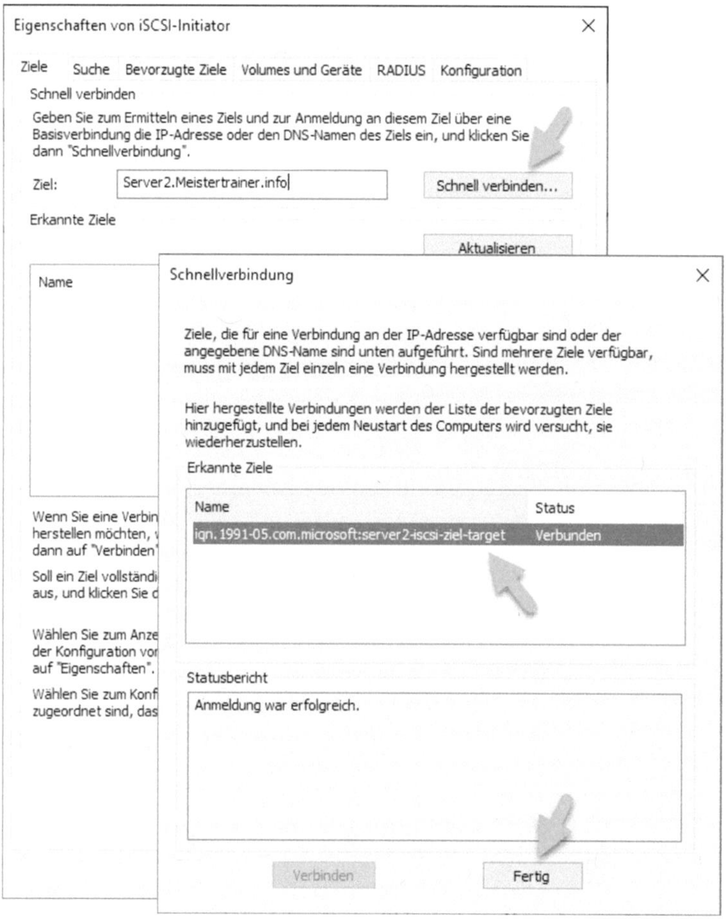

Abbildung 27.34: iSCSI-Ziel wählen

Nun können Sie den Server wählen, der das iSCSI-Ziel verwaltet. Klicken Sie dann auf „Schnell verbinden…".

Sie erhalten nun eine Aufstellung aller IQN, die auf dem Zielserver verfügbar sind. Wählen Sie ein Ziel aus und verbinden Sie sich.

Nun ist der Datenträger auch erkennbar und kann benutzt werden.

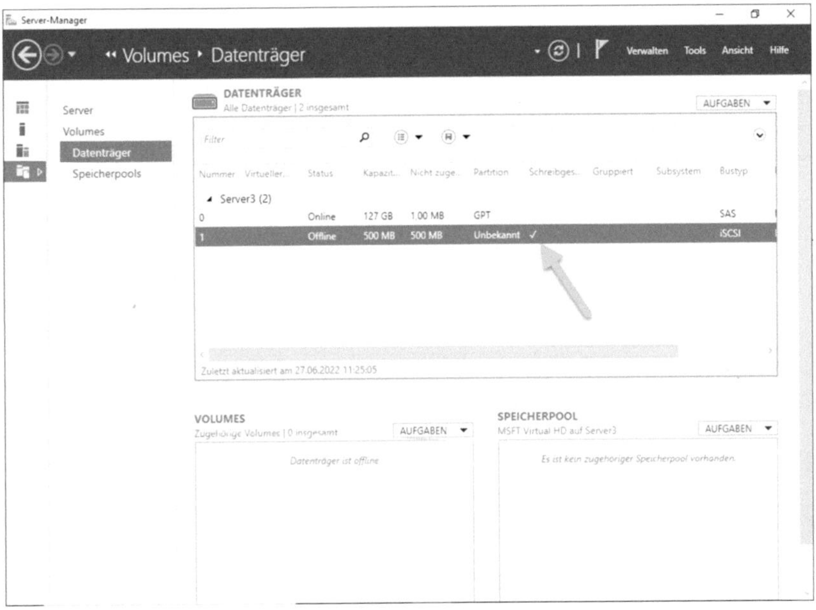

Abbildung 27.35: Datenträger

Allerdings ist der Datenträger noch unformatiert.

Sie können ihn aber vom Initiator-Server aus verwalten, als wäre er ein lokaler Datenträger, formatieren, einrichten und freigeben.

Übung 27.2.2

- Richten Sie auf „Server2" den iSCSI-Zielserver ein
- Erstellen Sie auf dem zuvor erstellten Speicherplatz einen virtuellen iSCSI-Datenträger mit Namen „iSCSI-Speicher" und einer Größe von 500 MB dynamisch erweiterbar
- Der Zielname soll „iSCSI-Ziel" sein, es wird keine Authentifizierung benötigt
- Gestatten Sie „Server3" als iSCSI-Initiator zu agieren und richten Sie ihn dafür ein
- Initialisieren Sie auf „Server3" das iSCSI-Ziel als Laufwerk „I" und benutzen Sie die komplette Größe

iSCSI mit der PowerShell

Die PowerShell bietet einige iSCSI Cmdlets für die Verwaltung. Die wichtigsten finden Sie hier:

Cmdlet	**Bedeutung**
Connect-IscsiTarget	Erstellt eine Verbindung zwischen dem iSCSI-Initiator und dem iSCSI-Ziel
Disconnect-IscsiTarget	Entfernt die Verbindung zwischen dem iSCSI-Initiator und dem iSCSI-Ziel

Get-IscsiConnection Get-IscsiSession Get-IscsiTarget Get-IscsiTargetPortal	Zeigt Informationen an
New-IscsiTargetPortal	Erstellt ein neues iSCI Ziel

27.3 Multipath IO (MPIO)

An dieser Stelle müssen wir kurz über die Bündelung von Netzwerkadaptern reden.

In einem SAN gibt es oft mehrere Netzwerkkarten, die auf denselben Speicherplatz zugreifen.

Für iSCSI- oder Fibre-Channel-Initiators gibt es das Feature „Multipath IO", das die Anforderungen auf mehrere Pfade verteilen kann.

Installiert wird Multipath I/O als Feature.

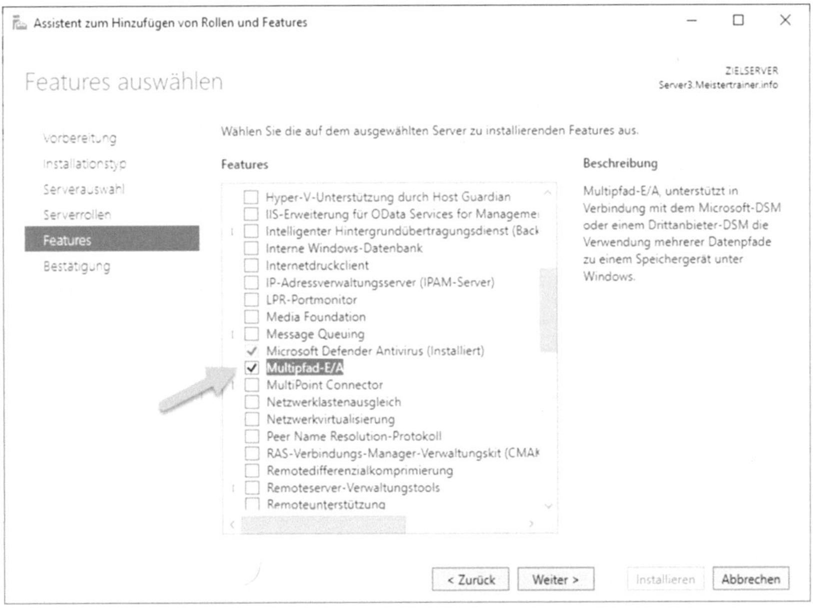

Abbildung 27.36: Installation Multipath I/O

Die deutsche Übersetzung ist „Multipfad E/A". Allerdings wird fast immer der englische Begriff benutzt, so werden wir es hier auch halten.

Nun kann das Feature konfiguriert werden.

Zunächst einmal sollten wir einen Begriff klären, nämlich „DSM".

DSM sind „Device-specific Modules", also Module, die in der Regel vom Hersteller der Speichersysteme mitgeliefert werden.

MPIO benötigt diese DSMs, um die Netzwerkkarten mit dem Speicher zu verbinden.

Zum Konfigurieren öffnen Sie das Tool „MPIO".

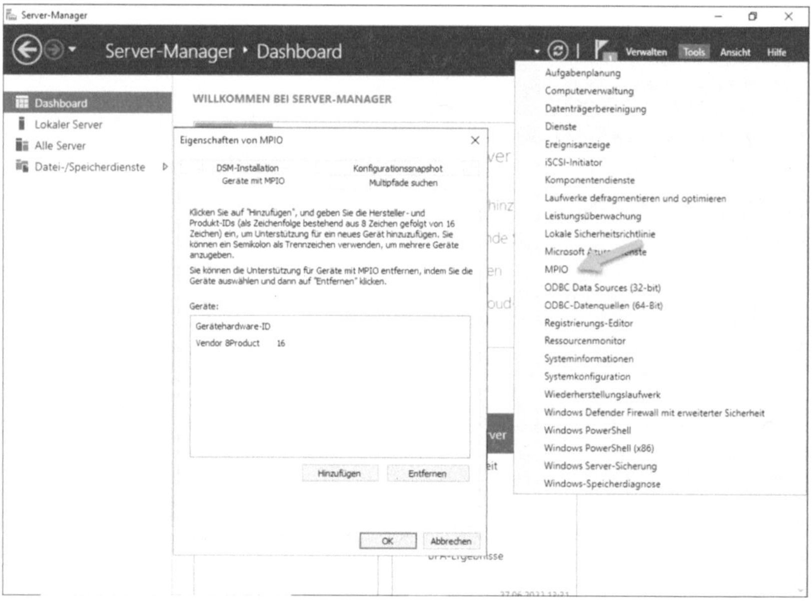

Abbildung 27.37: MPIO

Hier können Sie alle Geräte mit MPIO-Verwaltung sehen.

Wenn Sie DSMs hinzufügen möchten, wechseln Sie dafür auf die Karteikarte „DSM-Installation".

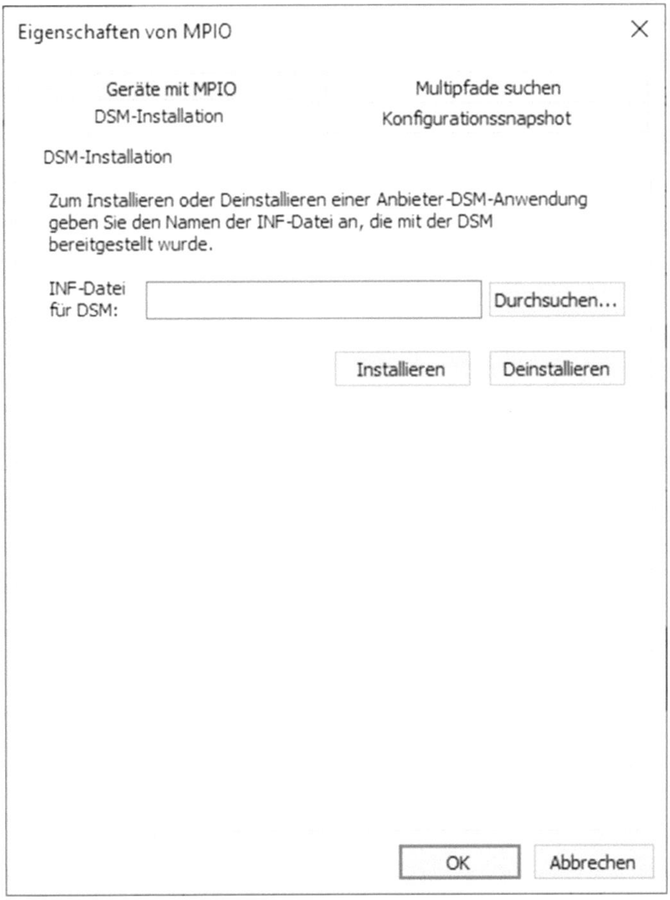

Abbildung 27.38: DSM-Installation

27.3.1 MPIO für iSCSI einrichten

Es ist auch möglich, MPIO für iSCSI einzurichten.

Dafür öffnen Sie den iSCSI-Initiator.

Falls schon ein Ziel definiert ist, können Sie dieses gleich für MPIO konfigurieren.

Dafür klicken Sie auf „Eigenschaften".

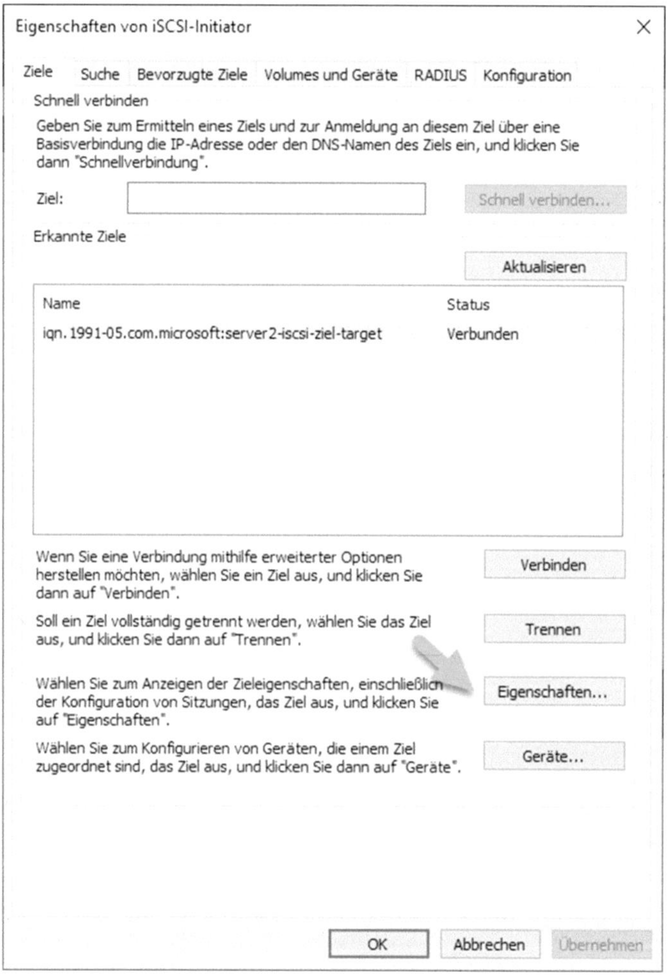

Abbildung 27.39: MPIO für iSCSI

Hier wählen Sie „Sitzung hinzufügen" und aktivieren dann MPIO.

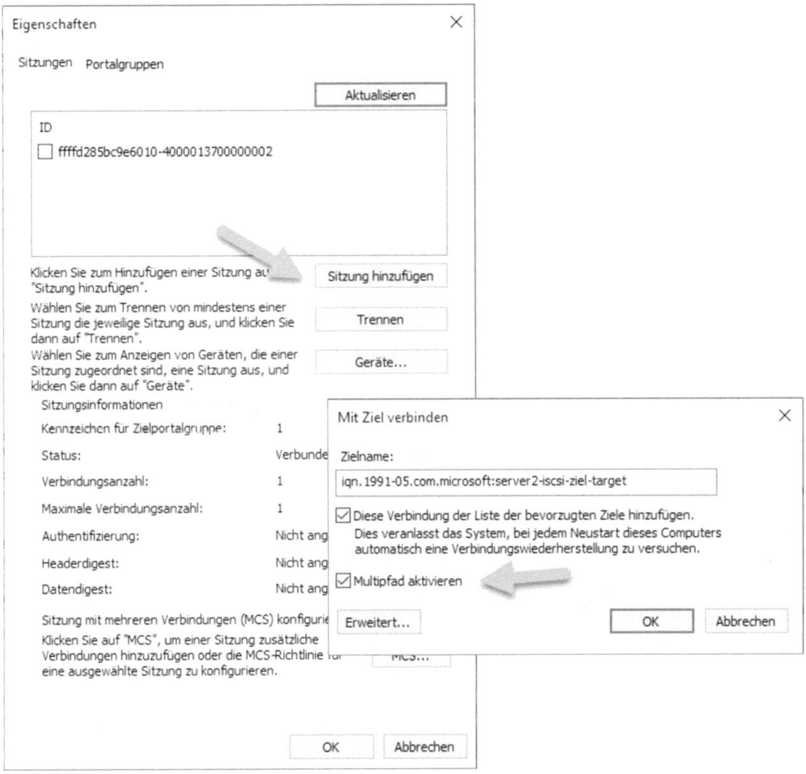

Abbildung 27.40: MPIO aktivieren

Die wichtigsten PowerShell Cmdlets lauten:

Cmdlet	**Bedeutung**
Get-MPIOAvailableHW	Zeigt alle für MPIO verfügbaren Geräte
Get-MPIOSetting	Zeigt die MPIO Einstellungen
Set-MPIOSetting	Ändert die MPIO Einstellungen

Übung 27.3

- Installieren Sie MPIO auf „Server3“
- Konfigurieren Sie MPIO für das vorhandene iSCSI-Ziel
- Setzen Sie die virtuellen Maschinen auf den Prüfpunkt „Basis“ zurück

28 Tag 28: Hochverfügbarkeit

28.1 Speicherreplikation

Mit Windows Server 2022 unterstützt Microsoft eine Technologie, um eine weitere Fehlertoleranz für Festplattenspeicher zu garantieren.

Mit der Speicherreplikation ist es möglich, komplette Festplatten auf einen anderen Server zu replizieren, diese können auch in einem Speicherpool sein. Die Speicherreplikation benutzt das SMB3.1.1 Protokoll, die Übertragung findet blockweise statt.

Diese Lösung ist natürlich sehr interessant, da die Replikation auch zwischen verschiedenen Rechenzentren sowie der Cloud und einem Rechenzentrum stattfinden kann.

Die Vorgehensweise der Replikation ist einfach.

- Auf dem Quellserver werden Daten gespeichert.
- Die Funktion „Speicherreplikation" speichert diese Vorgänge in einer Protokolldatei und kopiert die gespeicherten Blöcke auf den Zielserver. Auch auf ihm werden diese Vorgänge in einer Protokolldatei dokumentiert.
- Der Zielserver meldet den Erfolg der Aktion an den Quellserver, der diese Information bestätigt.

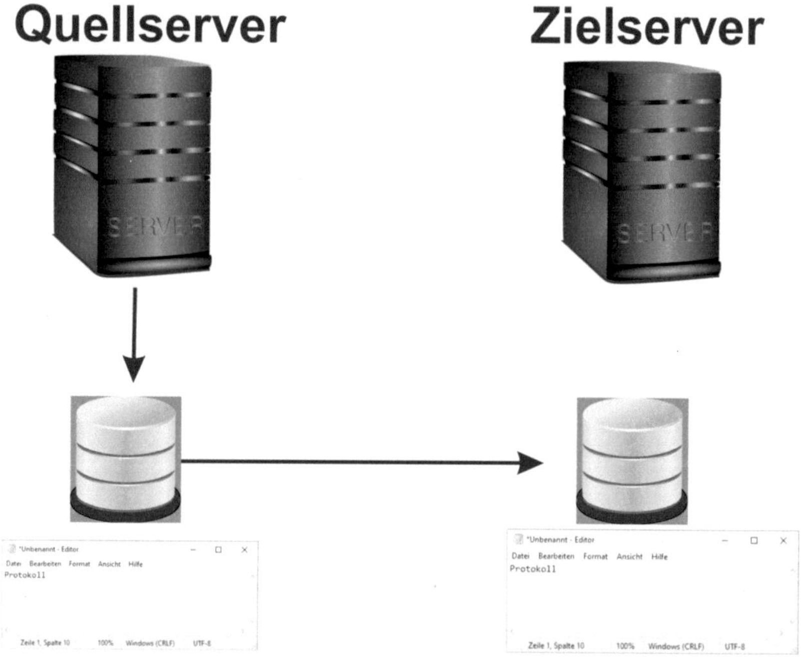

Abbildung 28.1: Prinzip Speicherreplikation

Die Voraussetzungen für eine Speicherreplikation sind gering:

- Betriebssystem Windows Server Datacenter Edition ab Server 2016

- Zwei Windows Server, die beide Mitglied derselben Domäne (ab 2016) sind

Nun müssen folgende Dinge beachtet werden:

- Wir benötigen auf jedem Server zwei Laufwerke, eins für Daten und eins für Log-Dateien
- Diese Festplatten müssen GPT-Datenträger sein, MBR funktioniert nicht!
- Die Datenlaufwerke müssen gleich groß sein

- Die Log-Dateien Laufwerke sollten gleich groß sein, dies ist aber nicht unbedingt nötig
- Die Sektorengröße muss auf allen Festplatten gleich sein
- Das Log-Dateien Laufwerk muss mindestens 8 GB groß sein

In unsere Schulungsumgebung werden wir auf „Server2“ und „Server3“ das Feature „Speicherreplikat“ installieren.

Dafür fügen wir bei beiden Computern jeweils zwei Festplatten mit den Buchstaben „R“ und „S“ hinzu, die jeweils 20 GB groß sind.

28.1.1 Installation der Speicherreplikation

Danach installieren wir auf den beiden Replikatservern das Feature „Speicherreplikat“.

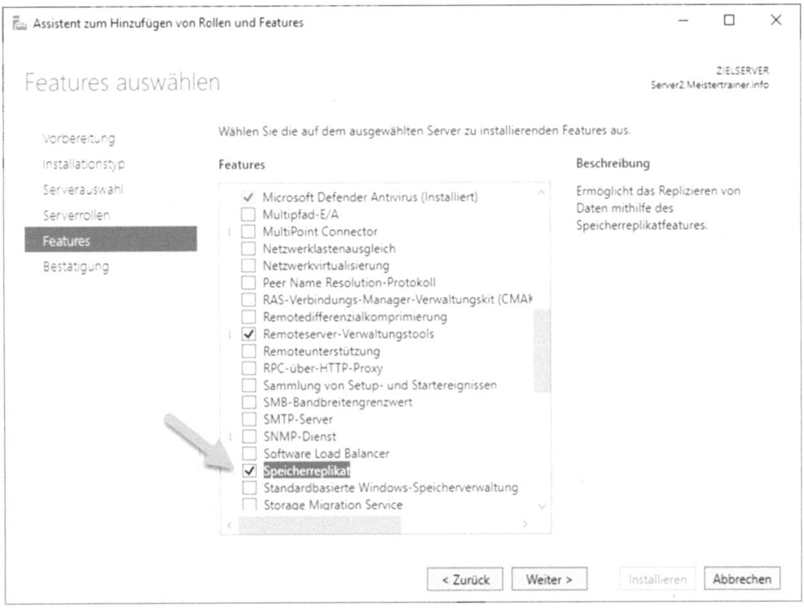

Abbildung 28.2: Feature Speicherreplikat

Das geht natürlich auch mit dem PowerShell Cmdlet

INSTALL-WINDOWSFEATURE -NAME STORAGE-REPLICA

Diesen Befehl müssen Sie als Administrator ausführen.

Nach der Installation muss auf jeden Fall ein Neustart durchgeführt werden.

Um die PowerShell cmdlets benutzen zu können, überprüfen wir, ob auf beiden Servern die Rolle „Dateiserver“ installiert ist und installieren sie gegebenenfalls nach.

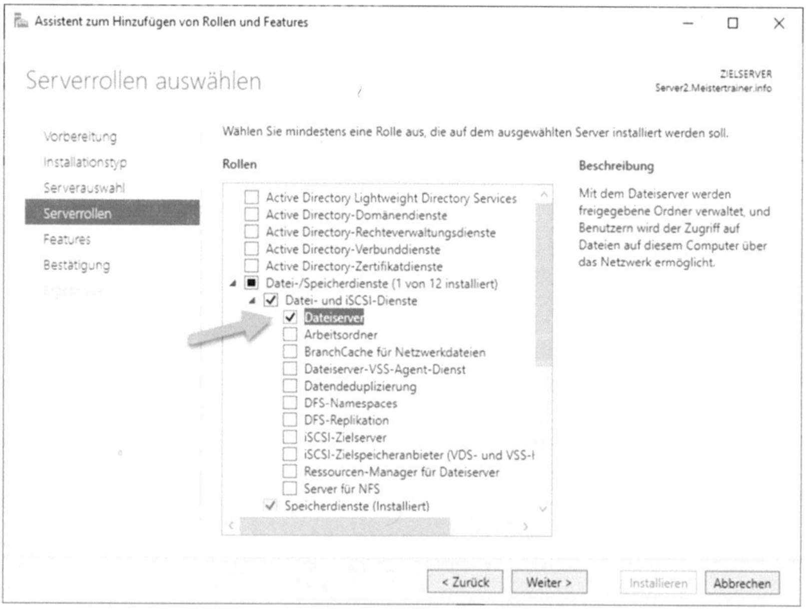

Abbildung 28.3: Überprüfung Dateiserver

28.1.2 Implementieren der Replikation

Nun haben wir auf beiden Servern zwei Festplatten, deren Daten wir replizieren möchten.

In unserem Fall soll „Server2“ der Quellserver sein, „Server3“ dagegen soll der Zielserver sein, auf den repliziert wird.

Die Daten sind auf „Server2“ gespeichert, im Laufwerk „R“.

Laufwerk „S“ wird für die Logdateien benutzt.

Nun öffnen Sie auf „Server2“ die PowerShell als Administrator.

Geben Sie folgendes Cmdlet ein:

NEW- SRPARTNERSHIP -SOURCECOMPUTERNAME SERVER2 -SOURCERGNAME RG01 -SOURCEVOLUMENAME R: -SOURCELOGVOLUMENAME S: -DESTINATIONCOMPUTERNAME SERVER3 -DESTINATIONRGNAME RG02 -DESTINATIONVOLUMENAME R: -DESTINATIONLOGVOLUMENAME S:

Abbildung 28.4: Einrichten der Replikation

Sie sehen nun die eingerichtete Replikation.

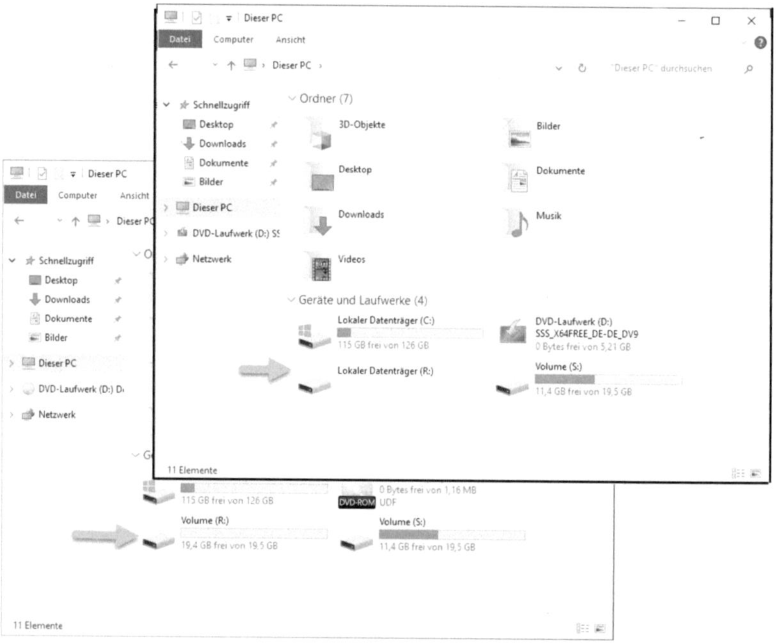

Abbildung 28.5: Die Replikation ist eingerichtet

Auf dem Quellserver erscheint das Laufwerk „R:\“ beschreibbar, auf dem Zielserver dagegen nicht.

Übung 28.1

- Fügen Sie auf „Server2“ und „Server3“ jeweils 2 neue Festplatten hinzu
- Erstellen Sie auf beiden Servern mit diesen neuen Festplatten die Laufwerke „R“ und „S“ mit jeweils 20 GB
- Richten Sie auf „Server2“ und „Server3“ die Speicherreplikation ein, mit „Server2“ als Quellserver und „Server3“ als Zielserver
- Überprüfen Sie die Einrichtung

28.2 Fehlertoleranz durch Hyper-V Replica

Hyper-V Replica ist eine Funktion, die in Windows Server 2012 eingeführt wurde.

Mit Hyper-V Replica wird eine virtuelle Maschine auf einen zweiten Hyper-V Host repliziert, jedoch nicht gestartet.

Es gibt einen primären Server, auf dem die produktiven virtuellen Maschinen gespeichert sind und einen Replikatserver. Auf ihm sind die Replikate gespeichert.

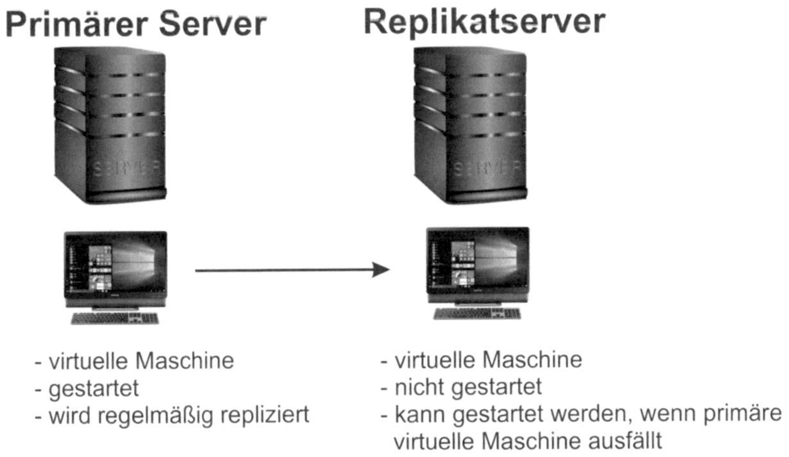

Abbildung 28.6: Hyper-V Replica

28.2.1 Konfiguration auf dem Replikatserver

Der Replikatserver ist der Server, auf dem die produktive virtuelle Maschine gespiegelt wird.

Auf ihm müssen Sie Einstellungen für die gesamte Maschine vornehmen, also „Hyper-V Einstellungen".

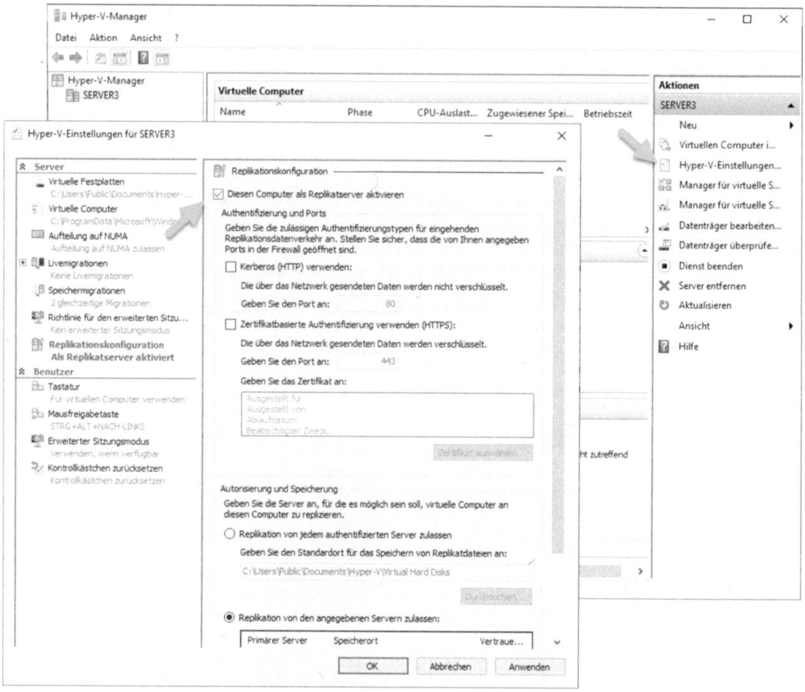

Abbildung 28.7: Hyper-V Einstellungen

Wählen Sie „Replikationskonfiguration" und setzen Sie den Haken vor „Diesen Computer als Replikatserver aktivieren".

Im mittleren Teil der Konsole können Sie die Authentifizierung und die dazugehörigen Ports definieren.

Innerhalb einer Domäne ist die Auswahl „Kerberos" richtig.

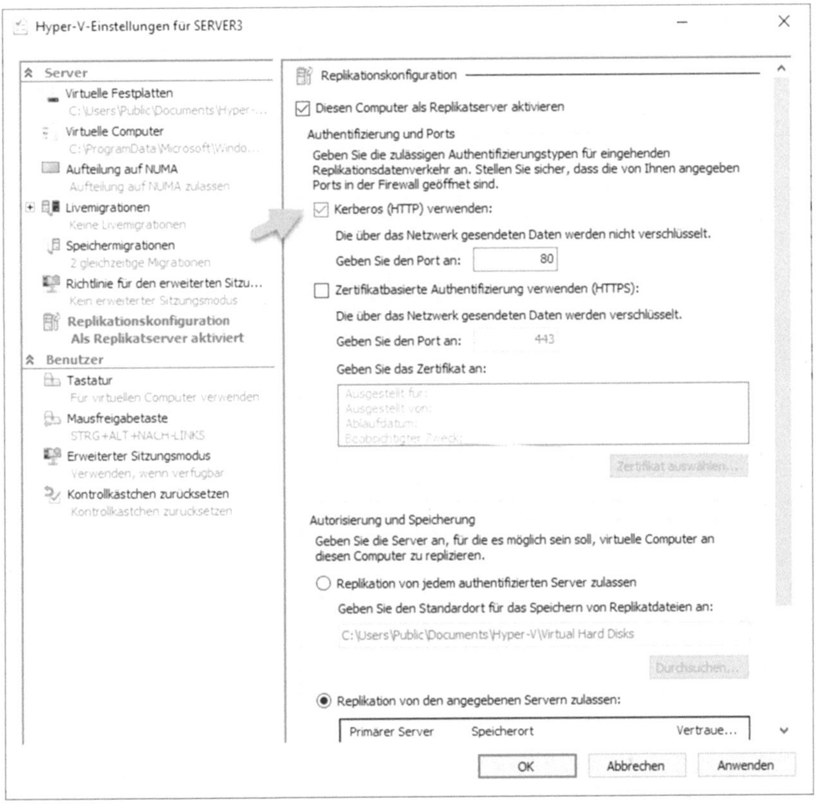

Abbildung 28.8: Authentifizierung und Ports

Wenn Sie die „zertifikatbasierte Authentifizierung“ wählen, benötigen Sie Zertifikate für die Client und die Serverauthentifizierung.

Im unteren Teil der Konsole wählen Sie noch, von welchen Hyper-V Servern Sie die Replikation zulassen.

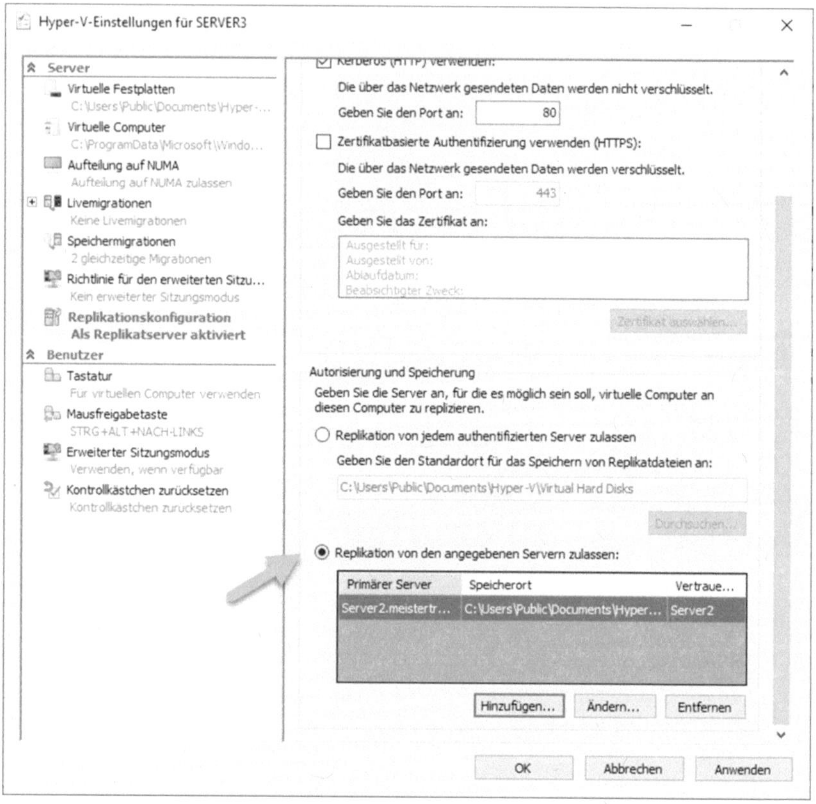

Abbildung 28.9: Replikation

Hier sollten Sie die einzelnen Server genau spezifizieren.

Natürlich müssen Sie gegebenenfalls auch die Firewall anpassen!

28.2.2 Konfiguration auf dem primären Server

Nun müssen Sie noch den primären Server für die Replikation konfigurieren.

Dazu wählen Sie im Kontextmenü der virtuellen Maschine „Replikation aktivieren…“.

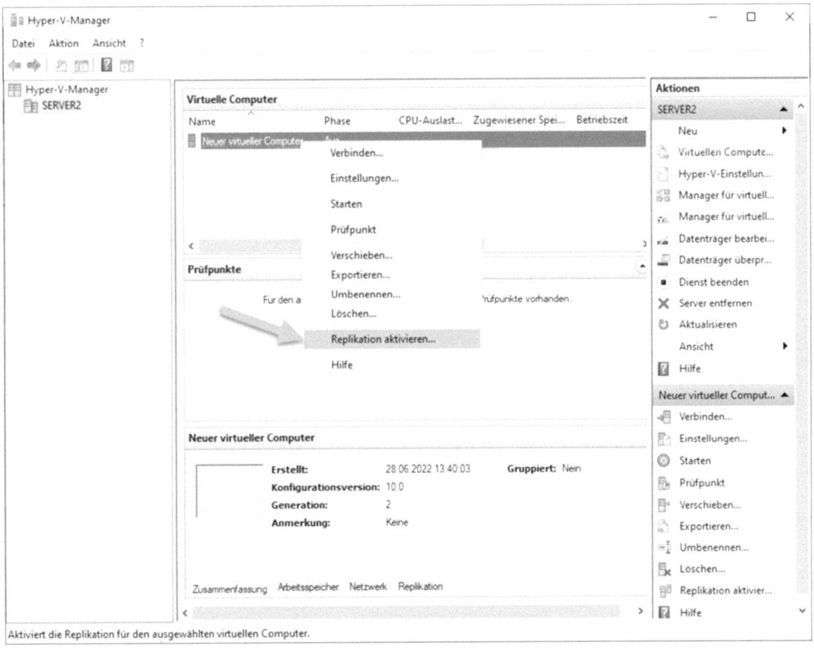

Abbildung 28.10: Replikation aktivieren

Ein Assistent startet.

Zuerst müssen Sie den Replikatserver festlegen.

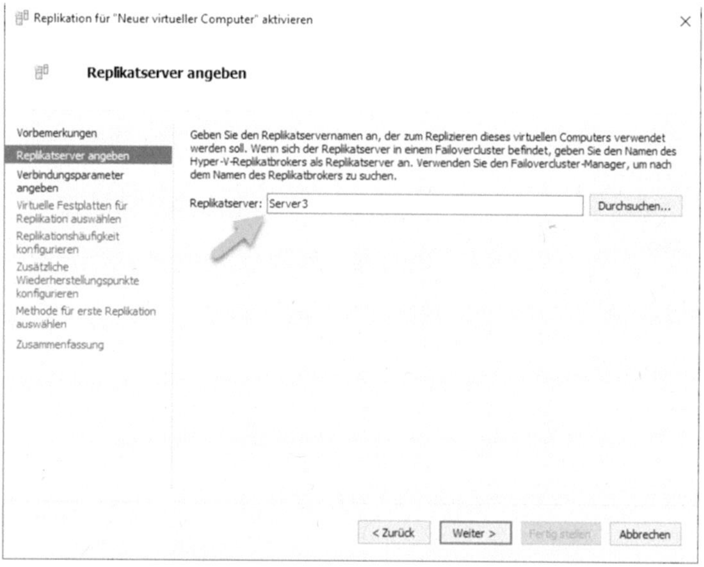

Abbildung 28.11: Auswahl Replikatserver

Danach konfigurieren Sie den Authentifizierungstyp und die dazugehörigen Ports.

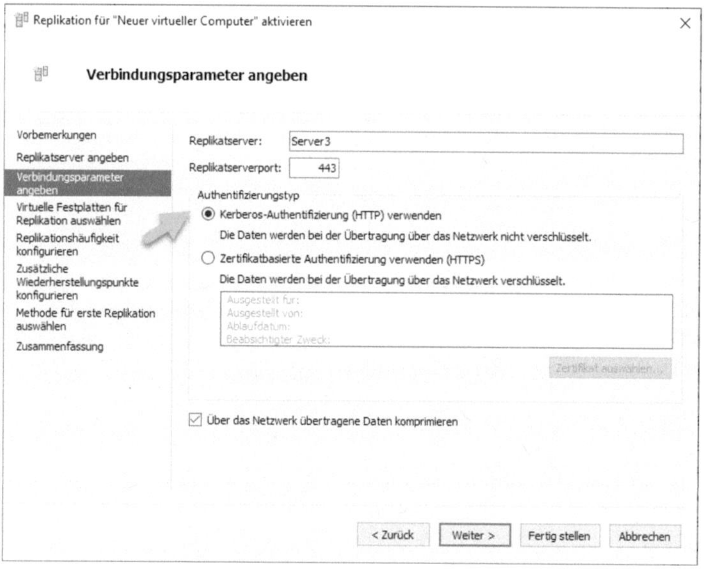

Abbildung 28.12: Authentifizierungstyp und Ports

Hier müssen Sie natürlich die gleichen Einstellungen wie auf dem Replikatserver machen, damit eine Kommunikation stattfinden kann.

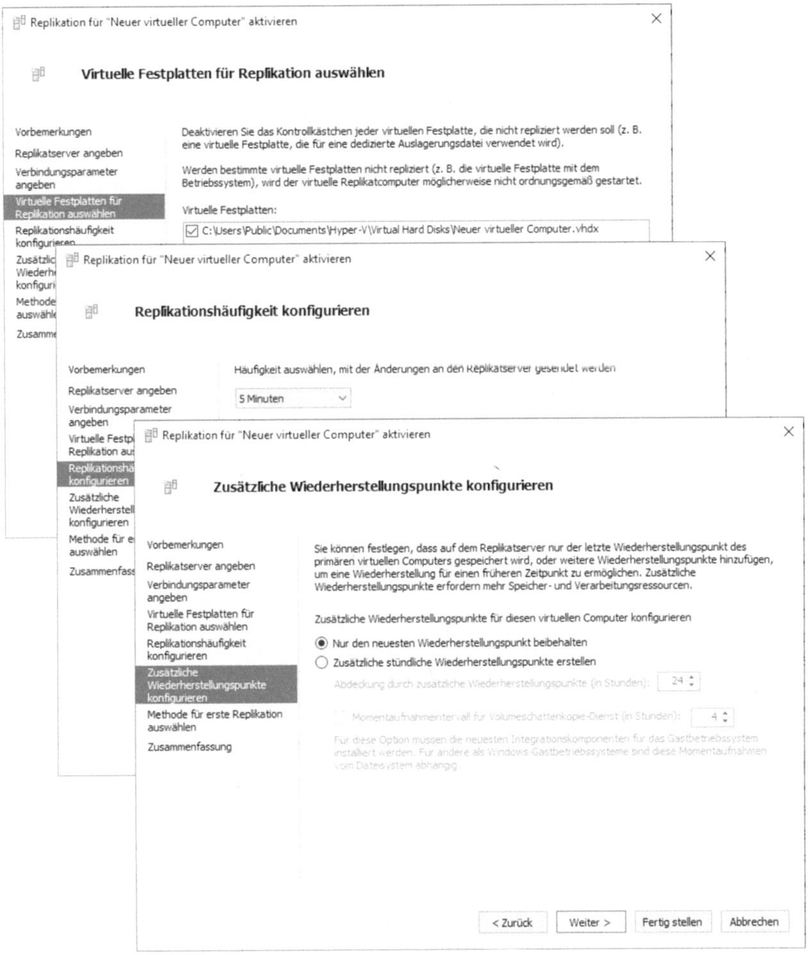

Abbildung 28.13: Festplatte und Wiederherstellungsverlauf

Nun wählen Sie die virtuelle Festplatte aus, definieren die Replikationshäufigkeit und legen den Wiederherstellungsverlauf fest.

Sie können mehrere verschiedene Wiederherstellungspunkte festlegen, was allerdings auf Kosten des Speicherplatzes geht.

Zum Schluss wählen Sie noch, wann die erste Replikation starten soll und ob sie über das Netzwerk gesendet werden soll.

Abbildung 28.14: Methode und Zeit der Erstreplikation

Nun beginnt die Replikation.

Übung 28.2

- Aktivieren Sie auf den virtuellen Maschinen „Server2“ und „Server3“ die „Nested Virtualization“ und starten Sie die Maschinen danach neu
- „Server2“ wird für Hyper-V Replica als primärer Server dienen, „Server3“ als Replikatserver
- Aktivieren Sie die Rolle „Hyper-V“ auf „Server2“ und „Server3“
- Legen Sie eine neue virtuelle Maschine auf „Server2“ an, sie muss nicht installiert werden
- Konfigurieren Sie „Server3“ als Replikatserver, mit Kerberos als Authentifizierung
- Lassen Sie die Replikation von jedem authentifizierten Server zu
- Konfigurieren Sie auf „Server2“ die Replikation für die eben angelegte virtuelle Maschine auf „Server3“
- Setzen Sie die virtuellen Maschinen auf den Prüfpunkt „Basis“ zurück

28.3 Einrichten eines NLB-Clusters

Der NLB ist die einfachere Form eines Clusters.

Ein einzelner Windows Server 2022 Rechner kann ausfallen, oder hat in Spitzenzeiten zu wenig Leistung. Gerade Webserver sind ein gutes Beispiel für diesen Anwendungszweck.

Eine Lösung ist es nun, mehrere Windows Server 2022 Server zu einem „Verbund“ zusammenzufügen, dann können alle Ressourcen gemeinsam genutzt werden.

Damit können Sie sowohl die Zuverlässigkeit, als auch die Leistung erhöhen. Es können zwischen 2 und 32 Rechner einem NLB-Cluster angehören. Diese einzelnen Rechner werden auch „Knoten“ genannt.

Das „Load Balancing“ findet auf IP-Ebene statt, nicht direkt im Serververbund. Der NLB-Cluster erhält eine gemeinsame IP-Adresse, mit der er angesprochen werden kann.

ACHTUNG!

Sie können einen Computer nicht gleichzeitig zum Mitglied eines NLB und eines Server-Clusters machen.

Eine ähnliche Funktionalität bietet bereits „Round Robin“ bei DNS. Allerdings bietet NLB einige erhebliche Vorteile gegenüber „Round Robin“:

- Kein „Single Point of Failure“
- Kein manueller Eingriff bei Ausfall eines Knotens nötig
- Kein zentraler Punkt, dadurch keine Engpässe

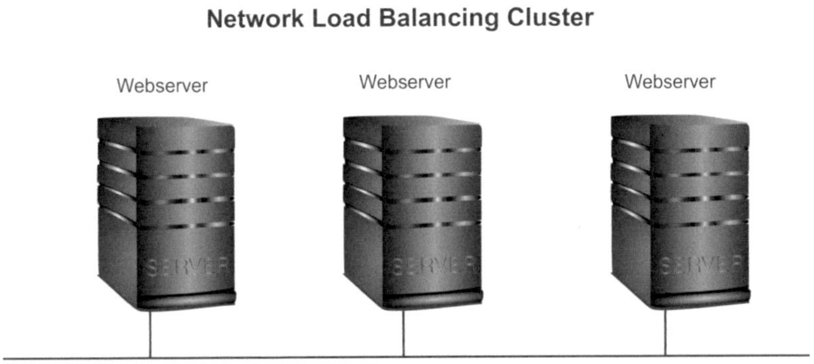

Abbildung 28.15: NLB

Die Anwendung, für die Hochverfügbarkeit erreicht werden soll, wird auf jedem Server ausgeführt, in diesem Fall der IIS.

Eingehende Anfragen werden durch den Netzwerklastenausgleich auf alle Server des NLB-Knotens verteilt.

Für jeden Server kann die maximale Last manuell konfiguriert werden.

Ein großer Vorteil von NLB ist es, dass jederzeit zusätzliche Hosts zum NLB-Cluster hinzugefügt werden können. Auch ist es möglich, alle Anforderungen zu einem bestimmten Rechner im NLB-Cluster zu leiten. Dieser Host wird „Standardhost“ genannt.

Jeder Host behält seine eigene IP-Adresse. Zusätzlich wird ein Satz von Cluster-IP-Adressen definiert, über den alle Hosts im NLB-Cluster angesprochen werden können. Die Hosts im Cluster können deswegen auf mehrere Clientanforderungen gleichzeitig antworten.

Die Lastverteilung erfolgt automatisch.

Jeder Host eines NLB-Clusters sendet im Sekundentakt so genannte „Heartbeats (Herzschläge)“ an alle anderen Server. Sollte von einem Server der Heartbeat ausbleiben, wird nach 5 Sekunden dieser Server aus dem NLB-Cluster entfernt.

Bei Ausfall eines Hosts im NLB-Cluster werden alle Verbindungen getrennt, die momentan zu diesem Rechner bestehen. Die Sitzungen können jedoch sofort wieder aufgenommen werden, indem man sich mit einem anderen Knoten verbindet. Dieser Vorgang wird normalerweise von Clients ohne Benutzereingriff vorgenommen. Es bleibt nur eine minimale Verzögerung.

28.3.1 Funktionsweise von NLB im IP-Stack

NLB arbeitet auf Ebene des Protokolls IP.

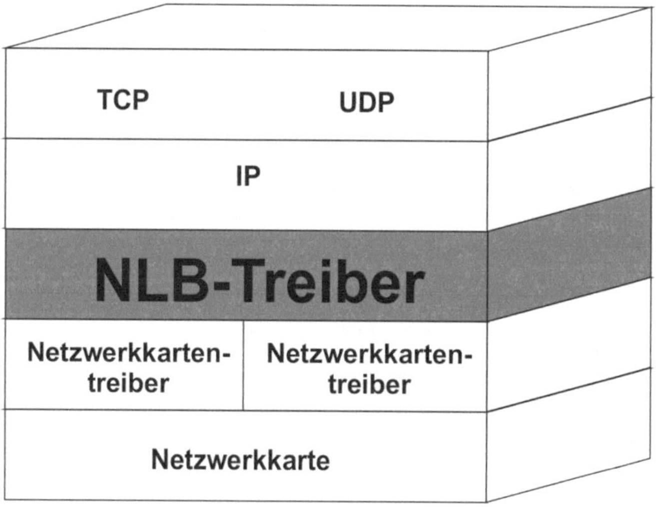

Abbildung 28.16: NLB auf IP

Der Netzwerklastenausgleich wird als Windows-Netzwerktreiber ausgeführt. Aus der Sicht der Clients unterscheidet sich der Cluster nicht von einem einzelnen Server. Es ist nicht ersichtlich, dass die Anwendung nicht auf einem einzelnen Server, sondern auf einem Cluster ausgeführt wird.

Mithilfe des Netzwerklastenausgleichs können alle Clusterhosts eines Subnetzes den eingehenden Netzwerkverkehr für die Cluster-IP-Adressen gleichzeitig erkennen. Auf jedem Clusterhost fungiert der Treiber für den Netzwerklastenausgleich als Filter zwischen dem Treiber für den Clusteradapter und dem TCP/IP-Stapel, so dass der Netzwerkverkehr auf die Hosts verteilt wird.

Der Netzwerklastenausgleich arbeitet mit einem Algorithmus, bei dem die eingehenden Clientanforderungen mithilfe der IP-Adresse und den Ports statisch einem bestimmten Knoten zugeordnet werden. Dadurch gibt es keine Kommunikation zwischen den einzelnen Cluster-Hosts.

Wenn eine Clientanfrage empfangen wird, überprüfen alle Cluster-Hosts ihre Zuordnung, um zu erkennen, welcher Host für diesen Client zuständig ist.

Diese Zuordnung wird erst geändert, wenn ein Cluster-Host hinzugefügt oder weggenommen wird.

Alle Cluster-Hosts müssen regelmäßig ihre Zuordnungen überprüfen. Dazu werden einige Informationen zwischen den Cluster-Hosts ausgetauscht, damit eine stabile Zuordnung erhalten bleibt. Auch wird überprüft, wer der Standardhost ist. Dies ist immer der Host mit der höchsten Priorität. Dieser Vorgang wird „Zusammenführung“ genannt.

ACHTUNG!

Für eine optimale Leistung sollten Sie auf jedem Cluster-Host für den Netzwerklastenausgleich eine zweite Netzwerkkarte installieren. In dieser Konfiguration verarbeitet die erste Netzwerkkarte den Netzwerkverkehr zum Server als Clusterbestandteil. Die zweite Netzwerkkarte ist für die Kommunikation zwischen den Hosts zuständig.

28.3.2 Konfiguration von NLB

Überlegen Sie sich zunächst, welche virtuelle IP-Adresse der NLB-Cluster haben soll, und welchen FQDN er bekommen soll. Damit der Cluster von den Clients richtig erreicht werden kann, muss ein DNS-Eintrag gemacht werden. Diese Konfiguration nimmt zwar der Assistent zum Teil selber vor, aber Sie müssen sich trotzdem vorher überlegen, wie die Daten sein sollen.

In unserem Beispiel nehmen wir folgende Konstellation an:

IP-Adresse: 192.168.1.80/24

FQDN: Intranet.Meistertrainer.info

Nun können Sie NLB installieren. Windows Server 2022 behandelt NLB nicht als eine Rolle, sondern als ein Feature.

Öffnen Sie den Server-Manager, und fügen Sie das Feature „Netzwerklastenausgleich“ hinzu.

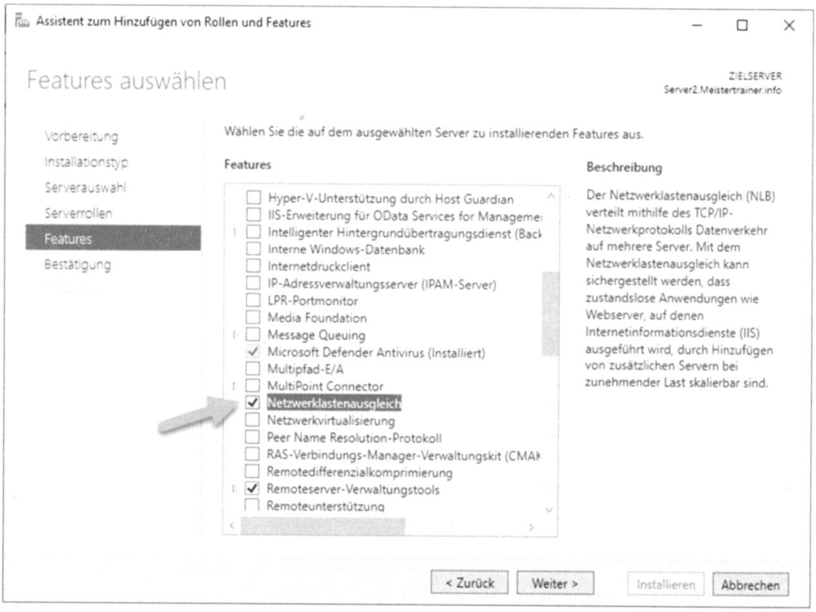

Abbildung 28.17: Das Feature „Netzwerklastenausgleich“

Natürlich können Sie dieses Feature auch mithilfe der PowerShell installieren:

INSTALL-WINDOWSFEATURE NLB -INCLUDEMANAGEMENTTOOLS

Nach der Installation ist der „Netzwerklastenausgleich-Manager“ im Menü „Tools“ verfügbar.

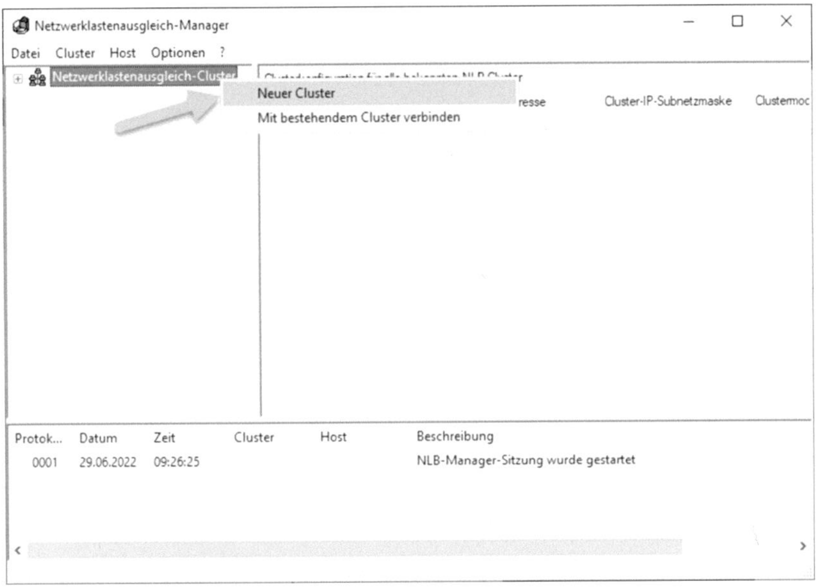

Abbildung 28.18: Netzwerklastenausgleich-Manager

Hier wird NLB konfiguriert.

Am Anfang müssen Sie zunächst einen neuen Cluster erstellen, und zwar mit einem einzelnen Rechner beginnend.

Sie klicken mit der rechten Maustaste auf „Netzwerklastenausgleich-Cluster" und wählen „Neuer Cluster".

Sie geben bei „Host" den Namen oder die IP-Adresse des ersten Clustermitglieds ein und klicken auf „Verbinden". Es wird eine Namensauflösung gemacht, und im unteren Teil des Fensters werden die Netzwerkkarten angezeigt, die auf diesem Host zur Verfügung stehen.

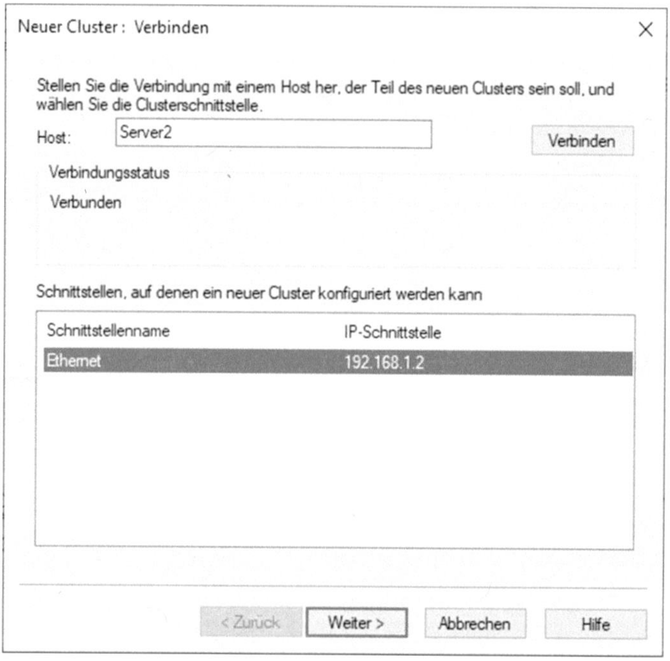

Abbildung 28.19: Auswahl des ersten Hosts

Wählen Sie dort die Netzwerkkarte aus, unter der der Cluster konfiguriert werden soll, und klicken Sie auf „Weiter“.

Nun geben Sie die IP-Adresse an, die später für alle Clients die IP-Adresse sein soll, unter der der NLB-Cluster erreicht werden soll, also die virtuelle IP-Adresse.

In unserem Fall haben wir diese Adresse ja bereits festgelegt:

192.168.1.80

Abbildung 28.20: Cluster IP-Adresse

Klicken Sie auf „Weiter“.

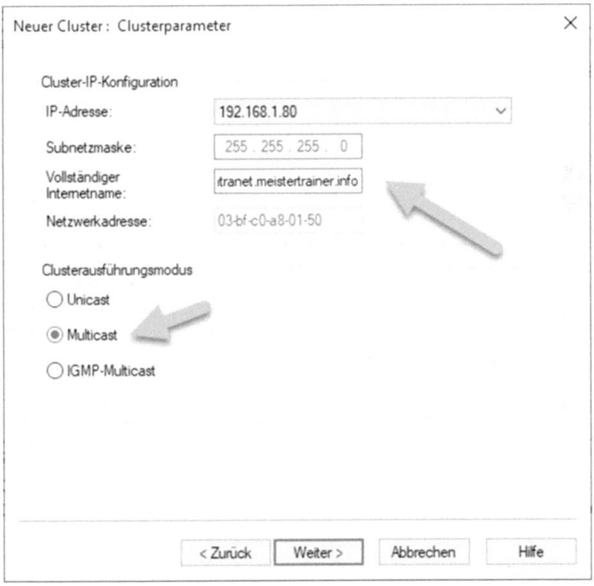

Abbildung 28.21: Clusterparameter

Hier sehen Sie noch einmal die Clusterparameter, nämlich die virtuelle IP-Adresse, die Subnetzmaske, und Sie können hier den FQDN eintragen.

Nun wählen Sie, in welchem Clusterausführungsmodus der Cluster betrieben wird.

Unicast

Bei Unicast wird die MAC-Adresse der Netzwerkkarte verändert, so dass alle Computer im Cluster dieselbe MAC-Adresse haben. Dadurch können ankommende Pakete von allen Rechnern im Cluster empfangen werden.

Vorteil:

Sehr kompatibel mit allen Routern und Switches.

Nachteil:

Keine Kommunikation zwischen den Mitgliedern des NLB-Clusters möglich, da alle dieselbe MAC-Adresse haben.

Multicast

Hier wird die MAC-Adresse nicht verändert, sondern es wird dem Rechner eine Layer- 2 - Multicastadresse zugewiesen.

Nachteil:

Keine Kommunikation mit CISCO-Routern möglich, da die ARP-Antwort, die von einem Rechner des Clusters als Antwort auf eine ARP-Anfrage geschickt wird, die Unicast IP-Adresse des gesamten Clusters der Multicast-Mac-Adresse des Hosts zuweist.

Dieses Problem können Sie aber lösen, indem Sie auf dem CISCO Router einen statischen ARP-Eintrag machen, in dem die Cluster-IP-Adresse der Cluster-MAC-Adresse zugeordnet wird.

Vorteil:

Kommunikation zwischen Hosts ist möglich.

ACHTUNG!

Sie müssen alle Hosts im Cluster im gleichen Clusterausführungsmodus betreiben!

Sie können einen NLB-Cluster mit Hosts betreiben, die nur eine Netzwerkkarte haben, aber Sie sollten Hosts mit zwei Netzwerkkarten verwenden, damit eine clusterinterne Kommunikation über die zweite Netzwerkkarte stattfinden kann.

ACHTUNG!

Wenn Sie nur eine Netzwerkkarte benutzen, sollten Sie den Multicastmodus wählen.

Abbildung 28.22: Portregeln

Die Karteikarte „Portregeln“ gibt Ihnen die Möglichkeit, Regeln für den Datenverkehr zu definieren.

Betrachten Sie die definierte Portregel.

Abbildung 28.23: Portregeln

Hier sind für alle IP-Adressen des Clusters alle Ports (sowohl TCP als auch UDP) aktiviert.

Wenn Sie andere Regeln möchten, können Sie sie hier problemlos definieren.

Interessante Einstellungen verbergen sich hinter „Filterungsmodus“.

Die erste Auswahl ist

Mehrfachhost

Alle Server des Clusters antworten auf eingehende Fragen.

Einzelhost

Alle Anfragen werden nur an den Server geleitet, der die niedrigste Priorität hat (konfiguriert bei den Hostparametern).

Diesen Portbereich deaktivieren

Anfragen, die dieser Portregel entsprechen, werden nicht bearbeitet.

In den meisten Fällen werden Sie „Mehrfachhost“ wählen, dies ist auch die Standardeinstellung.

Hier gibt es wiederum drei Auswahlmöglichkeiten, und zwar für die „Affinität“. Affinität bedeutet, wie Anfragen, die mehrfach hintereinander vom gleichen Client kommen, behandelt werden.

Keine

Keine Affinität, das heißt, Anfragen werden an zufällige Clustermitglieder weitergeleitet.

Einfach

Anfragen werden immer an dasselbe Clustermitglied weitergeleitet. Dies ist die Standardeinstellung.

Netzwerk

Anfragen aus demselben Netzwerk werden an dasselbe Clustermitglied weitergeleitet.

Klicken Sie auf „OK“. Nun ist die Konfiguration abgeschlossen, und der NLB-Cluster besteht zumindest aus einem Host, was Sie aber noch nicht wirklich weiterbringt.

Sie sollten zumindest einen zweiten Host hinzufügen.

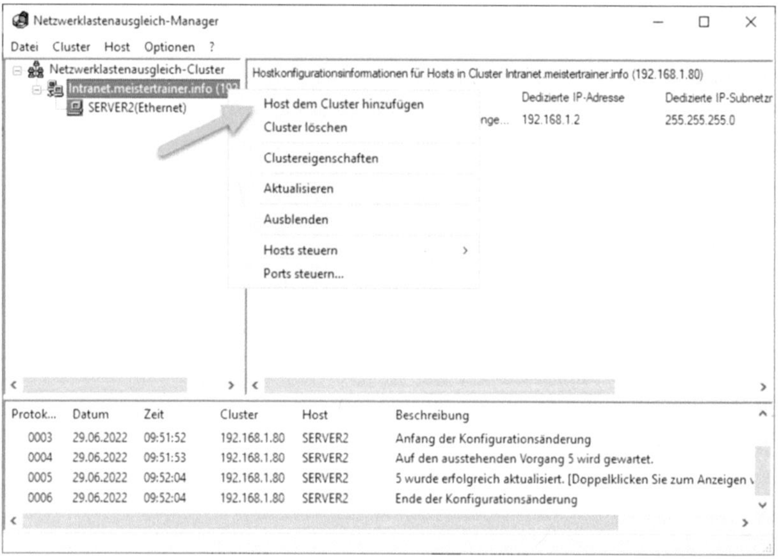

Abbildung 28.24: Hinzufügen eines weiteren Hosts

Nun sollten Sie überprüfen, was der Assistent denn in Bezug auf die IP-Konfiguration im Hintergrund getan hat.

Wichtig ist, dass die neue virtuelle IP-Adresse im DNS-Server eingetragen ist, denn sonst können die Clients ja den Cluster nicht erreichen.

Sie überprüfen dies, indem Sie die DNS-Konsole öffnen, und nach einem Eintrag für die Adresse 192.168.1.80 suchen.

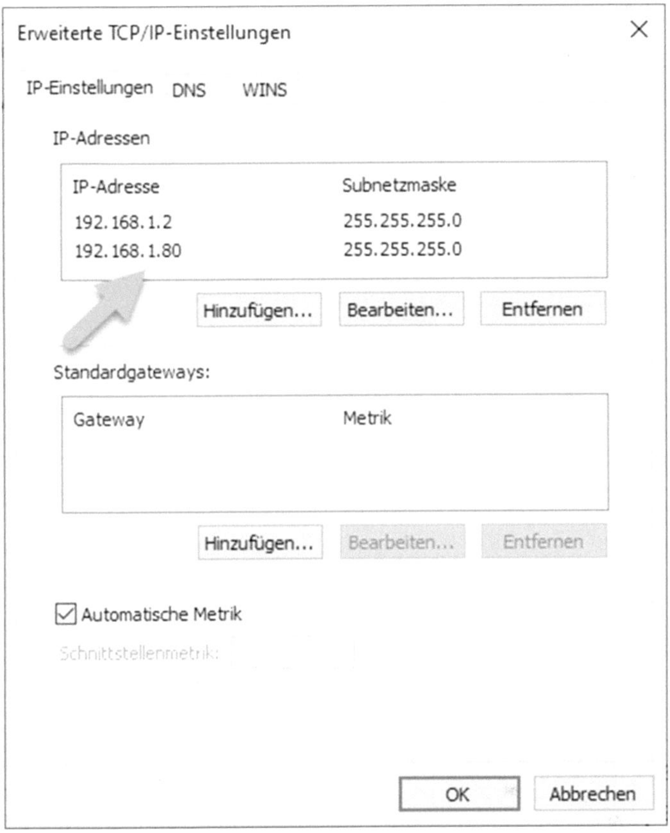

Abbildung 28.25: Virtuelle IP-Adresse

Sollte dieser Eintrag nicht vorhanden sein, erstellen Sie ihn manuell.

ACHTUNG!

Wenn Sie möchten, dass der Cluster auch über den FQDN erreicht werden soll, müssen Sie hier natürlich noch einen Alias anlegen!

Außerdem muss diese virtuelle IP-Adresse auch in der Konfiguration der Netzwerkkarten aller Clustermitglieder eingetragen sein.

Auch das ist geschehen.

Sonstiges

Wenn Sie den Datenverkehr eines NLB-Clusters „schonend" stoppen möchten, verwenden Sie den Befehl „DrainStop".

Mit diesem Befehl können Sie zwar den Datenverkehr beenden, aber langsam, denn aktive Verbindungen werden nicht unterbrochen, nur ist es nicht mehr möglich, neue Verbindungen aufzubauen.

Diese Vorgehensweise ist ideal, wenn Sie Wartungsarbeiten vornehmen möchten. Nachdem alle Verbindungen getrennt sind, können Sie den internen Status auch auf „Stop" schalten.

28.3.3 Einen NLB-Cluster von einer früheren Version upgraden

Ein Upgrade von einer früheren Betriebssystemversion kann auf zwei Arten gemacht werden:

Sie deaktivieren den gesamten NLB-Cluster und machen für alle Knoten das Upgrade. Damit fällt der NLB-Cluster für die Zeit des Upgrades aus.

Die andere Möglichkeit ist ein „Rolling Upgrade".

Dabei machen Sie nacheinander ein Upgrade der einzelnen Knoten, bis alle auf dem aktuellen Stand sind. Der NLB-Cluster kann währenddessen weiterlaufen.

Übung 28.3

- Fügen Sie „Server2" und „Server3" zu einem NLB-Cluster zusammen
- Die gemeinsame IP Adresse ist die 192.168.1.80/24
- Der Name des Clusters ist „intranet.meistertrainer.info"
- Kontrollieren Sie danach die Einrichtung
- Setzen Sie die virtuellen Maschinen auf den Prüfpunkt „Basis" zurück

29 Tag 29: Failover-Servercluster

Eine weitere Clusterlösung ist der Failover-Servercluster. Hierbei ist der Aufbau wesentlich aufwändiger als bei NLB, da nicht nur autonome Hosts zu einem Verbund zusammengeschlossen werden, sondern gemeinsame Speichermedien benötigt werden.

Windows Server 2022 bietet die Möglichkeit, dass bis zu 64 physischen Knoten und bis zu 4.000 virtuelle Computer pro Cluster zusammengefasst werden können. Diese Rechner erscheinen dem Client gegenüber als ein einziger Server.

Auch in einem Servercluster ist es kein Problem, wenn ein Server ausfällt, die anderen Knoten übernehmen die Arbeit des Knotens, der ausgefallen ist.

Unterschiede Servercluster und NLB-Cluster

Auf den ersten Blick scheinen sowohl Servercluster als auch NLB-Cluster identisch zu arbeiten. Es gibt aber einige Unterschiede, die auch den Einsatzzweck für beide Lösungen deutlich machen:

NLB

NLB betreibt IP-Loadbalancing, IP-Anwendungen werden auf den Mitgliedern des NLB-Clusters verteilt, damit auch bei hohem Datenverkehrsaufkommen eine angemessene Reaktionszeit gewährleistet ist.

Servercluster

Ein Servercluster dagegen kann Informationen über den Status einer Anwendung oder eines Dienstes innerhalb des Clusters austauschen. Dies übersteigt das IP-Loadbalancing erheblich.

Mit Windows Server 2016 wurden einige Neuerungen eingeführt.

Clusterbetriebssystem Rolling Update

Beim Rolling Update können Sie einen Knoten offline nehmen, diesen updaten und wieder online nehmen. Dann wird der Cluster im gemischten Modus ausgeführt, bis Sie alle Clusterknoten auf den neuesten Stand gebracht haben. Dann können Sie die Clusterversion anheben.

Speicherreplikation

Mit der Speicherreplikation ist es möglich, komplette Festplatten auf einen anderen Server zu replizieren, diese können auch in einem Speicherpool sein. Diese Funktion haben wir bereits in Kapitel 2 besprochen, kann aber natürlich auch in einer Clusterumgebung genutzt werden.

Azure Cloud Zeuge

Im Quorum kann nun auch ein Azure Cloud Zeuge eingesetzt werden, später mehr dazu.

Virtual Machine resiliency

Hierbei werden virtuelle Knoten überwacht und bei Fehler gegebenenfalls offline geschaltet.

Site-aware, Workgroup- und Multidomain Cluster

Die Flexibilität der Anwendungsszenarien ist stark erweitert worden.

29.1 Wie arbeitet ein Servercluster?

Alle Anwendungen, die im Cluster laufen sollen, werden auf allen Knoten installiert, laufen aber immer nur auf einem Knoten.

Dies ermöglicht, dass mehrere Anwendungen im gleichen Cluster laufen können. Sollte ein Knoten ausfallen, werden die Anwendungen oder Dienste mit sehr kurzer Verzögerung auf einem anderen Knoten im Servercluster gestartet.

Dies ist ein Aktiv/Aktiv Cluster, denn es ist nicht nötig, dass ein Knoten die komplette Steuerung des Clusters übernimmt, und keine produktiven Aufgaben ausführen kann.

Es erklärt sich von selber, dass ein Servercluster optimal funktioniert, wenn die Hardware auf allen Knoten möglichst ähnlich ist, denn wenn eine Anwendung den Knoten „wechseln“ muss, sollte die Umgebung etwa identisch mit der alten Umgebung sein, damit die Arbeitsgeschwindigkeit zumindest ähnlich bleibt.

29.1.1 Die Quorumressource

Alle Servercluster unter Windows Server 2022 haben eine Gemeinsamkeit: Die Quorumressource.

Das Quorum ist ein Speichermedium, auf der die Informationen über den Cluster gespeichert werden, und außerdem wird hier eine Kopie der Datenbank des Serverclusters gespeichert.

Das Quorum ist von extremer Bedeutung für die Notfallwiederherstellung eines Serverclusters.

29.1.2 Verschiedene Servercluster

Sie können unter Windows Server 2022 verschiedene Arten von Serverclustern einrichten. Die Auswahl des richtigen Modells erfolgt je nach Anforderungen in der Firma.

Das Quorum-Modell von Windows Server 2022 ist bedeutend sicherer als das Quorum-Modell, das bei früheren Windows Servern zum Einsatz kam.

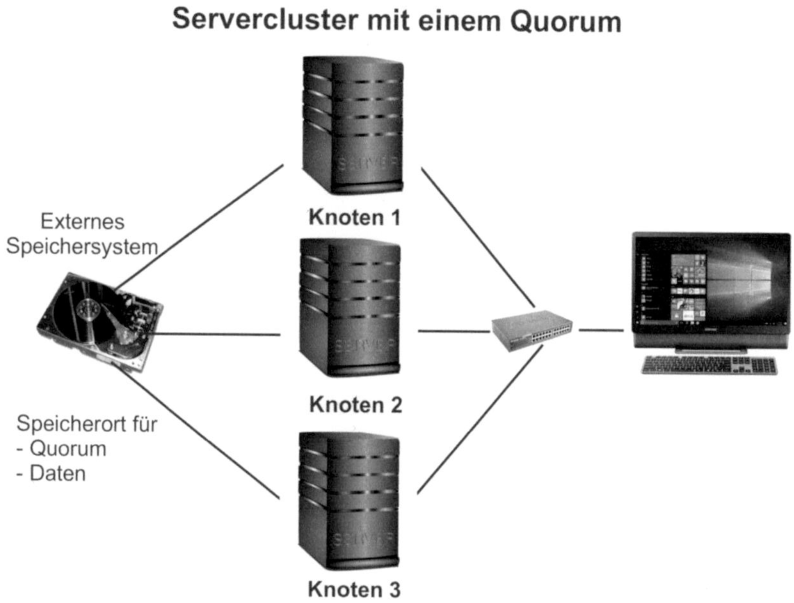

Abbildung 29.1: Servercluster mit einem Quorum

Dort wurde in den meisten Fällen der sogenannte „Servercluster mit einem Quorum“ benutzt. Dies bedeutet, dass ein Cluster nur funktioniert hat, wenn er mit der Ressource, auf der das Quorum gespeichert ist, kommunizieren kann.

Das machte das Quorum natürlich zu einem „Single Point of failure“.

Windows Server 2022 hat dagegen ein anderes Konzept der Quorumverwaltung, um diese Problematik zu umgehen.

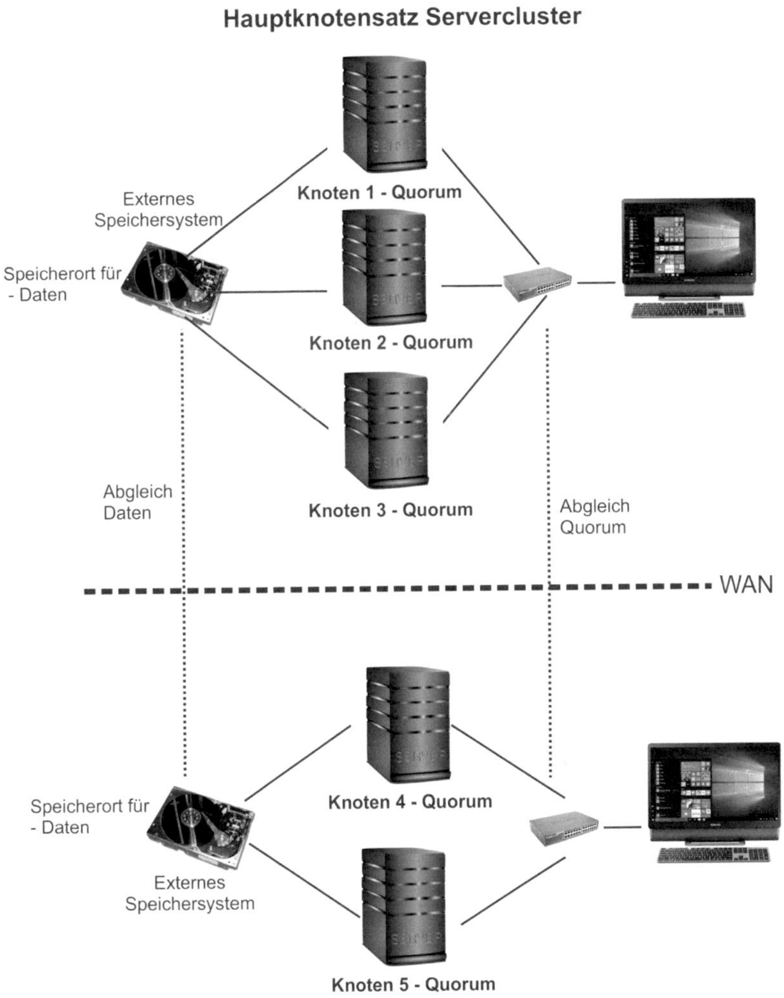

Abbildung 29.2: Quorumverwaltung in Server 2022

Eine Mehrheit von „Votes“ entscheidet, ob ein Cluster ein Quorum erreicht.

Wahlberechtigt sind Knoten, also Clustermitglieder, und auch Festplatten („Disk Witness“) und Freigabe („File Share Witness“), im gemeinsamen Speicher.

Als Neuerung kommt in Server 2022 noch ein „Azure-Cloud-Zeuge“ hinzu, also ein Zeuge, der sich in der Cloud befindet.

In diesem Modell gibt es Ausfallsicherheit.

Im Endeffekt stehen fünf Quorumarten zur Auswahl:

Knotenmehrheit

(für Cluster mit einer ungeraden Anzahl von Knoten empfohlen)

Jeder verfügbare Knoten kann wählen. In diesem Fall funktioniert der Cluster nur, wenn mehr als die Hälfte der Knoten online sind.

Knoten- und Datenträgermehrheit

Jeder Knoten und eine festgelegte Festplatte im Cluster-Speicher (Disk Witness) kann wählen. Die Voraussetzung ist nur, dass diese „Wähler“ verfügbar sein müssen. Auch hier funktioniert der Cluster nur, wenn mehr als die Hälfte der „Wähler“ verfügbar sind.

Knoten- und Dateifreigabemehrheit

Jeder Knoten und eine festgelegte Freigabe im Cluster-Speicher (File Share Witness) kann wählen. Die Voraussetzung ist nur, dass diese „Wähler“ verfügbar sein müssen. Auch hier funktioniert der Cluster nur, wenn mehr als die Hälfte der „Wähler“ verfügbar sind.

Knoten- und Cloudmehrheit

Jeder Knoten und ein Cloud Zeuge (Azure-Cloud Witness) kann wählen. Die Voraussetzung ist nur, dass diese „Wähler“ verfügbar sein müssen. Auch hier funktioniert der Cluster nur, wenn mehr als die Hälfte der „Wähler“ verfügbar sind.

Keine Mehrheit

Der Cluster hat das Quorum, wenn ein einziger Knoten verfügbar ist. Nur aktive Knoten können dem Cluster beitreten.

Auswahl des richtigen Quorummodus

Normalerweise wählt der Assistent den richtigen Modus aus. Allerdings gibt es einige Empfehlungen, die Sie berücksichtigen sollten.

Konfiguration des Clusters	Bevorzugter Quorummodus
Ungerade Knotenanzahl	Knotenmehrheit
Gerade Knotenanzahl, ein einzelner Standort	Knoten- und Datenträgermehrheit
Gerade Knotenanzahl, mehrere Standorte	Knoten- und Dateifreigabemehrheit
Gerade Knotenanzahl, kein gemeinsamer Speicher	Knoten- und Dateifreigabemehrheit
2 Knoten Cluster	Knoten- und Dateifreigabemehrheit
Cluster mit mehreren Standorten	Knoten- und Cloudmehrheit

29.2 Konfiguration des gemeinsamen Speichers

Bevor Sie mit der Einrichtung eines Serverclusters beginnen können, müssen Sie sich natürlich noch Gedanken über den gemeinsamen Speicher machen.

Er sollte sicher, schnell, und immer verfügbar sein.

Windows Server 2022 unterstützt für den gemeinsam genutzten Speicher FibreChannel, iSCSI oder SAS. Es werden auch GPT-Datenträger unterstützt. Damit können Datenträger angelegt werden, die größer als 2 TB sind.

Natürlich können auch freigegebene virtuelle Festplatten als Speicher benutzt werden.

Mit Windows Server 2008 R2 sind bereits „Freigegebene Clustervolumes“ (Cluster Shared Volumes, CSVs) eingeführt worden.

Damit wurde eine verteilte Dateizugriffslösung generiert, sodass mehrere Knoten im Cluster gleichzeitig auf dasselbe NTFS-Dateisystem zugreifen können.

Zunächst waren die CSVs nur dafür gedacht, virtuelle Maschinen zu hosten, die auf einem Hyper-V Server im Servercluster laufen. Der Vorteil war, dass alle Knoten Zugriff auf den Speicher hatten. Sollte ein Knoten mit einer virtuellen Maschine ausfallen, kann sie sofort auf einem anderen Knoten starten, da der Zugriff vorhanden ist.

Diese Lösung wurde in Laufe der Hyper-V Versionen deutlich verbessert. Mittlerweile ist es auch möglich, CSVs zusammen mit einem „Horizontal skalierten Dateiserver“ zu verwenden.

Horizontal skalierte Dateiserver

Das Merkmal eines horizontal skalierten Dateiservers ist, dass alle Dateifreigaben auf allen Knoten gleichzeitig online sind. Das wird auch als Aktiv/Aktiv bezeichnet.

29.3 Einrichten eines Failover-Clusters

Wichtig ist, dass Sie die Knoten, also Clustermitglieder, mit einer ausreichenden Anzahl an Netzwerkkarten ausstatten.

Sie benötigen in jedem Fall

- 1 Netzwerkkarte für das LAN (Clientzugriff)
- 1 Netzwerkkarte für den Heartbeat (interne Kommunikation)
- 1 Netzwerkkarte für den Speicher

Die dritte Netzwerkkarte variiert natürlich in der Ausführung, je nachdem, wie der Speicher angeschlossen ist.

Die Kommunikationsart (intern oder extern) können Sie mit dem Cmdlet

Get-ClusterNetwork

festlegen.

29.3.1 Einrichten des gemeinsamen Speichers

Bevor wir den Failover-Cluster installieren, müssen wir zunächst den gemeinsamen Speicher konfigurieren.

Dafür werden wir „Server1" als iSCSI Zielserver verwenden und dort auf einer neuen Festplatte mit einer Größe von 150 GB drei Datenträger mit jeweils 50 GB definieren.

Danach werden für diese drei Datenträger die iSCSI-Initiatoren für „Server2" und „Server3" erstellt.

Im letzten Schritt wird von den Servern 2 und 3 her die Verbindung zu den iSCSI Datenträgern hergestellt und für die Verwendung vorbereitet.

1. Schritt: Installation des iSCSI-Zielservers auf „Server1"

Der iSCSI-Zielserver wird als Rollendienst der Datei-/Speicherdienste installiert. Die Vorgehensweise haben wir bereits besprochen.

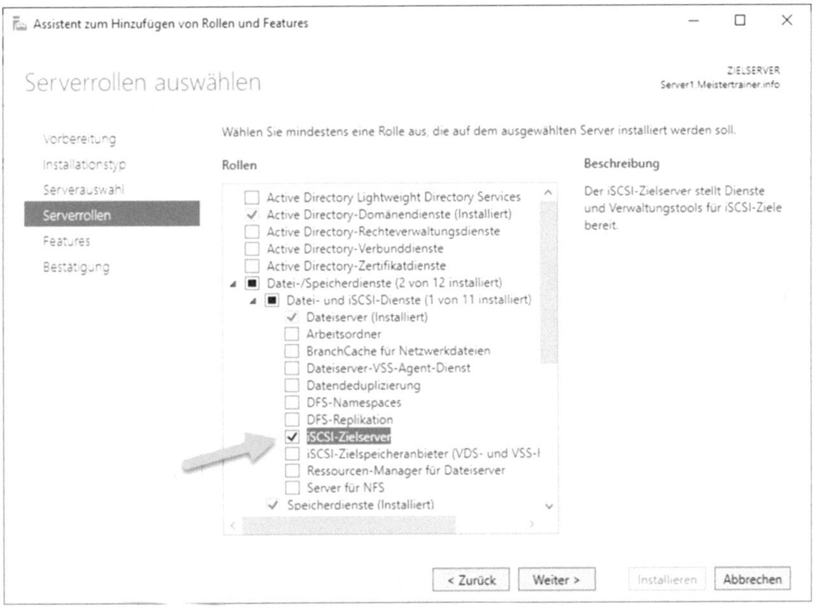

Abbildung 29.3: Installation iSCSI-Zielserver

Nun erstellen Sie im Server-Manager die drei neuen virtuellen iSCSI-Datenträger.

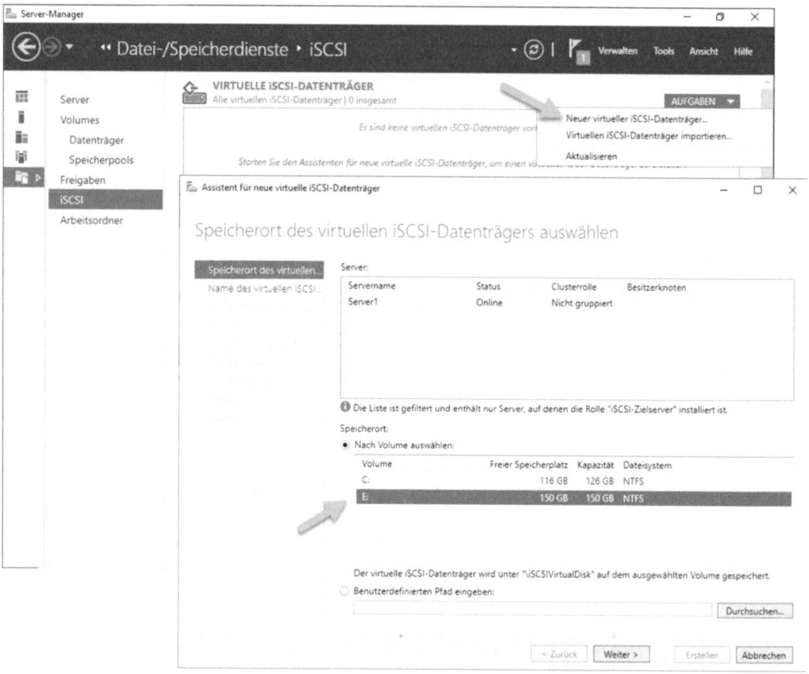

Abbildung 29.4: Neuer iSCSI-Datenträger

In unserem Lehrbeispiel benutzen wir folgende Parameter:

Speicherort: Festplatte E:\

Name: Server1-Disk1

Größe: 50 GB

Im nächsten Schritt wählen Sie „Neues iSCSI-Ziel“ aus und vergeben den Namen „Server1-Disk1“.

Fügen Sie nun die Zugriffsserver „Server2“ und „Server3“ hinzu.

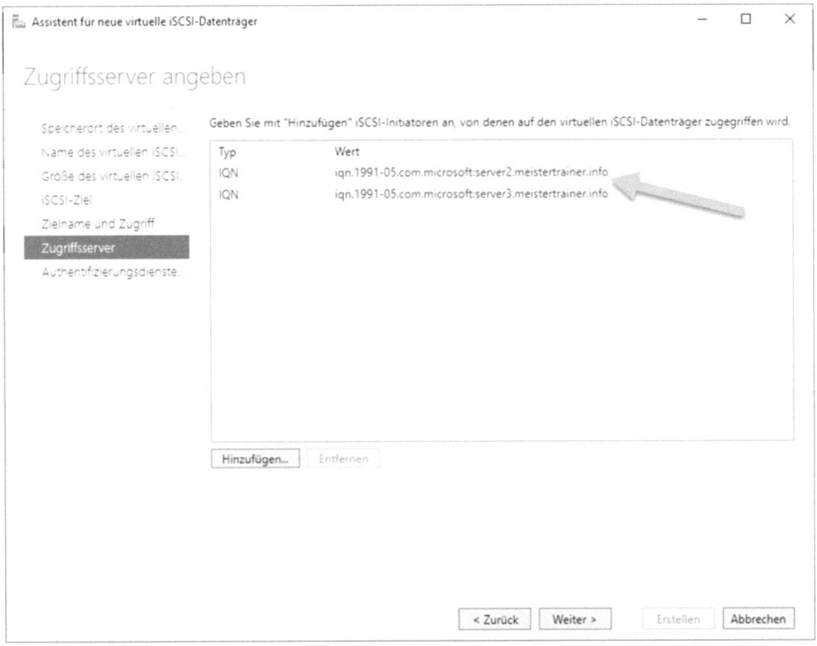

Abbildung 29.5: Zugriffsserver

Nach Beendigung des Assistenten sind die iSCSI-Ziele erstellt und für die Zugriffsserver „Server2“ und „Server3“ konfiguriert.

Auf die gleiche Art erstellen Sie zwei weitere virtuelle iSCSI-Datenträger mit den Namen

- Server1-Disk2
- Server1-Disk3

2. Schritt: Verbinden der Server mit den iSCSI-Zielen

Im nächsten Schritt verbinden wir „Server2“ und „Server3“ mit den eben definierten iSCSI-Zielen.

Dafür öffnen Sie das Tool „iSCSI-Initiator“, bestätigen die Änderungen für den Dienst und wählen im nächsten Fenster als Ziel „Server1“ aus, egal, ob mit FQDN oder mit der IP-Adresse.

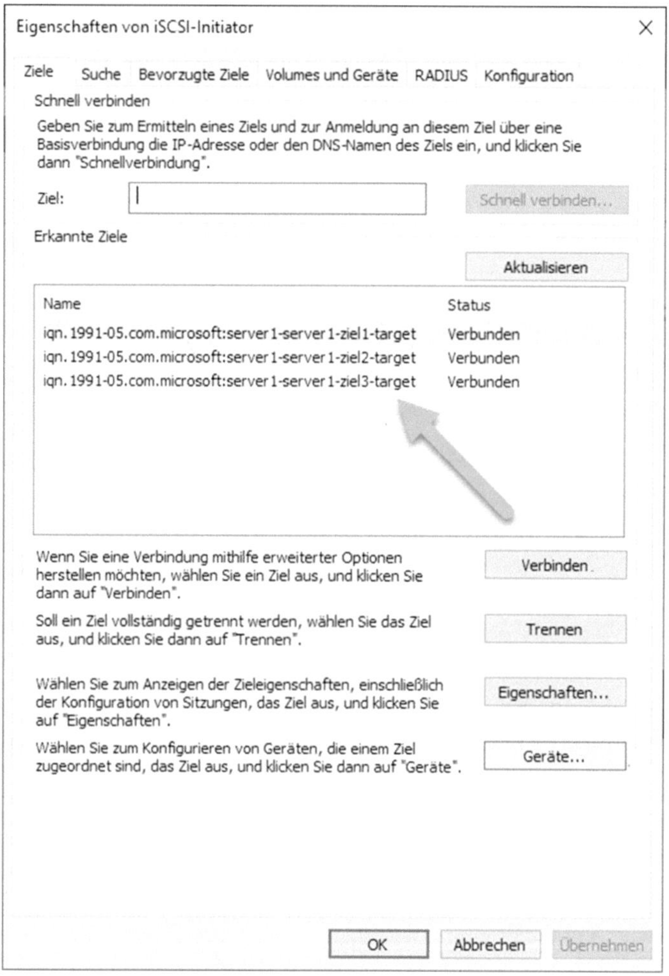

Abbildung 29.6: Hinzufügen der iSCSI-Ziele

Nun werden Ihnen alle drei iSCSI-Ziele auf „Server1“ angezeigt. Verbinden Sie den Server mit allen drei Zielen.

Wiederholen Sie die gleichen Schritte auf dem zweiten Server.

3. Schritt: Verfügbar machen der Datenträger

Der nächste Schritt macht die Datenträger verfügbar.

Öffnen Sie dafür auf „Server2“ die Datenträgerverwaltung. Dort sind nun die drei Datenträger sichtbar.

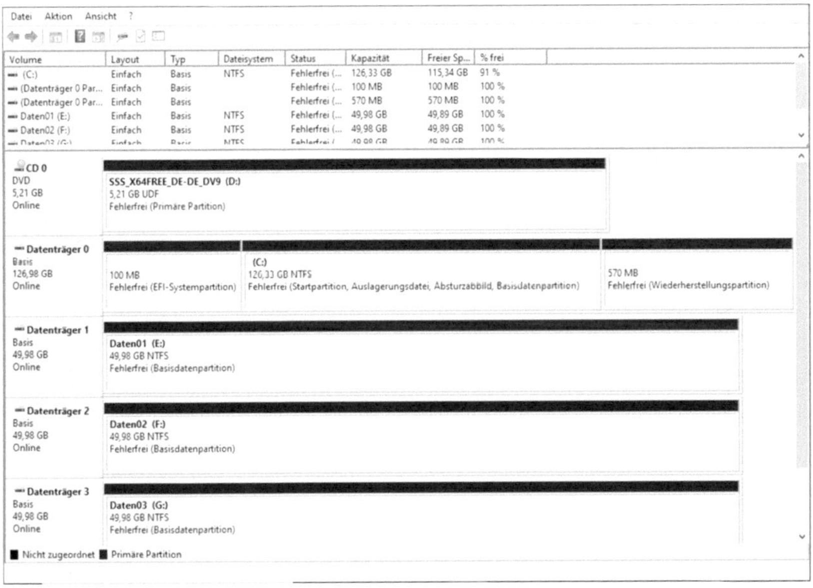

Abbildung 29.7: Datenträger

Bringen Sie die Datenträger online, initialisieren Sie sie und formatieren Sie sie mit NTFS.

Zur späteren besseren Identifizierung der Datenträger sollten Sie ihnen die Namen

- Daten01
- Daten02
- Daten03

geben.

Wechseln Sie auf „Server3“ und öffnen Sie auch dort die Datenträgerverwaltung.

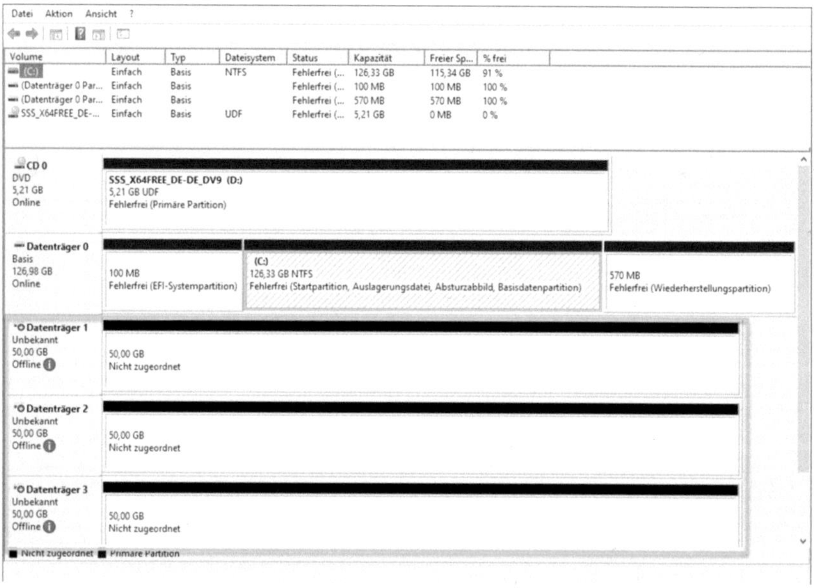

Abbildung 29.8: Datenträgerverwaltung

Hier sehen Sie ebenfalls die drei Festplatten.

Sobald Sie sie online gestellt haben, sind sie verfügbar, da sie schon formatiert sind.

Nun haben wir gemeinsamen Speicherplatz und können den Failover Cluster installieren.

Übung 29.3.1

Sie möchten auf „Server2“ und „Server3“ einen Failover-Cluster einrichten.

Dazu müssen Sie nun die Vorbereitungen treffen.

- Fügen Sie auf „Server2“und „Server3“ jeweils zwei Netzwerkkarten hinzu
  - Server2:
    - Ethernet 2: IP 10.10.10.1 (Heartbeat)
    - Subnetzmaske: 255.0.0.0
    - Ethernet 3: IP 172.16.1.1 (Speicher)
    - Subnetzmaske: 255.255.0.0
  - Server3:
    - Ethernet 2: IP 10.10.10.2 (Heartbeat)
    - Subnetzmaske: 255.0.0.0
    - Ethernet 3: IP 172.16.1.2 (Speicher)
    - Subnetzmaske: 255.255.0.0
- Fügen Sie auf „Server1“ eine virtuelle Festplatte mit einer Größe von 150 GB und dem Namen „Cluster_Server1“ hinzu
- Richten Sie auf „Server1“ den iSCSI-Zielserver ein
- Erstellen Sie drei virtuelle iSCSI-Datenträger mit jeweils 50 GB

29.3.2 Installation des Serverclusters

Der Failover-Cluster ist ein Feature und wird dementsprechend installiert.

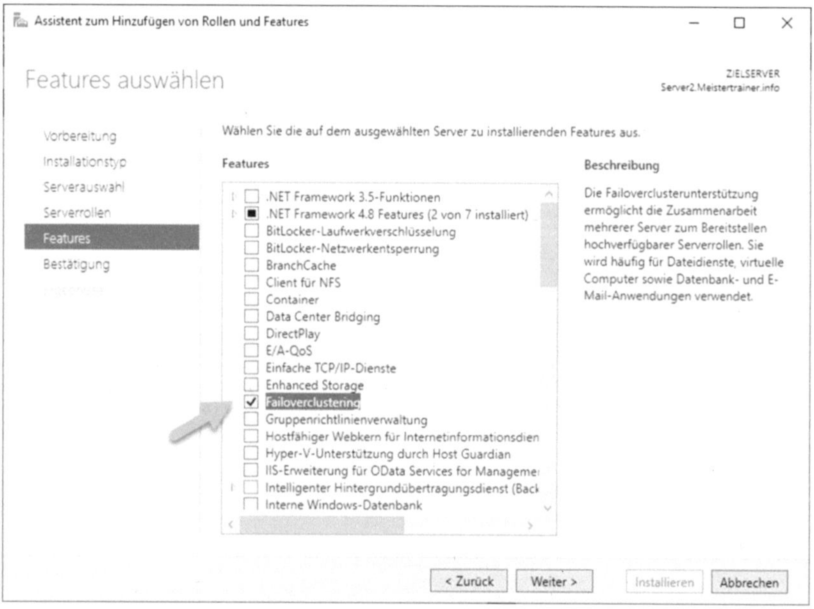

Abbildung 29.9: Failover-Cluster

Natürlich muss dieses Feature auf allen Servern installiert werden, die später als Clusterknoten fungieren sollen.

Die Failover-Clusterverwaltung steht danach bei den „Tools“ zur Verfügung.

Die Konfiguration des Clusters beginnt immer mit einer Überprüfung.

Microsoft unterstützt nur Konfigurationen, die eine Überprüfung fehlerfrei bestanden haben.

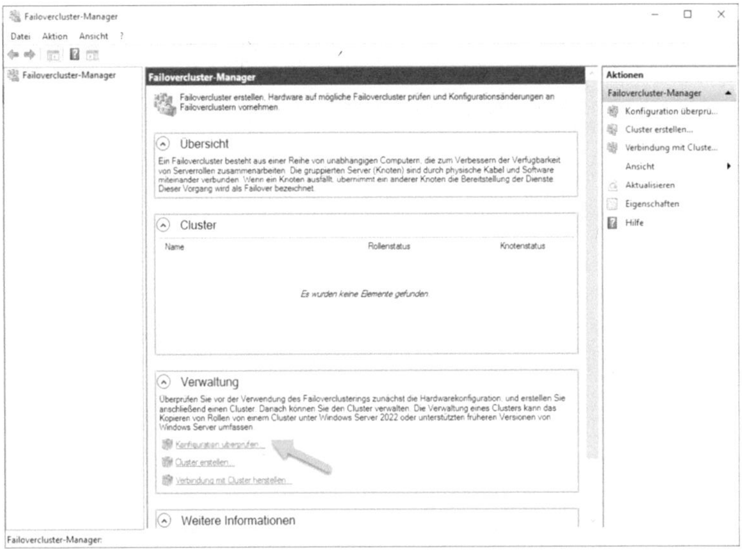

Abbildung 29.10: Konsole

Also klicken Sie auf „Konfiguration überprüfen“ und starten die zugrundeliegende Konfiguration.

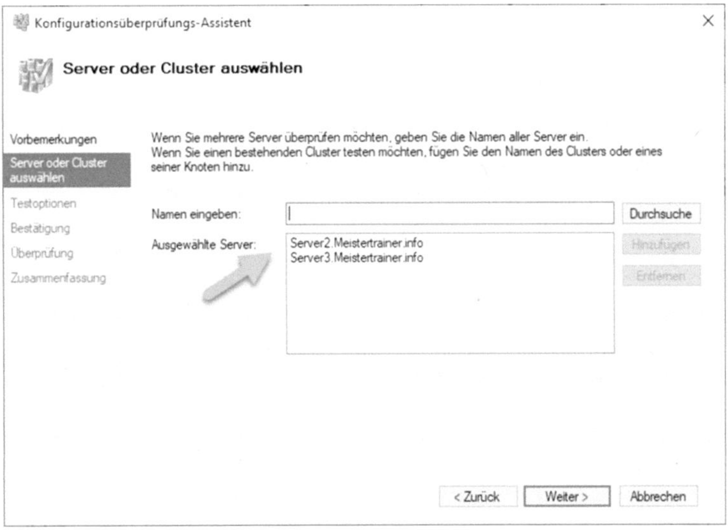

Abbildung 29.11: Auswahl

Nach der Auswahl, was überprüft werden soll, können Sie sich entscheiden, ob Sie alles testen möchten, oder nur Teilgebiete.

Wenn Sie im Anschluss einen Cluster einrichten möchten, sollten Sie alle Tests ausführen lassen.

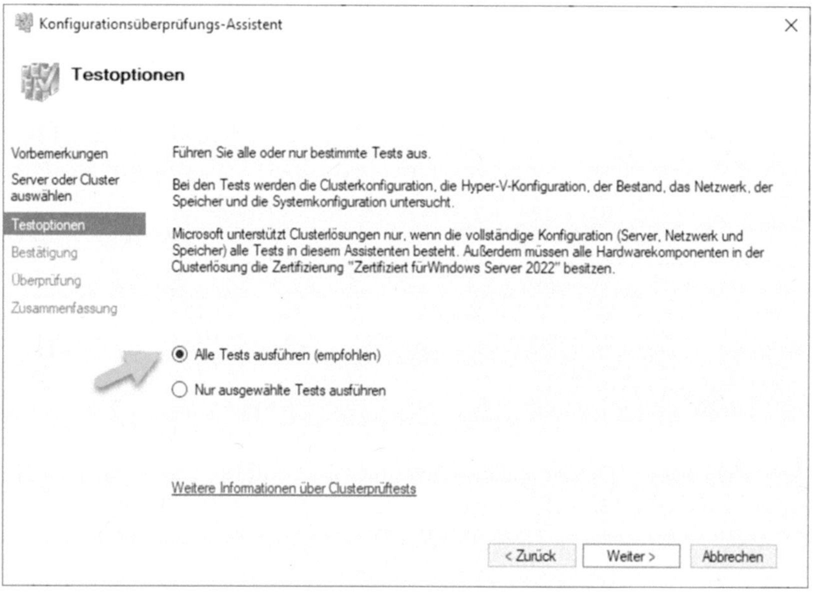

Abbildung 29.12: Testauswahl

Die Tests umfassen

- Systemkonfigurationstests
- Netzwerktests
- Speichertests

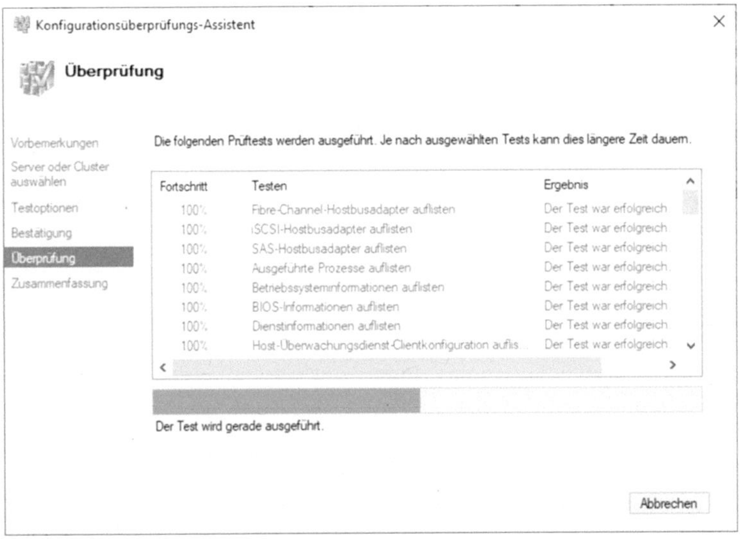

Abbildung 29.13: Tests

Nach Abschluss der Tests können Sie beginnen, den Cluster einzurichten. Klicken Sie auf „Cluster erstellen", falls der Assistent nicht automatisch startet.

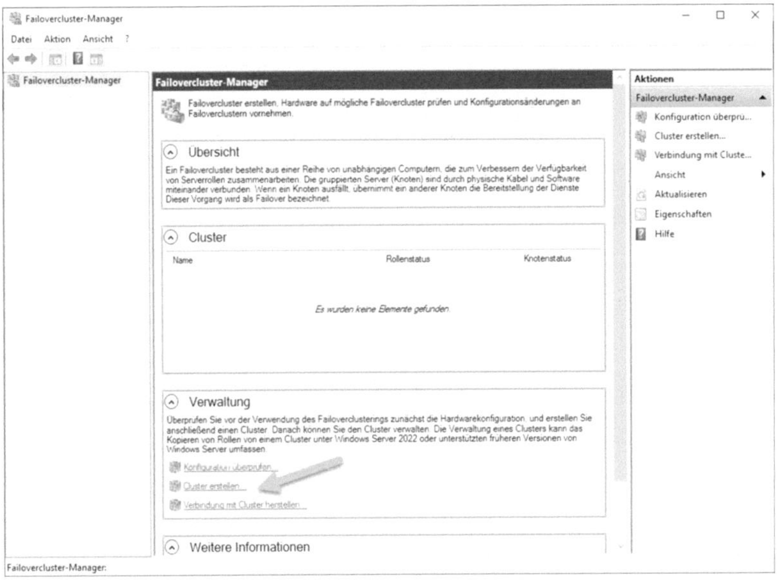

Abbildung 29.14: Cluster erstellen

Auch hier hilft Ihnen ein Assistent bei der Einrichtung.

Sie wählen die Server aus, die dem Cluster hinzugefügt werden sollen, und geben dem Cluster einen Namen.

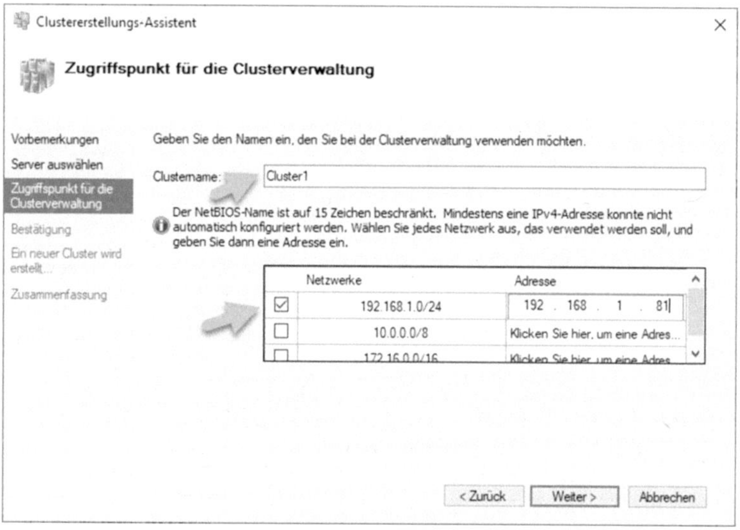

Abbildung 29.15: Namen und IP-Adresse

Danach geben Sie noch die Netzwerkkarten und die IP-Adressen an.

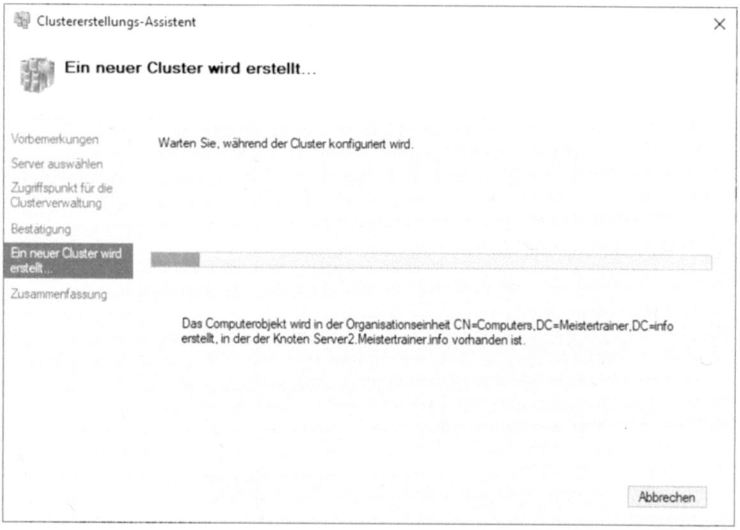

Abbildung 29.16: Cluster wird erstellt

Damit ist die Konfiguration abgeschlossen, und der Cluster wird eingerichtet.

Später können Sie noch weitere Konfigurationsschritte vornehmen, unter anderem auch die Einrichtung des Speichers und des Quorums.

Übung 29.3.2

- Richten Sie „Server2“ und „Server3“ als Clusterknotenpunkte ein
- Die Cluster IP-Adresse ist 192.168.1.81/24

29.4 Cluster ohne Active Directory in einer Arbeitsgruppe

Windows Server 2022 ermöglicht, einen Cluster auch ohne Active Directory einzurichten.

In den Versionen 2012 ist Microsoft den Schritt der Unabhängigkeit vom Active Directory beim Starten der Knoten schon gegangen, inzwischen wird sogar zur Installation des Clusters keine Domänenzugehörigkeit mehr benötigt.

Allerdings ist der Clusterbetrieb ohne Active Directory mit einigen Einschränkungen verbunden, da auch Kerberos nicht zur Verfügung steht.

Cluster-Rolle	**Unterstützt in einer Arbeitsgruppe**	**Hinweis**
Hyper-V	Unterstützt, aber nicht empfohlen	Keine Live Migration
Dateiserver	Unterstützt, aber nicht empfohlen	Keine Kerberos-Authentifizierung möglich
SQL Server	Unterstützt	SQL Server Authentifizierung

Einrichten eines Clusters in einer Arbeitsgruppe

Wenn die Knoten des Clusters in einer Arbeitsgruppe sind, sollte zunächst das DNS-Suffix angepasst werden.

Dazu gehen Sie folgenden Weg

- Server-Manager
- Computername
- Ändern
- Weitere…

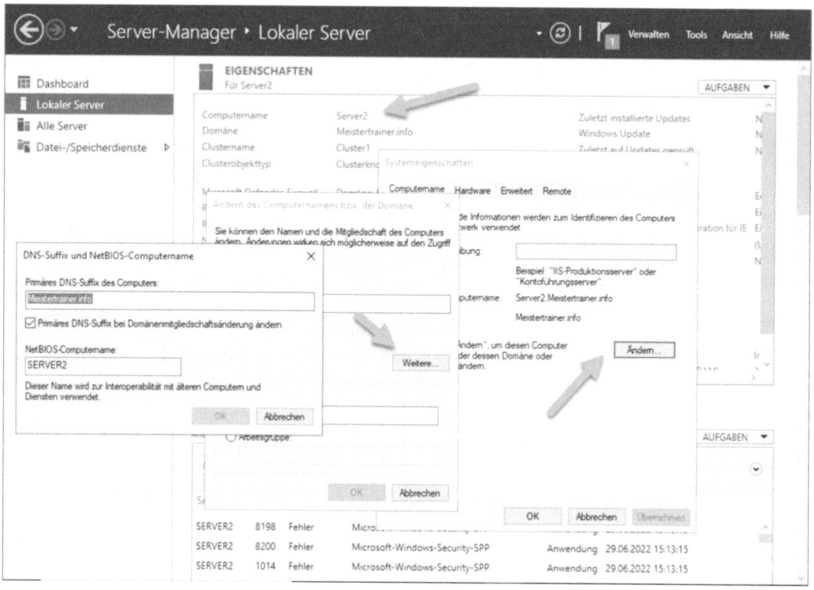

Abbildung 29.17: Ändern des DNS-Suffixes

Hier können Sie das DNS-Suffix nach Ihren Wünschen ändern. Bei einer Domänenzugehörigkeit wäre es nicht notwendig, weil der Domänenname das DNS-Suffix ist, aber in einer Arbeitsgruppe existiert keines.

Diese Änderung nehmen Sie auf allen Knoten des Clusters vor.

Der nächste Schritt ist die Eintragung der Knoten im DNS-Server.

Nun können Sie auf den Knoten das Feature installieren.

29.5 Konfigurieren der Clustereinstellungen

Die grundsätzliche Konfiguration eines Clusters wird in der Konsole vorgenommen.

Wenn Sie mit der rechten Maustaste auf den Namen des Clusters klicken, erhalten Sie eine Auswahl an Möglichkeiten. Einige finden Sie an anderer Stelle erneut, wir gehen dann dort auf sie ein.

29.5.1 Cluster überprüfen

Hier können Sie den Test, den Sie bei der Installation ausgeführt haben, erneut ausführen.

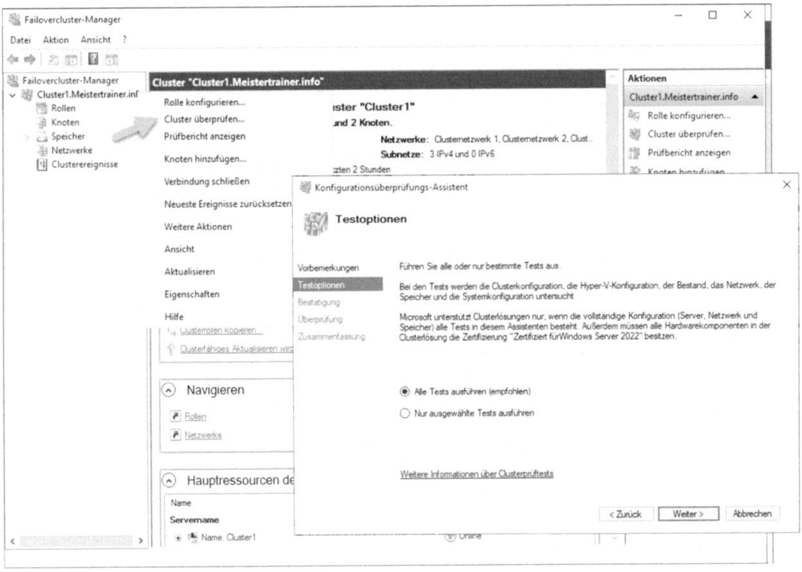

Abbildung 29.18: Überprüfen

Dies ist sinnvoll, wenn Einstellungen geändert worden sind.

29.5.2 Clusterquorumeinstellungen konfigurieren

Bei der Installation wird das Quorummodell so eingerichtet, wie es für den Cluster momentan am besten ist.

Allerdings können Sie Anforderungen ändern, wenn neue Knoten hinzugefügt werden oder andere Änderungen eintreten.

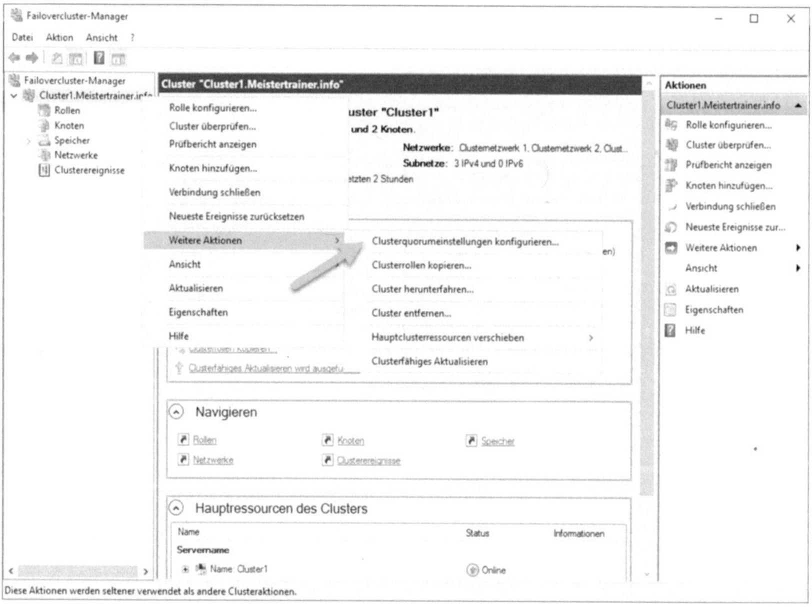

Abbildung 29.19: Quorumeinstellungen

In diesem Fall können Sie das Quorummodell jederzeit ändern.

Abbildung 29.20: Ändern des Quorummodells

29.5.3 Hauptclusterressource verschieben

Hier können Sie die Ressourcen von einem Knoten auf einen anderen verschieben.

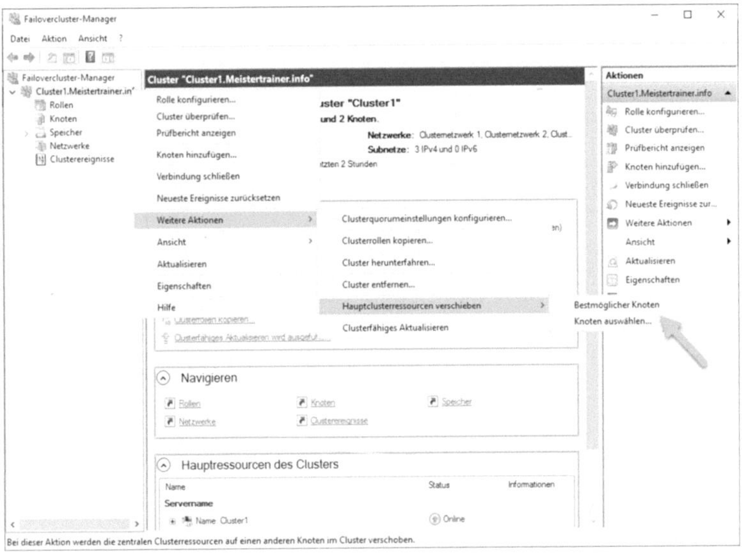

Abbildung 29.21: Hauptclusterressource verschieben

29.5.4 Clusterfähiges Aktualisieren

Das Aktualisieren der Knoten eines Clusters ist naturgemäß problematisch. Oft muss ein Neustart vorgenommen werden, dazu müssen die Ressourcen und Rollen eventuell verschoben werden. Insgesamt ist das ein sehr großer Aufwand.

Das clusterfähige Aktualisieren (Cluster-Aware Updating, CAU) ist eine Funktion, die eigenständig die Updates auf den Knoten eines Clusters einspielt und die Verteilung der Ressourcen übernimmt.

Dadurch fällt der Cluster nicht aus, und manuelle Eingriffe bleiben erspart.

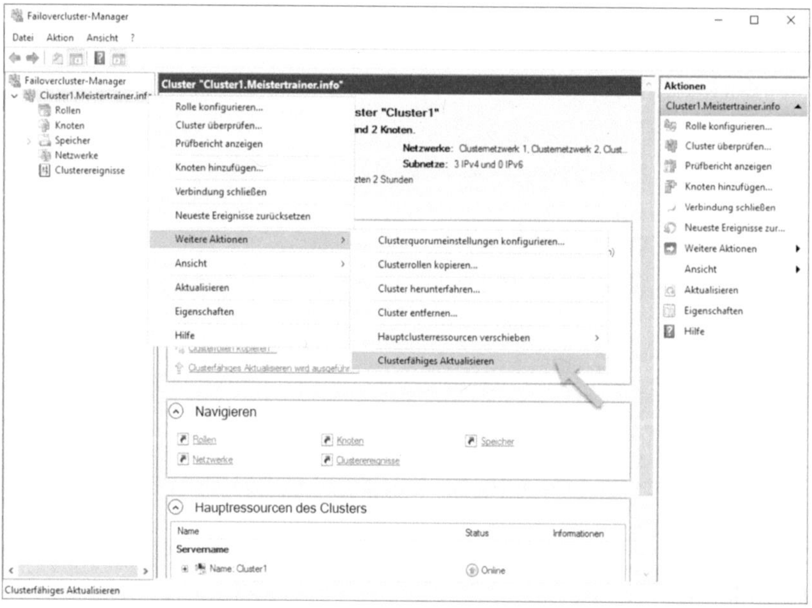

Abbildung 29.22: Clusterfähiges Aktualisieren

Hier können Sie alle relevanten Einstellungen vornehmen.

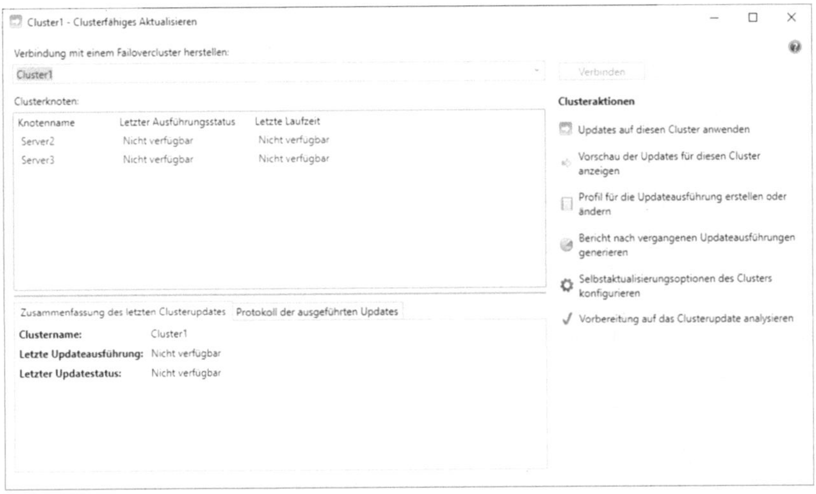

Abbildung 29.23: Einstellungen

29.5.5 Node Fairness (Ausgleichsmodul)

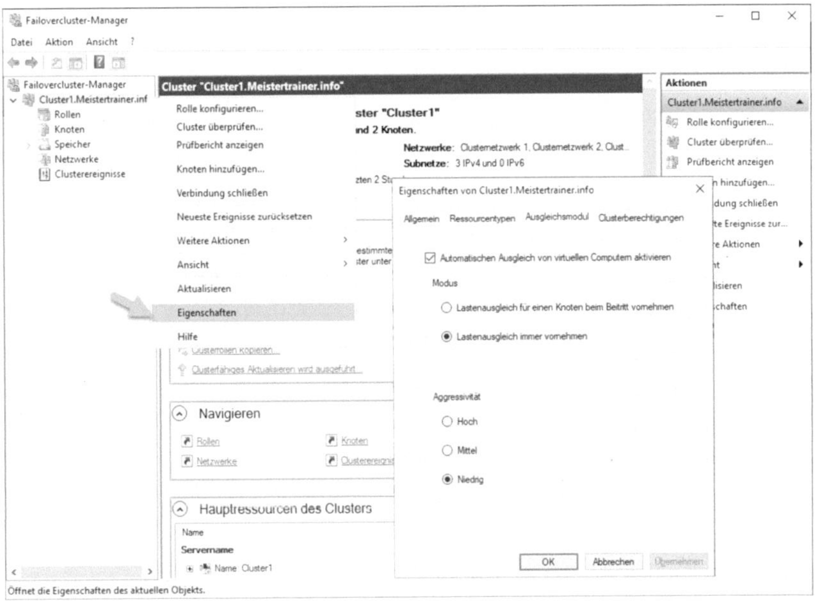

Abbildung 29.24: Node Fairness

Wenn Sie auf den Knoten virtuelle Maschinen betreiben, können diese automatisch live auf einen anderen Knoten im Cluster migriert werden, wenn der ursprüngliche Knoten zu stark belastet ist.

Sie haben zwei Möglichkeiten zur Auswahl:

Lastausgleich für einen Knoten beim Beitritt vornehmen

Hier wird beim Hinzufügen eines Knotens automatisch ein Ausgleich gemacht.

Lastausgleich immer vornehmen

In dieser Einstellung wird alle 30 Minuten der Belastungszustand überprüft und gegebenenfalls wird reagiert.

Aggressivität

Im unteren Teil der Konsole können Sie die Schwellenwerte für das Verschieben eines Hosts festlegen.

Hoch

Hier wird ein Durchschnittswert über alle verfügbaren Knoten gebildet und eine Verschiebung wird vorgenommen, wenn ein Knoten mehr als 50% belastet ist.

Mittel

Der Lastenausgleich wird bei einer Last von mehr als 70% vorgenommen.

Gering

Der Lastenausgleich wird bei einer Last von mehr als 80% vorgenommen.

Natürlich können Sie diese Einstellungen auch über die PowerShell machen, hier lautet der Befehl

(Get-Cluster).AutoBalancerMode = <Wert>

Wert	**Bedeutung**
0	Nicht aktiviert
1	Load balance, wenn ein neuer Knoten dazukommt
2	Load balance, wenn ein neuer Knoten dazukommt und alle 30 Minuten

Nun stellt sich noch die Frage, ab welchem Schwellenwert eine Verschiebung initiiert wird. Dies wird mit „Hoch, Mittel und Niedrig“ definiert.

Diese Einstellung können Sie mit der PowerShell machen. Der Befehl lautet

(Get-Cluster).AutoBalancerLevel = <Wert>

Wert	**Bedeutung**
1	Verschieben, wenn die Last des Hosts > 80% ist
2	Verschieben, wenn die Last des Hosts > 70% ist
3	Verschieben, wenn die Last des Hosts > 60% ist

Der Standardwert ist „1“.

29.5.6 Knoten hinzufügen

Diese Funktion haben wir schon in den Eigenschaften des Serverclusters gesehen und finden sie hier erneut. Dies ist die logischere Stelle.

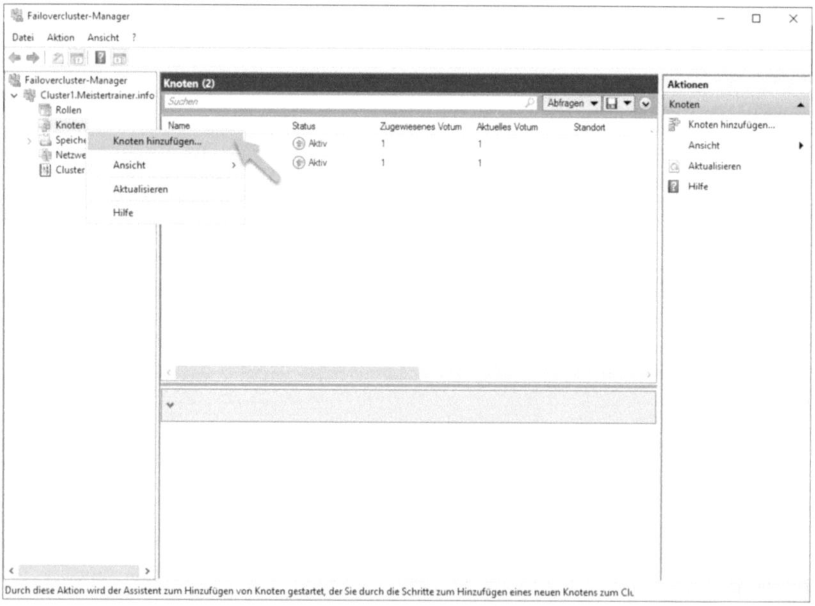

Abbildung 29.25: Knoten hinzufügen

Sie können jederzeit neue Knoten zu einem bestehenden Cluster hinzufügen, wenn alle Voraussetzungen erfüllt sind.

29.5.7 Cluster Shared Volumes

Um Cluster Shared Volumes zu erstellen, wählen Sie einen Datenträger aus und klicken Sie im Kontextmenü auf „Zu freigegebenen Clustervolumes hinzufügen“.

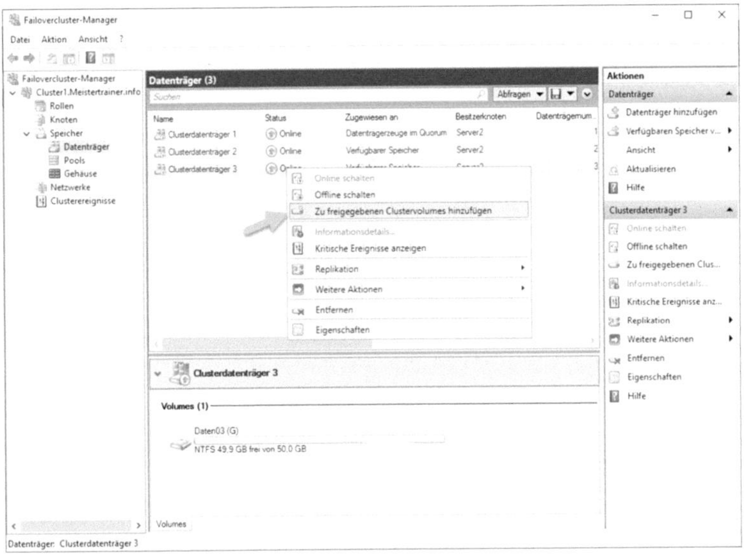

Abbildung 29.26: Cluster Shared Volumes

Netzwerke

Hier können Sie die Einstellungen für die Livemigration vornehmen, dazu später mehr.

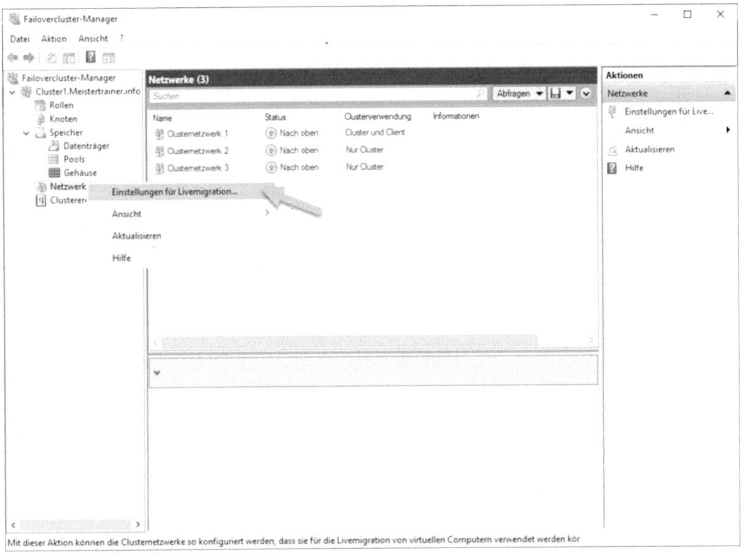

Abbildung 29.27: Livemigration

Übung 29.5

- Überprüfen Sie, welcher Datenträger der Quorumzeuge ist. Ändern Sie die Einstellung nicht!

- Betrachten Sie die Einstellungen des „Clusterfähigen Aktualisierens“, ändern Sie die Einstellungen nicht

  (in unserer Umgebung ohne Internetzugriff kann es nicht aktiviert werden)
- Betrachten Sie „Node Fairness“ und beurteilen Sie die Standardeinstellungen, ändern Sie die Einstellungen nicht

- Definieren Sie Datenträger 3 als „Cluster Shared Volume“

29.6 Einrichten einer Clusterrolle

Um einen Dienst oder eine Anwendung zu clustern, ist es nur nötig, dass diese Anwendung installiert ist.

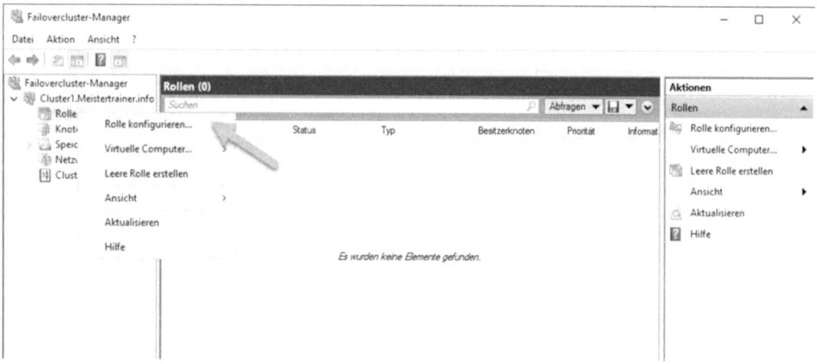

Abbildung 29.28: Rolle konfigurieren

ACHTUNG!

In unserem ersten Beispiel soll ein Fileserver geclustert werden, dazu ist es nötig, auf allen Knoten die Rolle „Dateiserver" zu installieren.

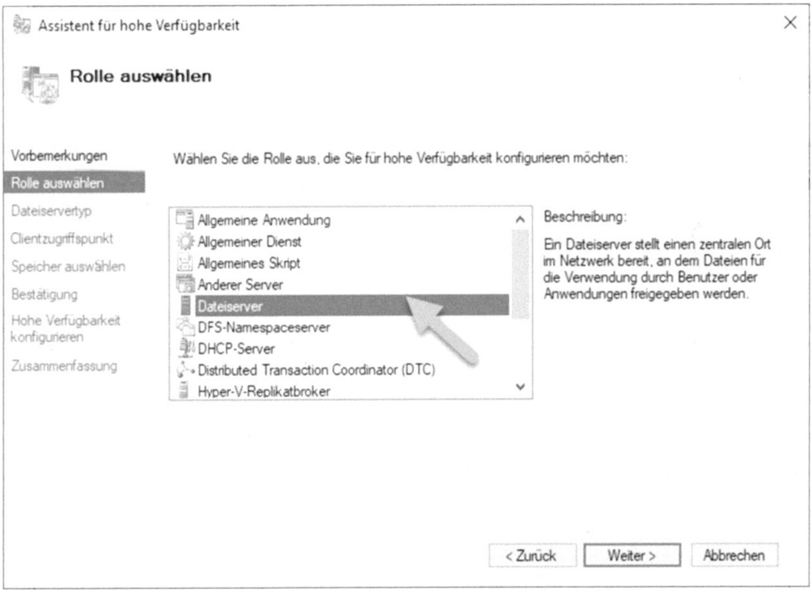

Abbildung 29.29: Dateiserver

Dann öffnen Sie die Failover-Clusterverwaltung und wählen „Rolle konfigurieren".

Nun wählen Sie „Dateiserver" aus. Diese Auswahl ist nur aktiv, wenn die entsprechende Rolle auch installiert ist.

Die nächste Auswahl ist der Dateiservertyp.

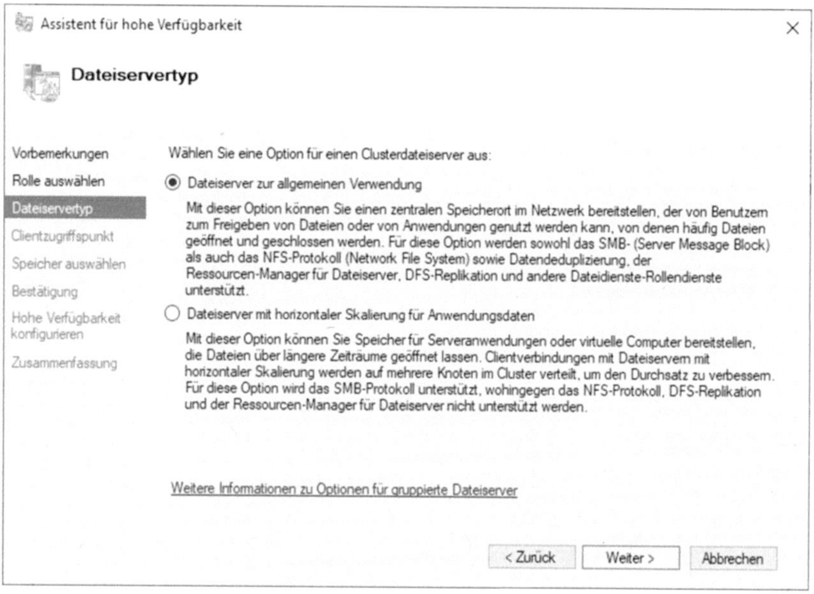

Abbildung 29.30: Dateiservertyp

Hier haben Sie zwei Möglichkeiten zur Auswahl:

Dateiserver zur allgemeinen Verwendung

Dies ist der klassische Fileserver, den wir ja bereits kennen. Es werden alle Komponenten der Rolle „Dateiserver" unterstützt, auch DFS.

Dateiserver mit horizontaler Skalierung für Anwendungsdaten

Hier wird das Speichern von Serveranwendungsdaten wie beispielsweise Dateien virtueller Hyper-V-Computer in Dateifreigaben ermöglicht.

Ein großer Vorteil ist, dass Sie das gleiche Maß an Zuverlässigkeit, Verfügbarkeit, Verwaltbarkeit und hoher Leistung erhalten, das Sie von einem SAN (Storage Area Network) erwarten würden.

Nun geben Sie den Namen an.

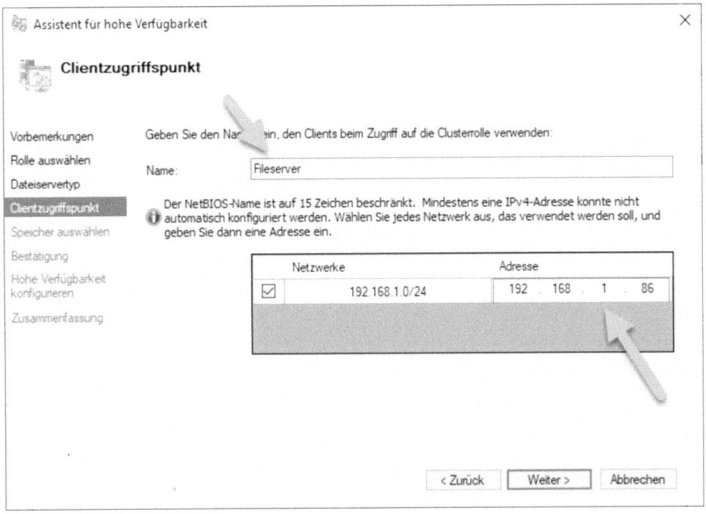

Abbildung 29.31: Name und IP-Adresse

Im unteren Teil geben Sie die IP-Adresse an, unter der der geclusterte Fileserver erreichbar sein soll.

Sie geben noch den Speicher an, der für diese Rolle verwendet werden soll.

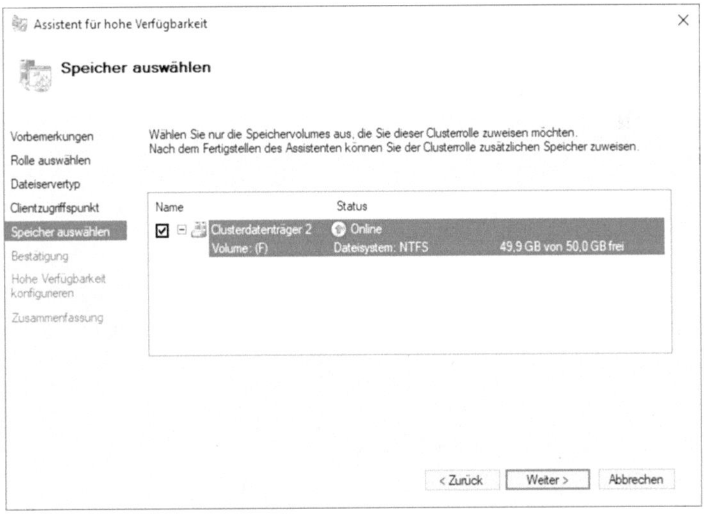

Abbildung 29.32: Speicherauswahl

Danach wird die Rolle erstellt.

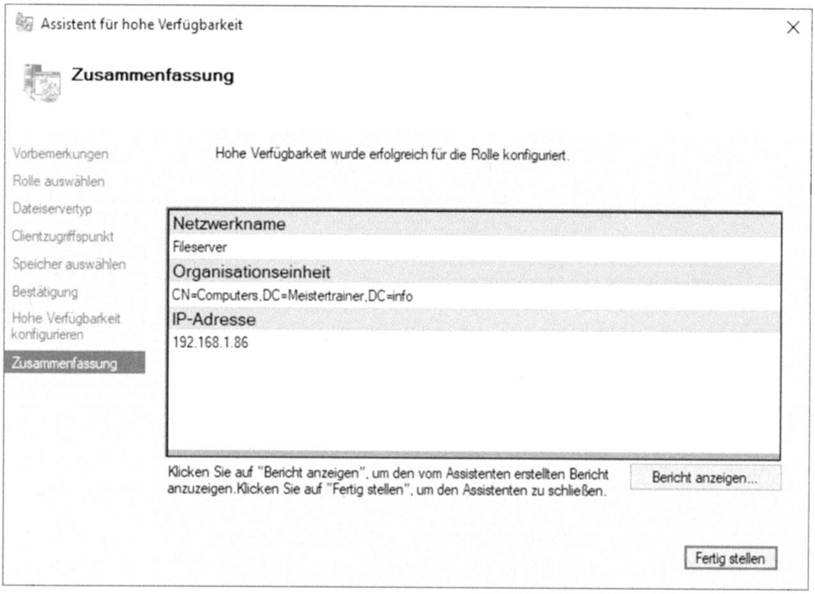

Abbildung 29.33: Rolle wird erstellt

Nun ist es ein Fileserver, allerdings ohne Freigaben.

Diese können wir hinzufügen, indem wir die Rolle suchen und mit der rechten Maustaste „Dateifreigabe hinzufügen“ wählen.

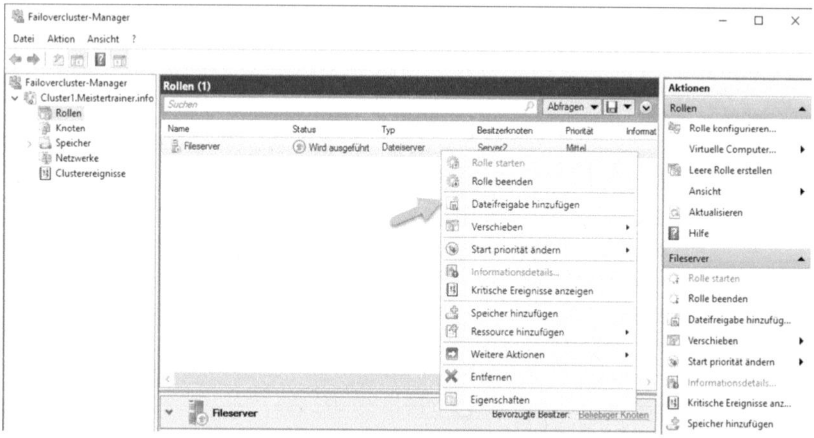

Abbildung 29.34: Dateifreigabe hinzufügen

Im nächsten Schritt wird das Profil für die Freigabe gewählt.

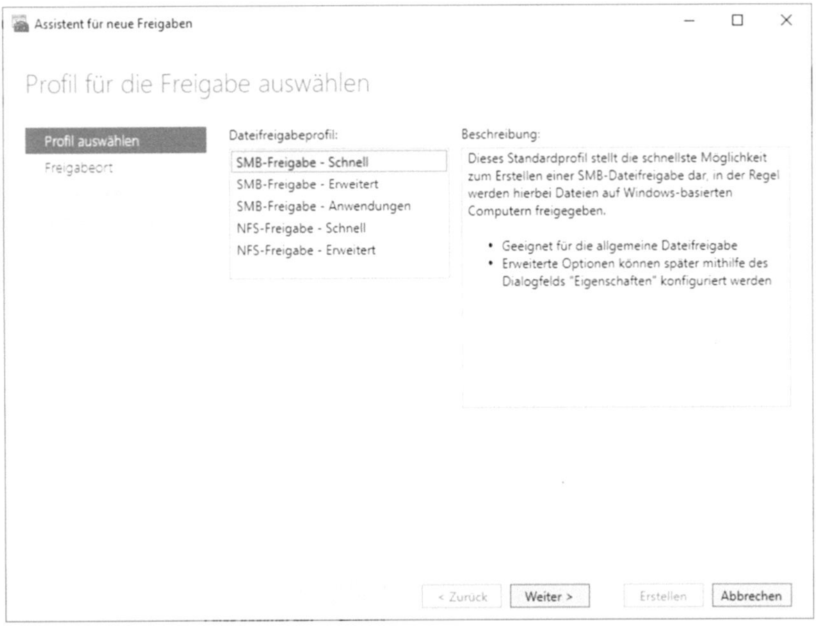

Abbildung 29.35: Profil

Sie haben folgende Auswahlmöglichkeiten:

SMB-Freigabe – Schnell

Einfache, schnelle Möglichkeit, eine Freigabe zu erstellen. In der Regel werden Dateien auf Windows Computern freigegeben.

Geeignet für die allgemeine Dateifreigabe.

Die Eigenschaften können später konfiguriert werden.

SMB-Freigabe –Erweitert

Kann gewählt werden, wenn der Ressourcenmanager für Dateiserver installiert ist, da auf dessen Möglichkeiten zurückgegriffen wird.

SMB-Freigabe – Anwendungen

Hier wird eine SMB-Freigabe mit Einstellungen für Hyper-V, bestimmte Datenbanken und andere Serveranwendungen erstellt.

NFS-Freigabe - Schnell

Wie SMB-Freigabe – Schnell, nur für NFS.

NFS-Freigabe - Erweitert

Wie SMB-Freigabe – Erweitert, nur für NFS.

Wir wählen SMB-Freigabe – Schnell.

Nun können Sie im weiteren Verlauf des Assistenten die Freigabe konfigurieren. Danach steht sie zur Verfügung.

29.6.1 Rollen konfigurieren

Nachdem der geclusterte Dienst oder die geclusterte Anwendung eingerichtet ist, können Sie festlegen, auf welchem Knoten die Ausführung stattfinden soll.

Es kann immer nur jeweils ein Knoten sein, auf dem der Dienst oder die Anwendung ausgeführt wird. Allerdings können Sie bestimmen, welcher Knoten dafür in Frage kommt.

Wählen Sie den Dienst oder die Anwendung, die Sie konfigurieren wollen, und öffnen Sie das Eigenschaftenmenü.

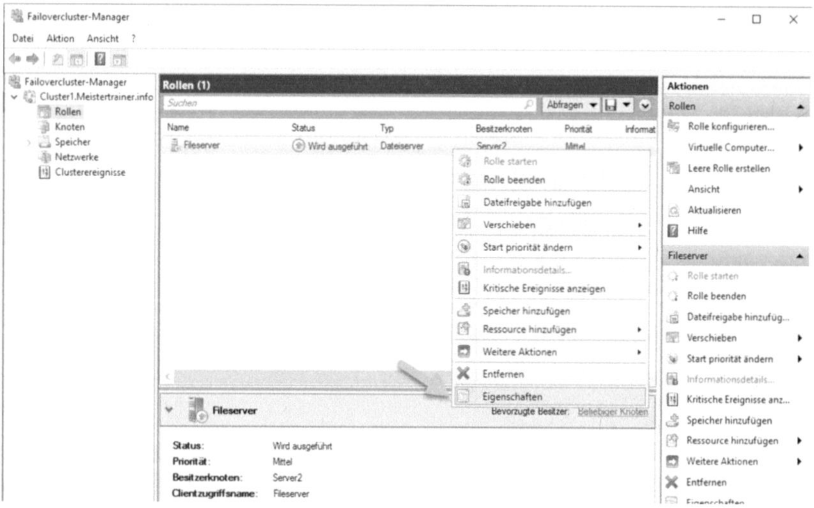

Abbildung 29.36: Eigenschaften

Auf der Karteikarte „Allgemein“ können Sie die bevorzugten Besitzer konfigurieren.

Abbildung 29.37: Bevorzugte Besitzer

Wählen Sie alle Knoten aus, die als mögliche Ausführungsknoten in Frage kommen.

Die Priorität legen Sie auch hier fest. Der „bevorzugte“ Besitzer ist der Knoten, der in der Liste ganz oben steht, dieser hat die Ausführung in erster Linie.

Alle anderen Besitzer, die Sie gewählt haben, sinken in der Priorität, können aber die Funktion übernehmen.

Wenn ein Ausfall des bevorzugten Besitzers vorkommt, wird die Ausführung auf den zweiten in der Liste übertragen, und so weiter.

Klicken Sie nun auf die Karteikarte „Failover“. Hier legen Sie fest, was im Fehlerfall zu tun ist.

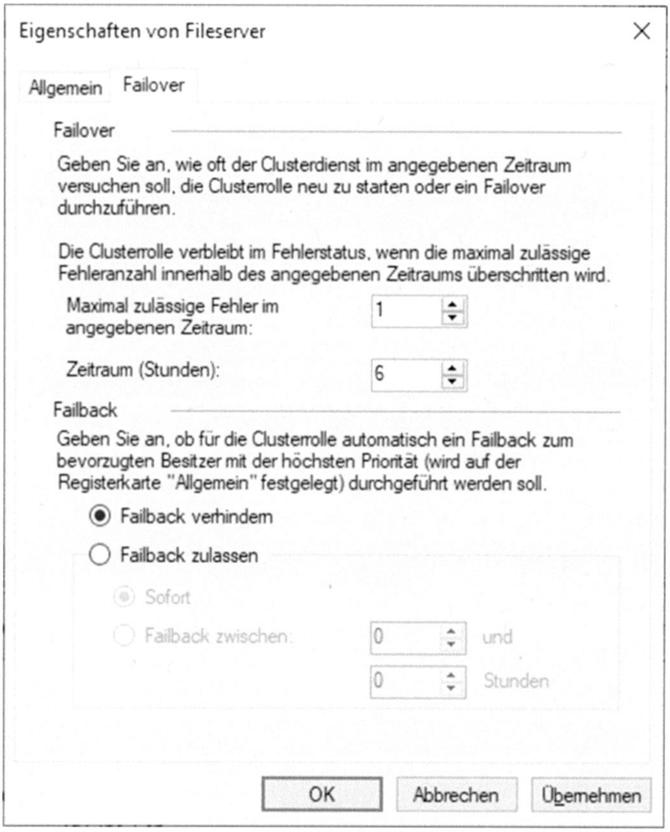

Abbildung 29.38: Failover

Hier legen Sie fest, wie oft innerhalb eines festgelegten Zeitraums versucht werden soll, den Dienst auf einem ausgefallenen Knoten neu zu starten.

Außerdem können Sie festlegen, ob das „Failback“, also das Zurückführen auf den bevorzugten Besitzer automatisch ausgeführt werden soll, oder nicht.

Übung 29.6

- Richten Sie die Rolle „Dateiserver“ als geclusterte Rolle mit Namen „Fileserver“ auf Cluster1 ein
- Der Dateiserver soll zur allgemeinen Verwendung sein
- Die IP-Adresse, unter der der Fileserver erreichbar sein soll, ist die 192.168.1.86
- Erstellen Sie eine Freigabe mit Namen „Clusterdaten“, die mit schnellen SMB-Freigaben konfiguriert wird
- Erstellen Sie für alle virtuellen Maschinen einen Prüfpunkt mit Namen „Tag29“

30 Tag 30: Hochverfügbarkeit: virtuelle Maschinen und Cluster

In vielen Szenarien wird ein Cluster genutzt werden, um virtuelle Maschinen zu hosten.

Dafür muss die Rolle Hyper-V auf allen Knoten installiert werden und virtuelle Maschinen im Cluster installiert werden.

Diese virtuellen Maschinen können dann ausfallfrei betrieben werden.

Wir haben schon von „Fair Node“ gehört, der Funktion, dass im Cluster betriebene Rollen, Programme oder virtuelle Maschinen bei einer bestimmten Last des Knotens auf einen anderen Knoten migriert werden.

Dies ist nur eine Möglichkeit, virtuelle Maschinen in einem Cluster zu verwalten.

30.1 Einrichten von hochverfügbaren virtuellen Maschinen

Um hochverfügbare virtuelle Maschinen einzurichten, benötigen wir mindestens zwei Clusterknoten und auf jedem dieser Knoten die Rolle Hyper-V.

In unserer Übungsumgebung können wir dies lösen, indem wir „Server2“ und „Server3“ zu „Nested Hosts“ machen.

Danach können wir auf beiden Knoten Hyper-V installieren.

Weiterhin benötigen wir genügend gemeinsamen Speicher, um die Daten der zukünftigen VMs zu speichern.

Danach können wir den Standardspeicherplatz für die virtuellen Maschinen ändern, und auf einer der CSV beziehen.

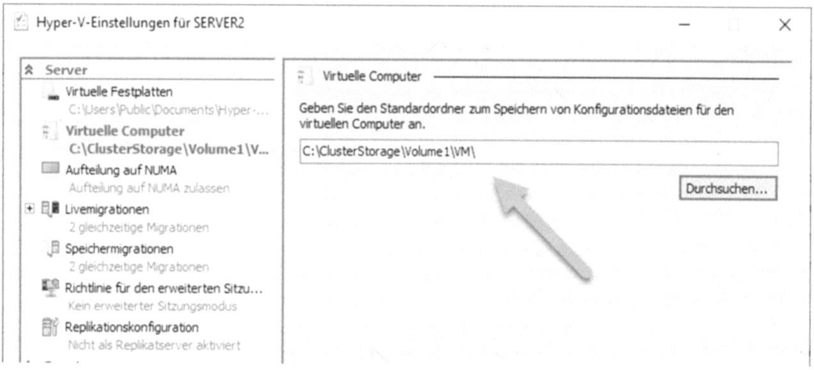

Abbildung 30.1: Speicherplatz ändern

Die Syntax ist C:\ClusterStorage\VolumeX.

Nun können wir endlich eine hochverfügbare VM installieren.
Dies machen wir im Failovercluster-Manager.

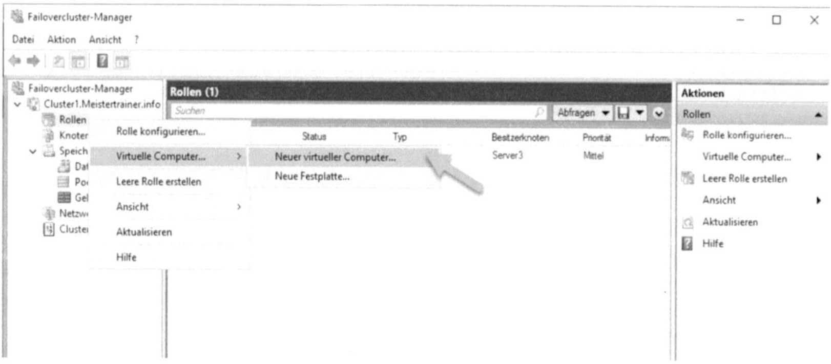

Abbildung 30.2: Einrichten einer hochverfügbaren VM

Wir wählen „Rollen“ – „virtuelle Computer“.

Abbildung 30.3: Auswahl Zielknoten

Ein Assistent startet.

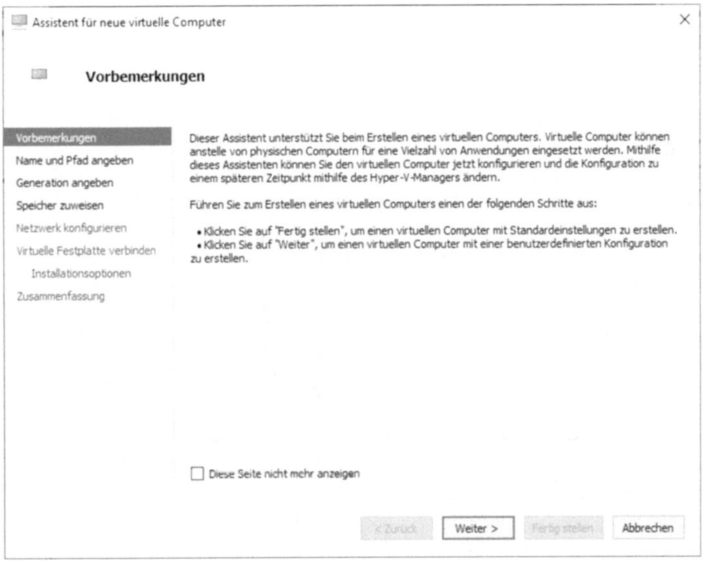

Abbildung 30.4: Assistent

Der erste Schritt besteht aus der Auswahl des Knotens, der die VM später beherbergen soll.

Danach startet der bekannte Assistent zur Erstellung von virtuellen Computern.

Der virtuelle Computer wird normal erstellt.

Danach startet automatisch ein Assistent, der die Hochverfügbarkeit einrichtet, wenn alle Parameter stimmen.

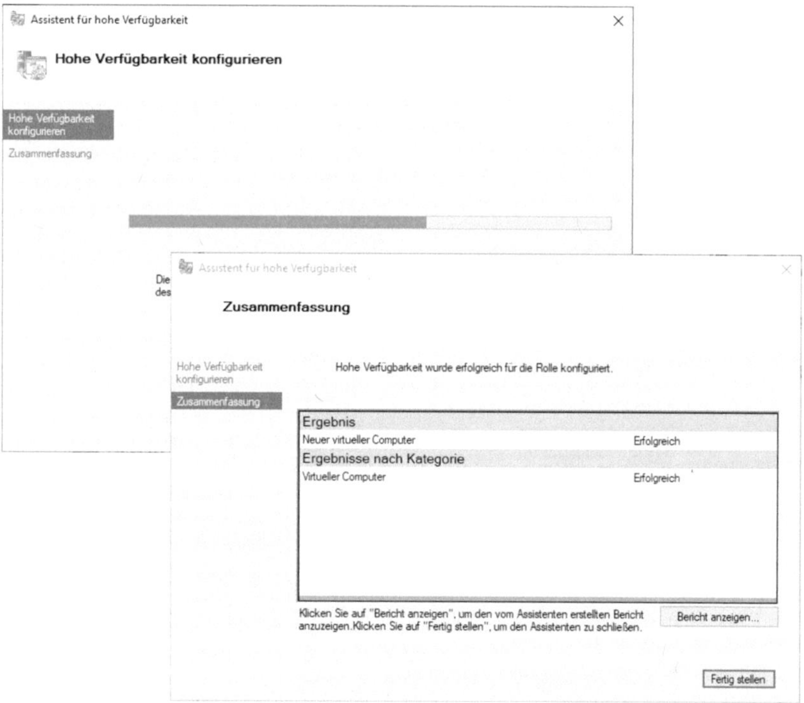

Abbildung 30.5: Hochverfügbarkeit ist eingerichtet

Nun wird der virtuelle Computer auf dem gewählten Clusterknoten ausgeführt.

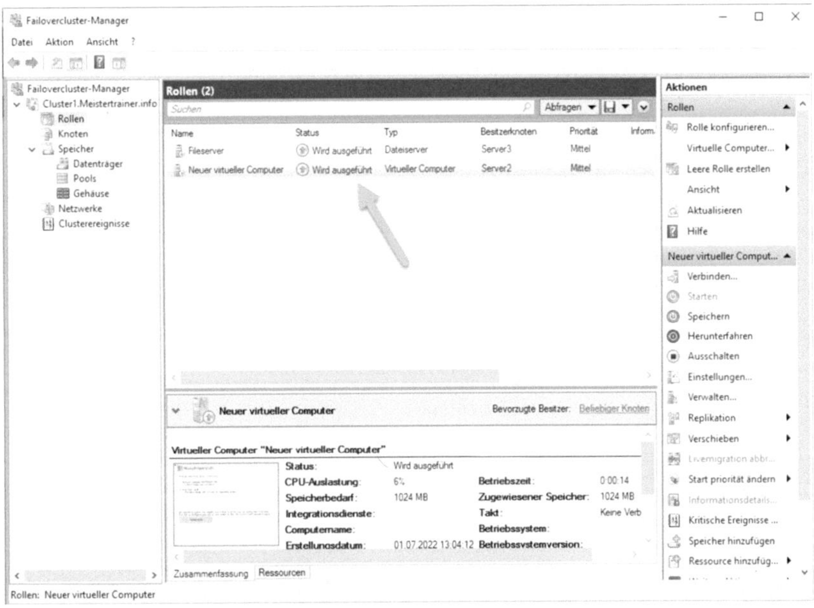

Abbildung 30.6: VM wird ausgeführt

Nun können wir betrachten, welche Arten der „Bewegung" der virtuellen Maschinen oder deren Speicherdaten möglich sind.

Übung 30.1

- Aktivieren Sie auf den virtuellen Maschinen „Server2" und „Server3" die „Nested Virtualization" und starten Sie die Maschinen danach neu
- Installieren Sie die Rolle „Hyper-V" auf „Server2" und „Server3"
- Ändern Sie den Speicherort für virtuelle Maschinen und virtuelle Festplatten auf C:\ClusterStorage\Volume1\VM
- Installieren Sie im Cluster eine hochverfügbare virtuelle Maschine

30.1.1 Geschütztes Netzwerk

Das Thema „Geschütztes Netzwerk“ haben wir bei der Betrachtung der virtuellen Maschinen zunächst verschoben, da es nur in Zusammenhang mit Hyper-V Clustering von Bedeutung ist.

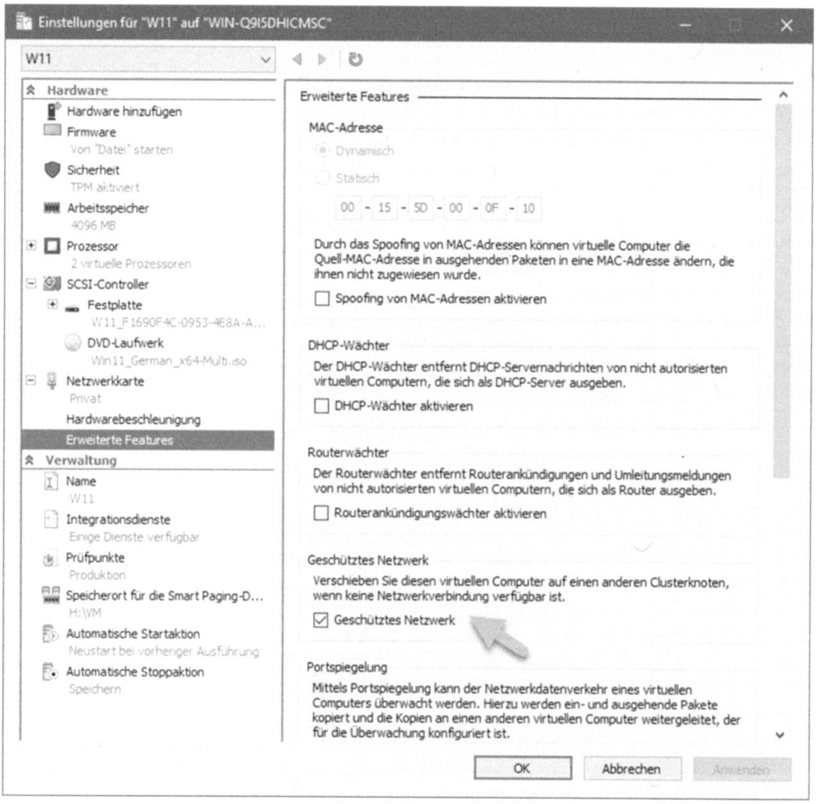

Abbildung 30.7: Erweiterte Features

Die Einstellung „Geschütztes Netzwerk“ gibt es seit Server 2012 R2. Sie wird auf der virtuellen Netzwerkkarte konfiguriert und ist standardmäßig aktiviert.

Hierbei wird die virtuelle Maschine automatisch auf einen anderen Clusterknoten verschoben, sobald die Verbindung mit diesem geschützten Netzwerk ausfällt.

Natürlich gibt es für die Aktivierung und Deaktivierung auch ein PowerShell Cmdlet:

Set-VMNetworkAdapter -VMName VM1 -NotMonitoredInCluster $True/False

30.1.2 Speichermigration

Die von einem virtuellen Computer verwendeten virtuellen Festplatten können zu verschiedenen physikalischen Speicherorten verlagert werden, ohne dass die Ausführung des virtuellen Computers unterbrochen werden muss.

Das ist ein großer Vorteil, denn ein virtueller Computer muss nicht mehr offline geschaltet werden, um den zugrunde liegenden physikalischen Speicher verschieben, warten oder aktualisieren zu können.

Speichermigration im Clusterumfeld

Wenn Sie den Speicher eines virtuellen Computers im Clusterumfeld migrieren wollen, können Sie dies sehr einfach im Failovercluster-Manager machen.

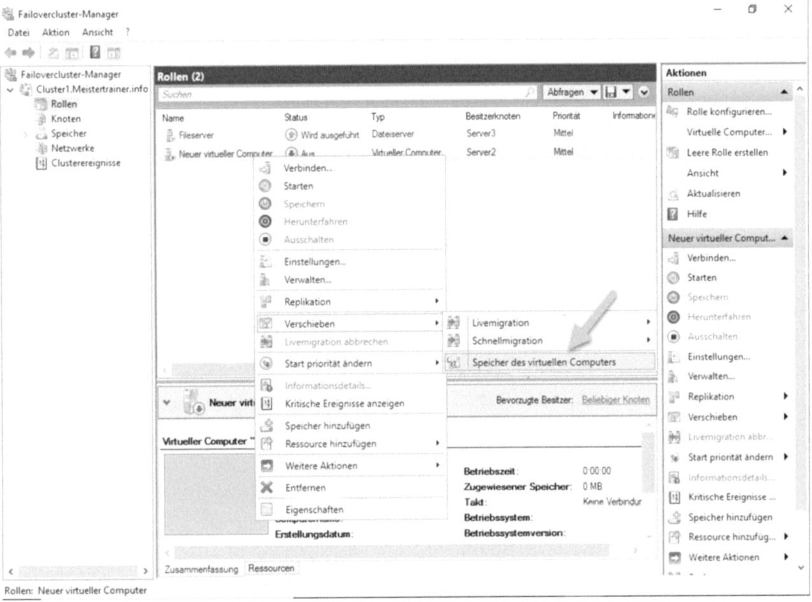

Abbildung 30.8: Speichermigration

Sie wählen unter „Rollen“ den entsprechenden virtuellen Computer aus und gehen auf „Verschieben – Speicher des virtuellen Computers“.

Speichermigration ohne Clusterumfeld

Natürlich kann der Speicher eines virtuellen Computers unter bestimmten Bedingungen auch ohne Clusterumfeld verschoben werden.

Voraussetzungen für die Speichermigration:

- Eine oder mehrere Installationen von Windows Server 2022 mit der Rolle Hyper-V
- Der Prozessor muss die Virtualisierung unterstützen
- Virtuelle Maschinen, die für die Benutzung von virtuellen Festplatten konfiguriert sind

ACHTUNG!

Die Speichermigration ist nicht möglich, wenn der Speicher auf einer physikalischen Festplatte ist! Nur virtuelle Festplatten können verschoben werden!

Die Vorgehensweise der Speichermigration

Damit eine Speichermigration während der Laufzeit funktionieren kann, ist die Vorgehensweise folgendermaßen:

- Die Lese- und Schreibzugriffe gehen während des Kopiervorgangs zunächst weiter auf die Quellfestplatte
- Nach dem Kopiervorgang werden die Schreibzugriffe auf beide virtuelle Festplatten gemacht
- Währenddessen werden die Änderungen, die sich in der Zeit des Kopierens ergeben haben, kopiert
- Nach diesem Kopiervorgang der letzten Änderungen wird nur noch auf die neue virtuelle Festplatte zugegriffen
- Die Quellfestplatte wird gelöscht

Zum Verschieben des Speicherplatzes wählen Sie im Kontextmenü der Maschine „Verschieben…“.

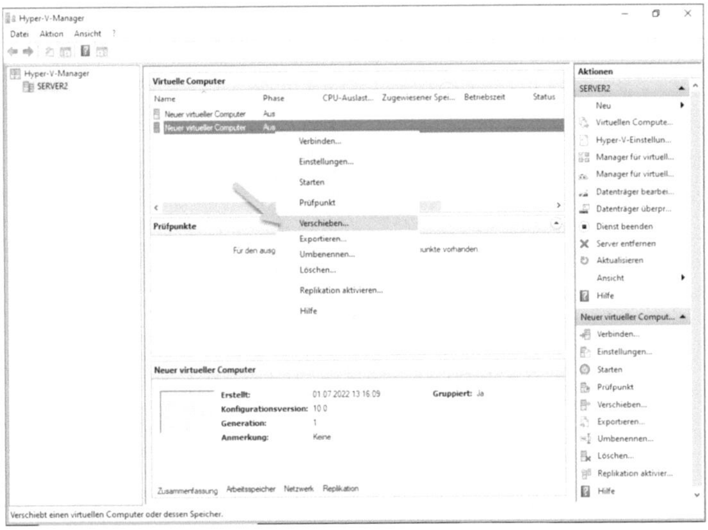

Abbildung 30.9: Verschieben

Ein Assistent startet.

Da wir nur den Speicher und nicht die ganze Maschine verschieben wollen, wählen wir „Speicher des virtuellen Computers verschieben“.

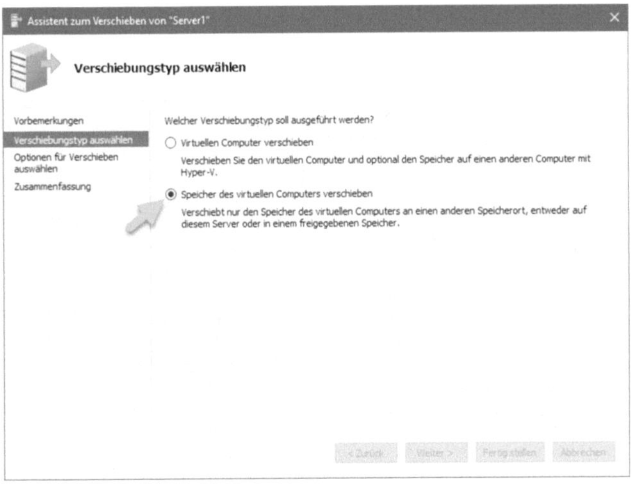

Abbildung 30.10: Speicher verschieben

Nun haben Sie drei Optionen.

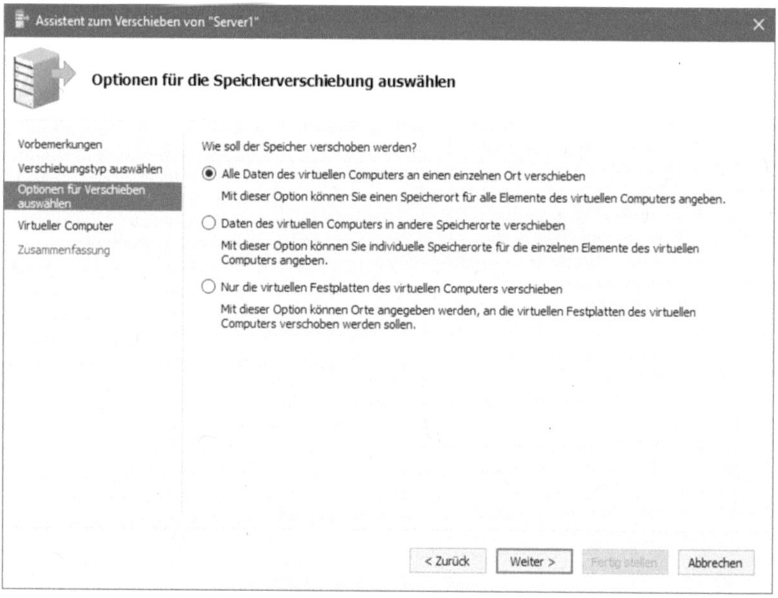

Abbildung 30.11: Optionen

Danach wird die Migration ausgeführt.

Während der Migration ist die Leistung natürlich gering.

Natürlich können Sie die Speichermigration auch mit der PowerShell ausführen. Der Befehl hierfür lautet:

MOVE-VMSTORAGE

Übung 30.1.2

- Beginnen Sie eine Speichermigration der virtuellen Maschine „W11“
- Brechen Sie diese Aktion ab, bevor Sie einen neuen Speicherort angeben

30.1.3 Livemigration

Die Livemigration wurde bereits in Windows Server 2008 R2 eingeführt, wurde aber seitdem erheblich verbessert.

Livemigration bedeutet, dass virtuelle Maschinen (nicht nur der Speicher!) innerhalb eines Hyper-V Clusters auf eine andere Hostmaschine verschoben werden können, ohne dass die Maschine heruntergefahren werden muss.

Dies ist gerade in größeren Umgebungen eine wichtige Funktion.

Auch kann die Livemigration nun auch in nicht-geclusterten Umgebungen durchgeführt werden, dann wird sie „Shared Nothing Live Migration" genannt.

Voraussetzungen für die Livemigration

- Zwei oder mehrere Server mit Hyper-V
- Hardwareunterstützung für Virtualisierung
- Gleicher Hardwarehersteller (alle Prozessoren müssen beispielsweise entweder AMD oder Intel haben, Migration über gemischte Prozessoren ist nicht möglich!)
- Alle Server müssen zur selben Active Directory Domäne gehören oder die Domänen müssen Vertrauensstellungen haben
- Die virtuellen Maschinen müssen virtuelle Festplatten oder virtuelle Fibre Channel Festplatten haben (keine lokalen Festplatten)

Falls die Prozessoren zwar vom gleichen Hersteller sind, aber verschiedenen Generationen angehören, ist es möglich, diese Unterschiede auszugleichen, indem Sie in der virtuellen Maschine „Zu einem physischen Computer mit einer anderen Prozessorversion migrieren" aktivieren.

Die Vorgehensweise der Livemigration

Beginn der Livemigration

Der Quellserver stellt eine TCP-Verbindung zum Zielserver her um die Konfigurationsdaten zu übertragen.

Eine rudimentäre virtuelle Maschine wird auf dem Zielserver mit Arbeitsspeicher auf dem Zielserver erstellt.

Arbeitsspeicherseiten werden auf den Zielknoten übertragen

Nun wird der Arbeitsspeicher auf den Zielserver kopiert. Dieser Vorgang wird mehrfach wiederholt, um alle Änderungen zu übertragen.

Bis hierher kann der Prozess der Livemigration noch abgebrochen werden!

Der neue Arbeitsspeicher wird benutzt

Im nächsten Schritt wird die Benutzung des Arbeitsspeichers auf den neuen Speicherort gelegt.

Die neue virtuelle Maschine auf dem Zielserver startet

Nun nimmt die neue virtuelle Maschine ihre Arbeit auf. Die alte virtuelle Maschine wird entfernt.

Eine der Voraussetzungen für eine erfolgreiche Livemigration ist, dass auf den Clusterknoten gleiche Prozessoren nötig sind. Dies bedeutet, dass zumindest der Hersteller der Prozessoren der gleiche sein muss.

Sollten sich unterschiedliche Prozessoren des gleichen Herstellers auf den Knoten befinden, können diese Unterschiede mit einer einfachen Einstellung der jeweiligen virtuellen Prozessoren ausgeglichen werden.

Wählen Sie im Failovercluster-Manager die entsprechende virtuelle Maschine aus, gehen Sie auf „Einstellungen“.

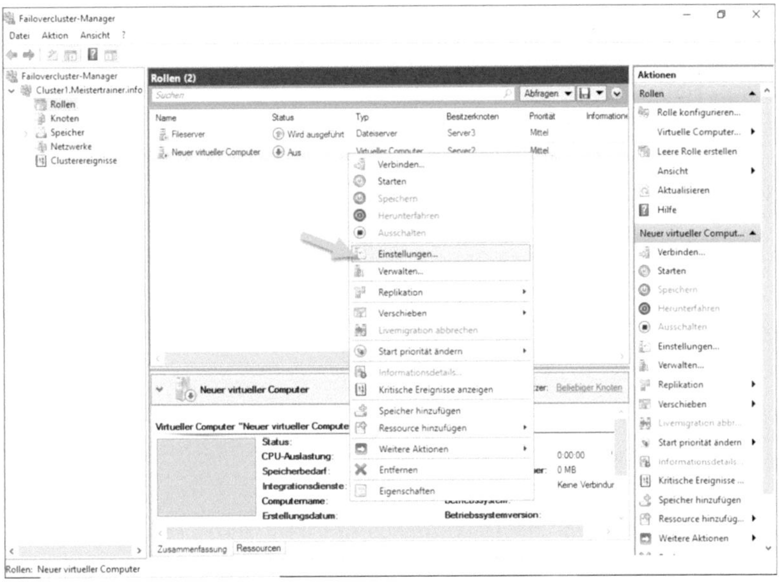

Abbildung 30.12: Einstellungen

Hier bearbeiten Sie den Punkt „Prozessor – Kompatibilität".

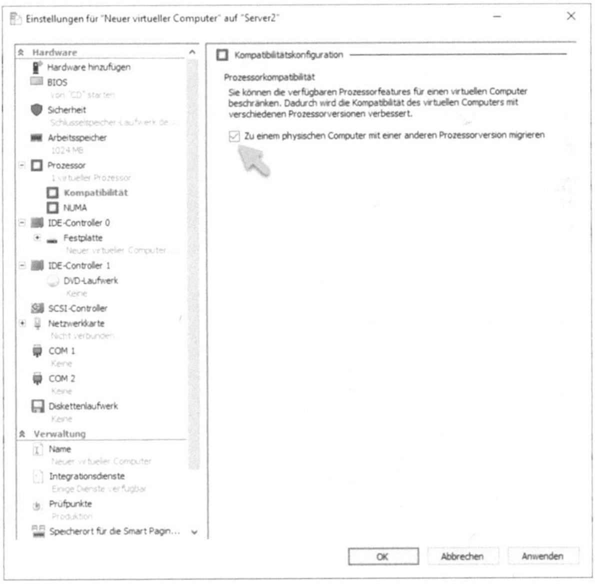

Abbildung 30.13: Prozessorkompatibilität

Um die Livemigration benutzen zu können, müssen Sie zunächst die Hyper-V Einstellungen des Servers bearbeiten.

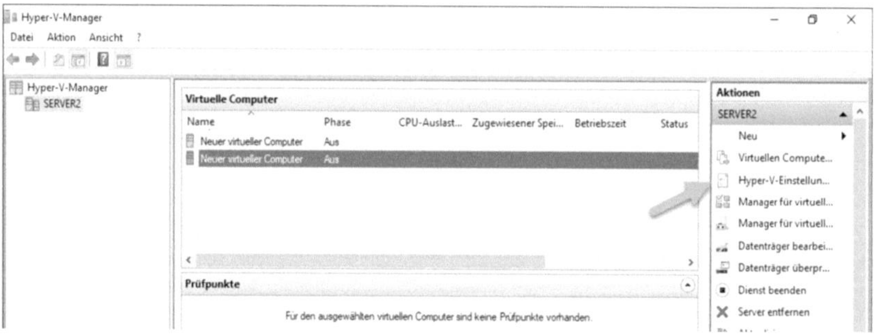

Abbildung 30.14: Hyper-V Einstellungen

Hier aktivieren Sie die Livemigration und legen die Anzahl der gleichzeitigen Livemigrationen fest.

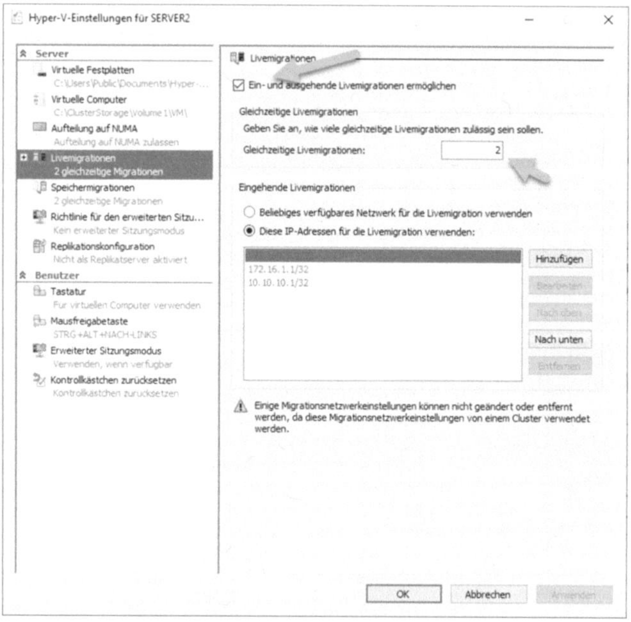

Abbildung 30.15: Livemigration aktivieren

Im unteren Bereich legen Sie noch fest, über welche Netzwerke die Migration stattfinden soll.

Sie können das natürlich auch mit PowerShell aktivieren. Der Befehl dafür lautet:

ENABLE-VMMIGRATION -COMPUTERNAME <VM1>,< VM2>

Die Namen der virtuellen Computer werden mit Komma getrennt.

Auch die Anzahl der gleichzeitigen Migrationen kann per PowerShell festgelegt werden:

SET-VMHOST -COMPUTERNAME -MAXIMUMVIRTUALMACHINEMIGRATIONS <ANZAHLDERGLEICHZEITIGENMIGRATIONEN>

Aber weiter in der Konfiguration mithilfe des Hyper-V Managers.

Nun wechseln Sie auf den Unterpunkt „Erweiterte Features".

Hier können Sie das Authentifizierungsprotokoll wählen.

Die normale und sicherste Wahl ist „Kerberos".

Die Authentifizierung über Credential Security Support Provider (CredSSP) ist im Vergleich zu Kerberos weniger sicher. Dadurch ist sie nicht die erste Wahl für Produktivumgebungen. Sie müssen sich am Server zuerst anmelden, damit eine Live Migration überhaupt ausgeführt werden kann. Ein Remote-Management ist daher nicht möglich.

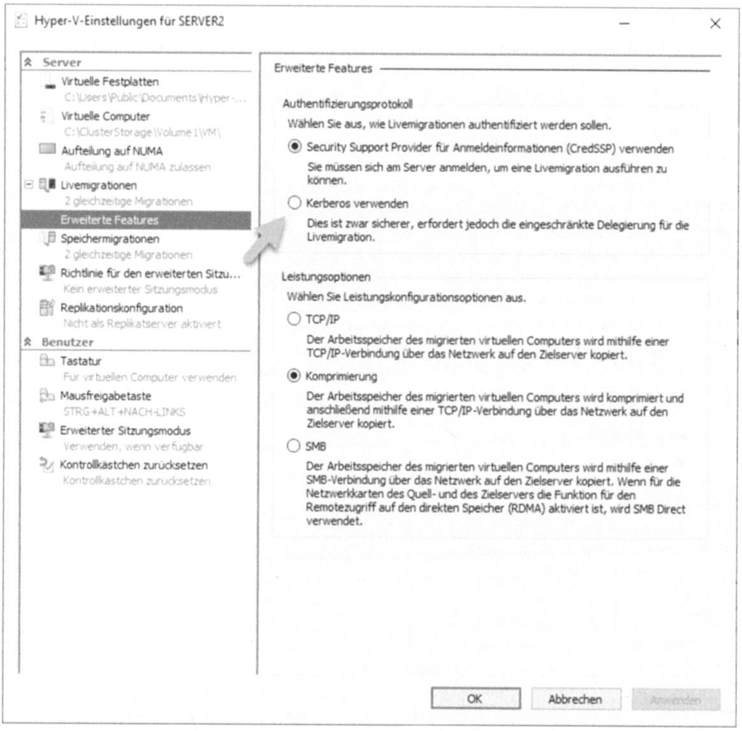

Abbildung 30.16: Authentifizierung und Leistungsoptimierung

Konfiguration für Kerberos

Allerdings müssen Sie noch eine Konfigurationseinstellung vornehmen, um Kerberos benutzen zu können.

Sie müssen für die an der Livemigration benutzten Host-Computer eine eingeschränkte Delegierung festlegen.

Dazu öffnen Sie „Active Directory-Benutzer und –Computer“ und wählen das Computerkonto eines der an der Livemigration beteiligten Computers.

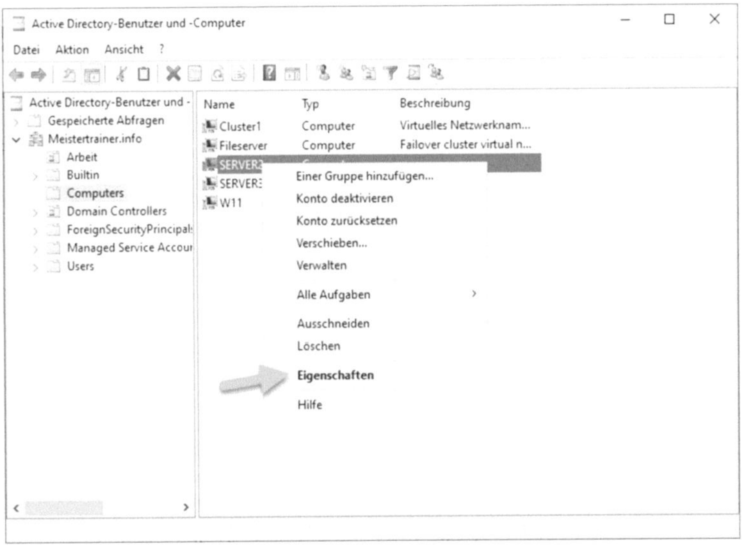

Abbildung 30.17: Computerkonto

Sie bearbeiten die „Eigenschaften" und wechseln auf die Karteikarte „Delegierung".

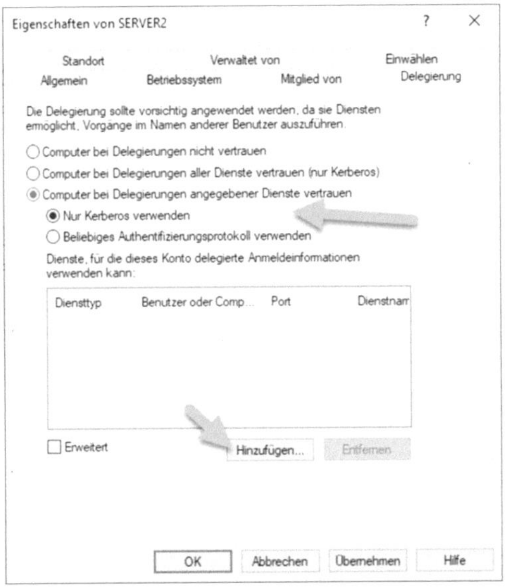

Abbildung 30.18: Auswahl

Hier wählen Sie „Computer nur bei Delegierungen angegebener Dienste vertrauen" – „Nur Kerberos verwenden".

Dann klicken Sie auf „Hinzufügen" und wählen den zweiten an der Livemigration beteiligten Server aus.

Danach wählen Sie die benötigten Dienste aus.

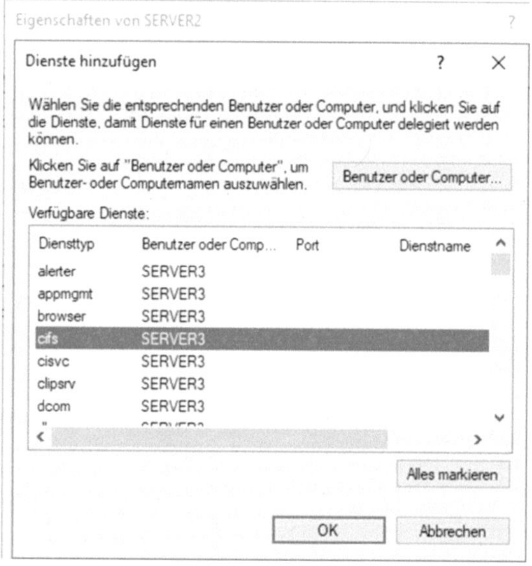

Abbildung 30.19: Dienste

Dies ist auf jeden Fall der Dienst „cifs", der zum Verschieben des Speichers benötigt wird.

Für das Verschieben der virtuellen Maschinen benötigen Sie noch den „Migrationsdienst für virtuelles System von Microsoft".

Führen Sie diese Schritte auch für das Computerkonto des zweiten Servers aus.

Nun können die Maschinen migriert werden.

Dies wird im Clusterumfeld über den Failovercluster-Manager gemacht.

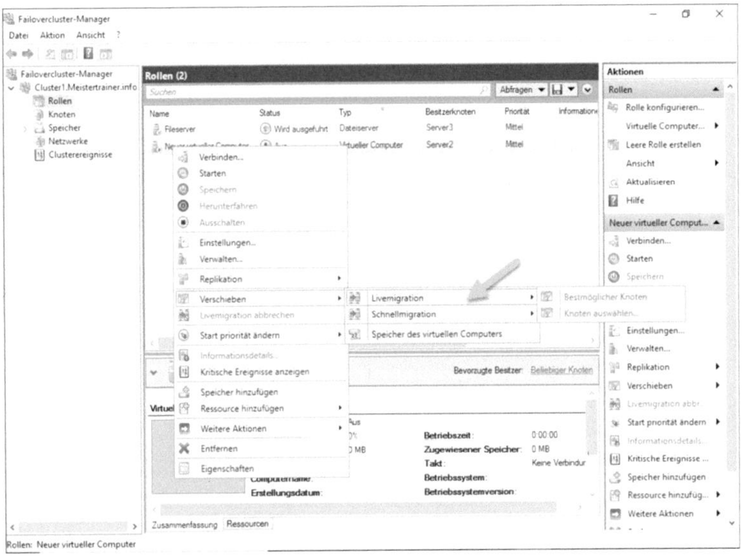

Abbildung 30.20: Live-Migration

Der PowerShell-Befehl hierfür lautet:

MOVE-VM "VM-2022-CORE" H-CLUSTER-N2

Übung 30.1.3

- Konfigurieren Sie eine Livemigration zwischen den Clusterknoten „Server2“ und „Server3“
- Aktivieren Sie die Migration zu einer anderen Prozessorversion
- Konfigurieren Sie „Kerberos“ als Authentifizierungsprotokoll
- Betrachten Sie, wo die Migration später durchgeführt werden kann und warum sie an dieser Stelle durchgeführt wird
- Beginnen Sie die Migration nicht!

30.1.4 Shared Nothing live-Migration

Wie oben erwähnt, ist die Live Migration in erster Linie für virtuelle Maschinen in einem Hyper-V Cluster gedacht.

Allerdings lassen sich mit dieser Technik auch virtuelle Maschinen ohne SAN ohne Unterbrechung verschieben. Diese Funktion ist mit Server 2012 R2 eingeführt worden.

Für die Shared Nothing live Migration gelten die gleichen Einschränkungen wie für die Livemigration:

Die Prozessoren müssen zumindest vom gleichen Hersteller sein, Generationsunterschiede lassen sich auch hier durch die „Prozessorkompatibilität“ ausgleichen.

Auch hier ist die Kerberos-Authentifizierung das Mittel der Wahl, und muss auch über eine Delegation der Host-Maschinen eingerichtet werden.

Hier benötigen Sie natürlich die gleichen Dienste:

- Cifs
- Migrationsdienst für virtuelles System von Microsoft

Diese Konfigurationsschritte nehmen Sie auch auf beiden beteiligten Servern vor.

Nun können Sie die Maschinen auch ohne Clusterumgebung migrieren.

Dies nehmen Sie im Hyper-V Manager vor.

Dazu klicken Sie mit der rechten Maustaste auf den Quellcomputer und wählen „Verschieben“.

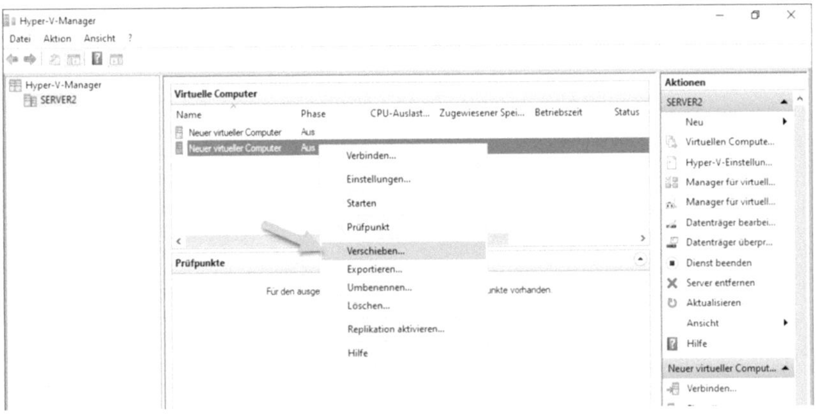

Abbildung 30.21: Migrieren

Im Assistenten wählen Sie „Virtuellen Computer verschieben".

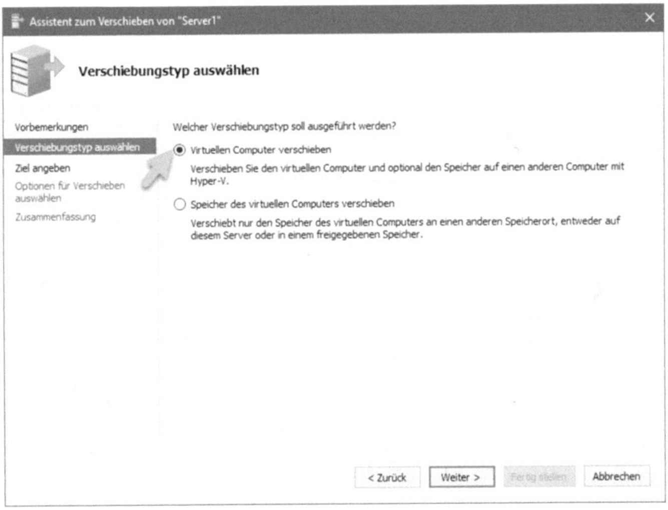

Abbildung 30.22: Virtuellen Computer verschieben

Damit ist die Livemigration initiiert.

30.1.5 Schnellmigration (Quick Migration)

Eine weitere Möglichkeit, virtuelle Maschinen innerhalb eines Serverclusters zu migrieren ist die Schnellmigration.

Sie ist die ältere Variante und wurde eigentlich von der Livemigration ersetzt.

Die wird aber weiterhin benutzt, falls eine Maschine nicht für die Livemigration geeignet ist, beispielsweise, weil die Prozessorunterschiede nicht ausgeglichen werden können.

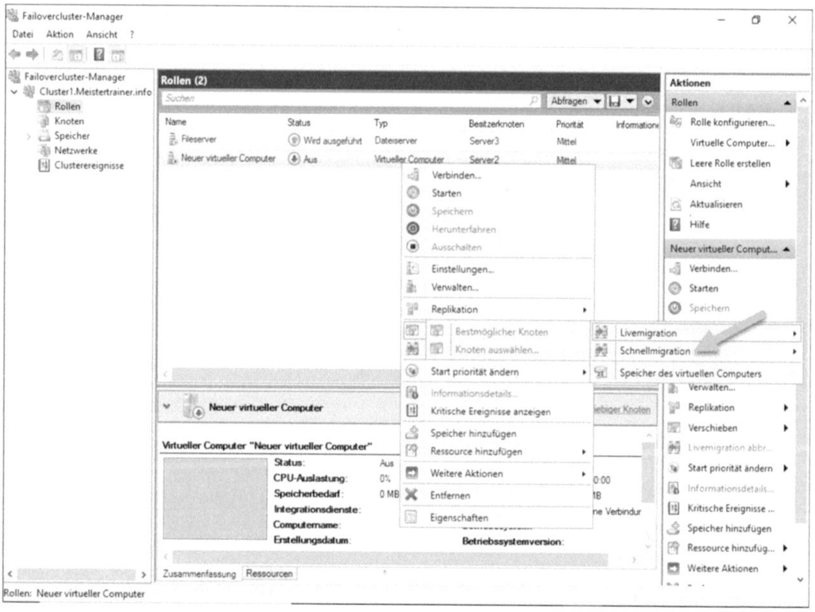

Abbildung 30.23: Schnellmigration

Die Schnellmigration ist nicht komplett ohne Ausfallzeit, bei ihr wird die virtuelle Maschine gespeichert, dann verschoben und wieder gestartet.

30.1.6 Exportieren und Importieren von virtuellen Maschinen

Eine letzte Möglichkeit der Migration müssen wir noch besprechen, das ist das Exportieren und Importieren von virtuellen Maschinen.

Diese Art der „Bewegung" virtueller Maschinen kommt dann infrage, wenn alle anderen Möglichkeiten scheitern, also beispielsweise bei virtuellen Maschinen ohne Clusterverbund unterschiedliche Prozessoren vorhanden sind.

30.1.7 Zusammenfassung der „Bewegungsmöglichkeiten" virtueller Maschinen

Bewegungsart	**Innerhalb eines Serverclusters**	**Ohne Servercluster**
Speichermigration im Hyper-V-Manager		X
Speichermigration im Failovercluster-Manager	X	
Livemigration	X (bei gleicher Prozessorarchitektur)	
Shared Nothing Livemigration		X (bei gleicher Prozessorarchitektur)
Schnellmigration	X	
Export und Import		X

30.2 Einrichten von Storage Spaces Direct

Wir haben uns bereits über Speicherplätze oder Storage Pools unterhalten. Hierbei ist es möglich, lokale Festplatten eines Servers als Speicherplatz zur Verfügung zu stellen.

Seit Windows Server 2016 ist es möglich, dass sich die einzelnen Festplatten nicht mehr auf einem Server befinden, sie können auf verschiedenen Servern sein.

Diese Funktion nennt sich „Storage Spaces Direct“ und ist in einer Clusterumgebung besonders sinnvoll.

Allerdings übersteigen die Hardwareanforderungen unsere Übungsumgebung, deswegen werfen wir nur einen kurzen Blick auf dieses Feature.

Storage Spaces Direct in einer Clusterumgebung

Um Storage Spaces Direct in einer Clusterumgebung nutzen zu können, benötigen wir mindestens vier Clusterknoten.

Auf allen Knoten müssen mindestens drei Festplatten verfügbar sein, eine für die Maschinendaten und zwei zusätzliche Platten für Storage Spaces Direct.

Bei virtuellen Maschinen ist der einfachste Weg, zusätzliche SCSI-Platten zu definieren.

Die weiteren Vorbereitungen sind dieselben, die wir bei den Speicherplätzen besprochen haben, die Festplatten müssen in der Datenträgerverwaltung online und initialisiert sein. Partitionen dürfen keine erstellt werden.

Nun muss das Feature „Storage Spaces Direct“ aktiviert werden. Dies können wir mit der PowerShell machen. Der Befehl wird auf einem Clusterknoten ausgeführt.

ENABLE-CLUSTERSTORAGESPACESDIRECT

Nun können Storage Spaces Direct erstellt werden. Dazu öffnen Sie den Failovercluster-Manager und navigieren zu „Speicher – Pools“.

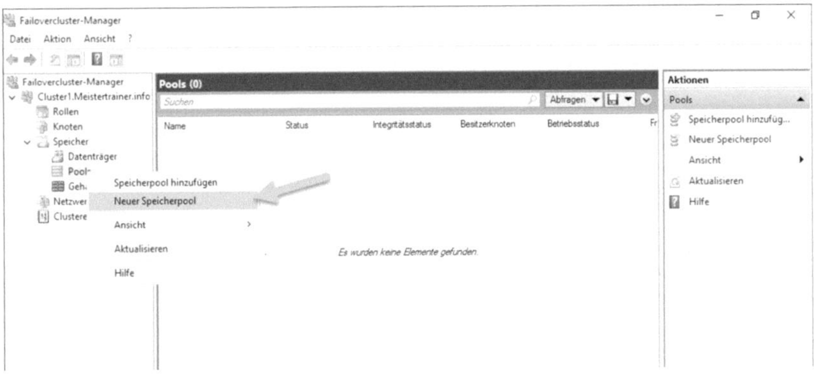

Abbildung 30.24: Erstellen von Storage Spaces Direct

Hier erstellen Sie nun Speicherplätze, die mit den Festplatten im Cluster gebildet werden.

Dies können Sie natürlich auch mit der PowerShell machen. Die Syntax lautet:

NEW-STORAGEPOOL

Im Anschluss geht die Konfiguration weiter, wie wir es bereits besprochen haben, z.B. können Speicherplätze angelegt werden.

Übung 30.2

- Setzen Sie alle virtuellen Maschinen auf den Prüfpunkt „Basis“ zurück

31 Tag 31: VPN und Routing auf dem Server

Es gibt beinahe kein Netzwerk, auf das nicht auch von außen zugegriffen wird. Diese Zugriffe stellen prinzipiell ein Sicherheitsrisiko dar, da sie auch zweckentfremdet werden können. Hier ist die Absicherung der Verbindung ein großes Thema.

Auch Zugriffe zwischen Netzwerken sind üblich, hierfür werden Router benötigt.

Microsoft stellt mit Windows Server 2022 eine große Bandbreite an Möglichkeiten zur Verfügung, mit denen Sie schnell und sicher solche Verbindungen einrichten können.

31.1 VPN und Routing

Routing und RAS ist ein sehr komplexer Dienst, den Windows Server 2022 zur Verfügung stellt. Diesen Dienst kann man als zentrale Verwaltungsmöglichkeit für alle Arten des Zugriffs zwischen mehreren Netzwerken sehen.

Mit diesem Dienst kann sowohl das Routing zwischen den Netzwerken, als auch der Remotezugriff und die Internetanbindung geregelt werden.

Zu diesem Dienst gehören auch Funktionen wie NAT (Network Adress Translating).

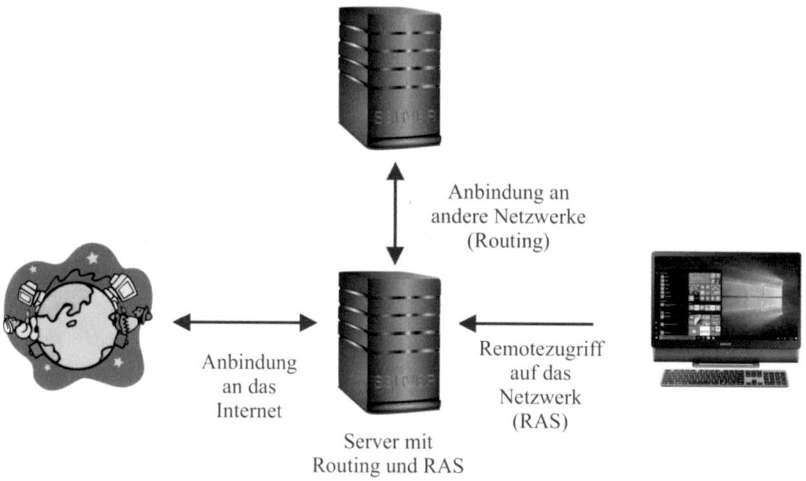

Abbildung 31.1: Routing und RAS

Auch kann der Dienst „Routing und RAS“ für die Benutzung von RADIUS konfiguriert werden.

Nachdem nun die Hintergründe des Routings geklärt sind, können wir betrachten, wie das Routing unter Windows Server 2022 gelöst ist.

Windows Server 2022 bietet einen Dienst an: „Remotezugriff“. Dieser Dienst ist standardmäßig nicht installiert.

Um einen Windows Server 2022 Rechner zum Router zu machen, sind einige Anforderungen zu erfüllen:

- Der entsprechende Rechner muss mindestens 2 Netzwerkkarten haben, um mindestens zwei Netzwerke zu verbinden
- Diese Netzwerkkarten müssen mit statischen IP-Adressen konfiguriert sein, die den Netzwerk-IDs der entsprechenden Netzwerken entsprechen
- Die Rolle „Remotezugriff“ muss konfiguriert sein

Das Installieren und Konfigurieren der Netzwerkkarte sollte kein Problem sein. Das Hinzufügen der Rolle erfolgt, wie immer, im Server-Manager.

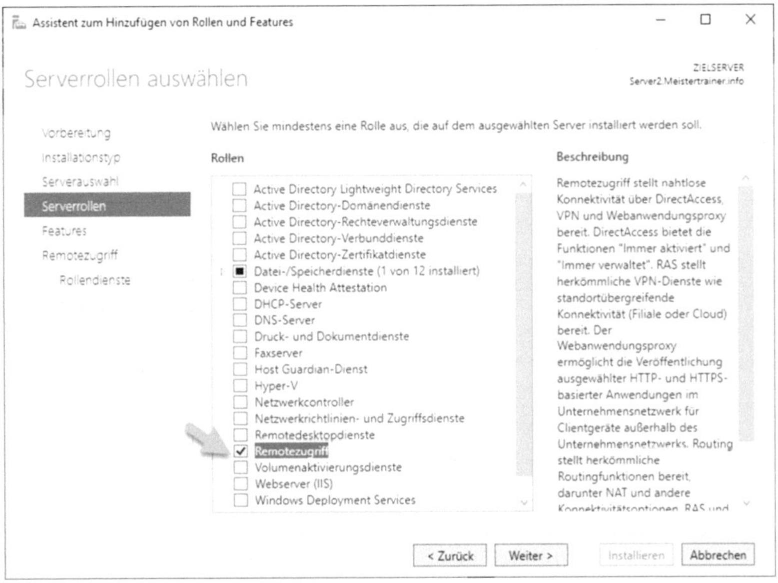

Abbildung 31.2: Server-Manager

Hier wählen Sie „Remotezugriff".

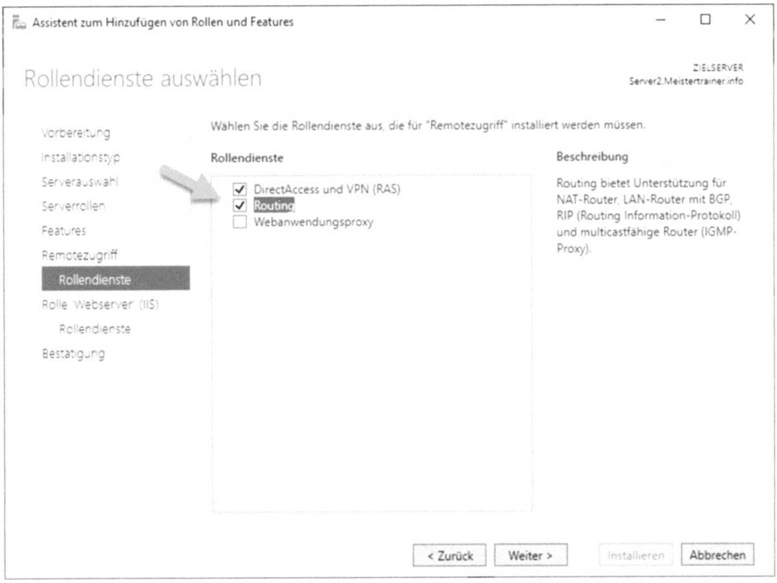

Abbildung 31.3: Rollendienste

Wählen Sie die Rollendienste

- DirectAccess und VPN
- Routing

Damit ist die Rolle installiert, und in der Verwaltungskonsole steht nun das Snap-In „Routing und RAS“ zur Verfügung.

Zunächst verlangt die Installation der Rolle eine weitere Konfiguration.

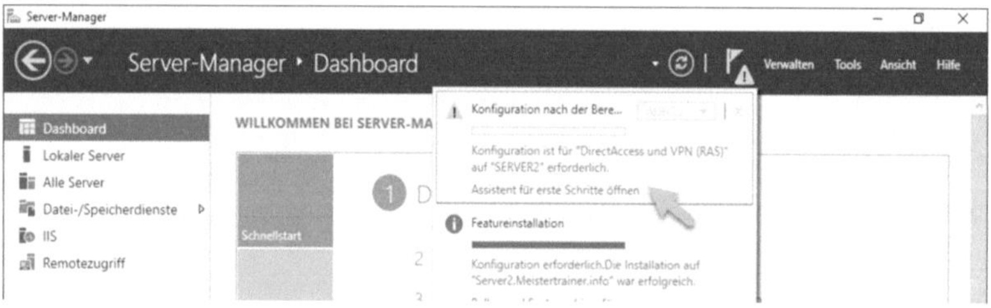

Abbildung 31.4: Weitere Konfiguration

Sie erhalten eine Abfrage, in der gewählt werden muss, ob Sie

- DirectAccess und VPN
- Nur DirectAccess
- Nur VPN

bereitstellen möchten.

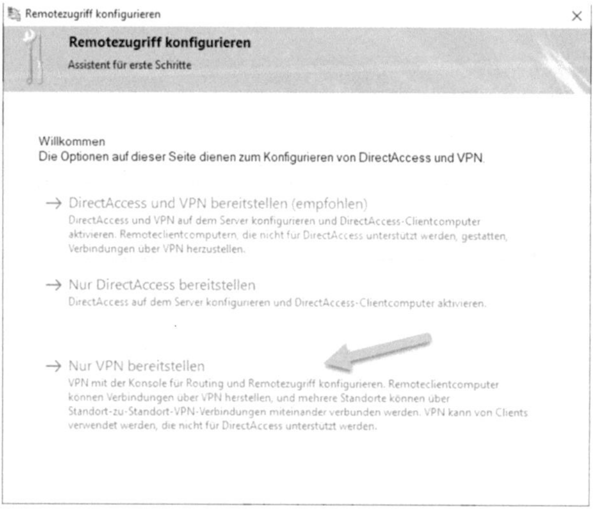

Abbildung 31.5: Auswahl

Hier wählen wir „Nur VPN bereitstellen“.

Nun wird der Dienst eingerichtet und es erscheint die Konsole „Routing und RAS“.

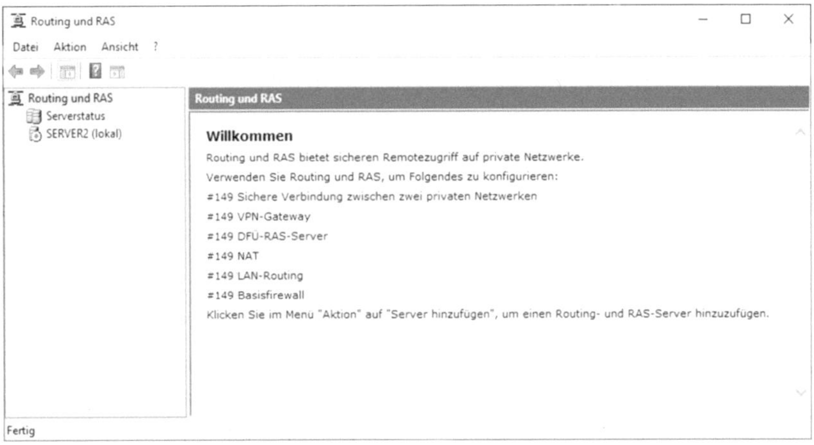

Abbildung 31.6: Konsole

31.1.1 Aktivieren eines Routers

In der Konsole „Routing und RAS“ erkennen Sie, dass der Dienst zwar installiert, aber nicht konfiguriert und nicht aktiviert ist.

Um einen Netzwerkrouter zu installieren, klicken Sie mit der rechten Maustaste auf den Namen des zukünftigen Routers, und wählen „Routing und RAS konfigurieren und aktivieren“.

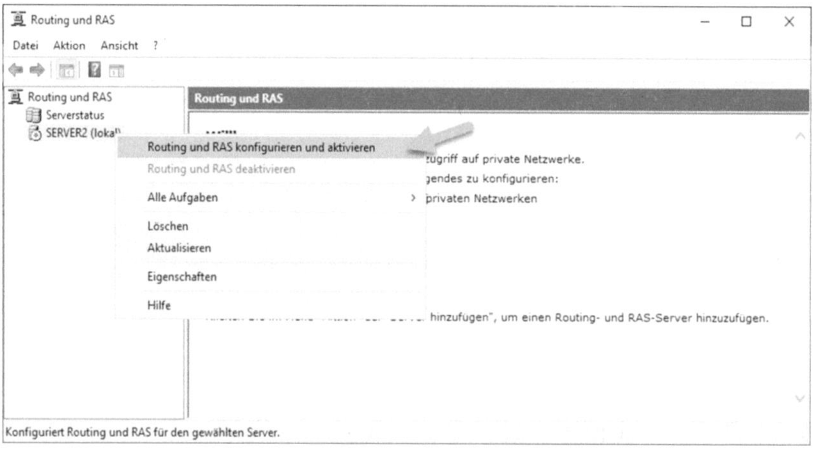

Abbildung 31.7: Routing und RAS konfigurieren

Ein Assistent, der Ihnen bei der Konfiguration hilft, startet.

Im ersten Fenster müssen Sie entscheiden, welchen Teil des Dienstes „Routing und RAS“ Sie konfigurieren möchten.

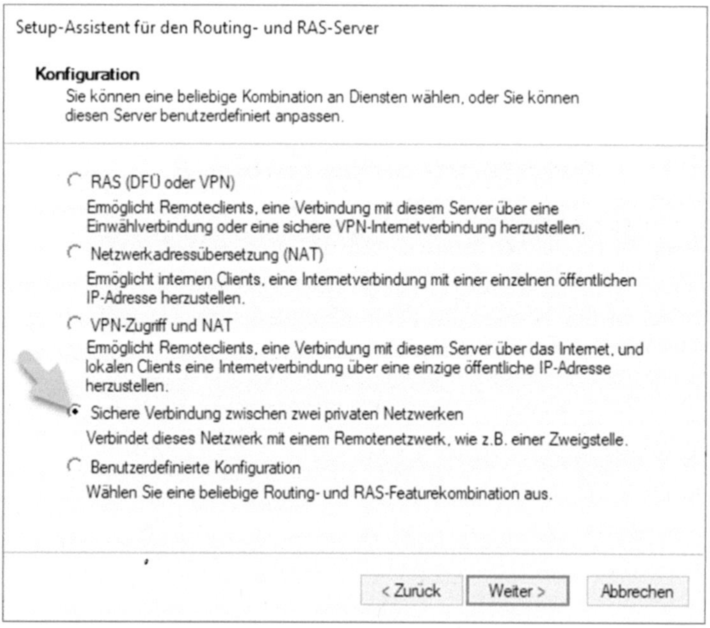

Abbildung 31.8: Auswahl der Konfiguration

RAS (DFÜ oder VPN)

Hier konfigurieren Sie den Remotezugriff (RAS). Mehr dazu weiter unten in diesem Kapitel.

Netzwerkadressübersetzung (NAT)

Mit dieser Konfiguration können Sie den Internetzugriff für die Mitarbeiter einer Firma über eine öffentliche IP-Adresse herstellen. Auch das ist Routing, und wird später besprochen.

VPN-Zugriff und NAT

Dies ist eine Kombination zwischen einem RAS-Server, auf den von außen zugegriffen werden kann, und einem Internetverbindungsserver mit NAT.

Sicheres Verbinden zwischen zwei privaten Netzwerken

Hier wird ein Netzwerkrouter konfiguriert. Dies ist die Auswahl für dieses Beispiel.

Benutzerdefinierte Konfiguration

Mit dieser Option können Sie eine individuelle Konfiguration vornehmen. Hier müssen Sie alle Einstellungen manuell eingeben.

Im nächsten Fenster können Sie entscheiden, ob Sie eine Schnittstelle für „Wählen bei Bedarf" konfigurieren möchten. Dies kommt zum Einsatz, wenn Sie den Router benutzen, um eine Verbindung über das Internet zu einem anderen Netzwerk herzustellen. Ein Beispiel dafür ist, wenn Sie eine Geschäftsstelle über eine VPN-Verbindung anschließen möchten, und die Verbindung nicht permanent verfügbar sein soll.

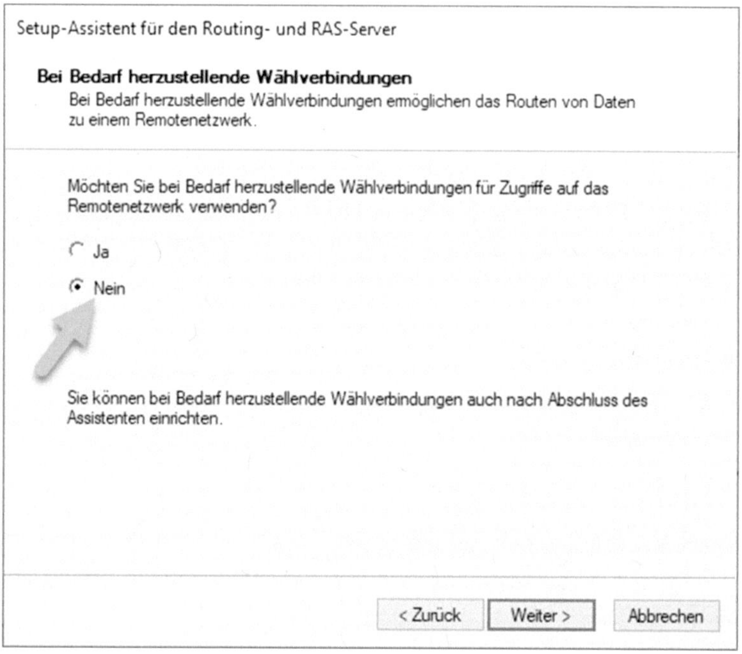

Abbildung 31.9: „Wählen bei Bedarf“

Wenn Sie kein „Wählen bei Bedarf“ konfigurieren, ist die Einrichtung nun beendet. Andernfalls müssen Sie natürlich noch die Wahlparameter konfigurieren.

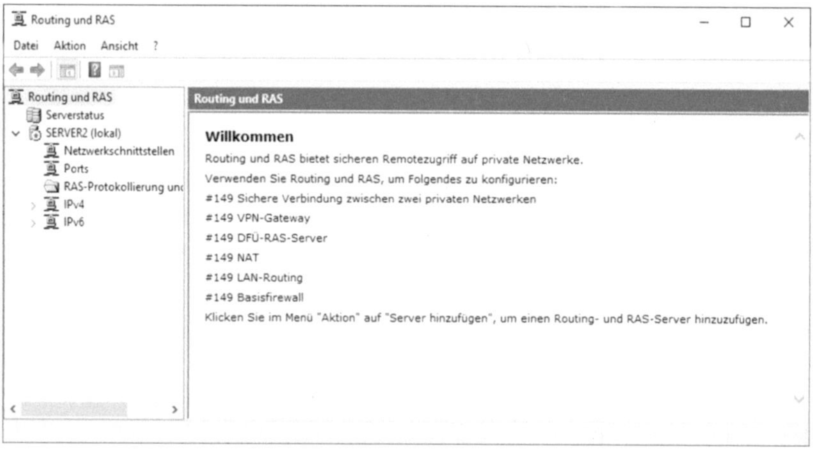

Abbildung 31.10: Routing-Konsole

Nun ist der Computer als Router konfiguriert. Sie können die Konsole betrachten, in der Sie nun die Einstellungen vornehmen können.

Wie Sie erkennen können, ist auch in dieser Konsole eine Zweiteilung in IPv4 und IPv6 gegeben.

Wir betrachten die Einstellungsmöglichkeiten am Beispiel von IPv4, denn die Konfiguration von IPv6 ist analog.

Übung 31.1.1

- Richten Sie auf „Server2“ eine zweite Netzwerkkarte ein
- Benutzen Sie den vorhandenen virtuellen Switch „Privat“
- Konfigurieren Sie diese zweite Netzwerkkarte
  - IP-Adresse: 172.16.0.1
  - Subnetzmaske: 255.255.0.0
  - DNS-Server: 192.168.1.200
- Richten Sie auf „Server2“ die Rolle „Routing und RAS“ für VPN und einen internen Router ein
- Aktivieren Sie einen internen Router

31.1.2 Konfiguration eines Routers

Nun ist der Router installiert und kann konfiguriert werden.

Die Routingtabelle

Die Konsole „Routing und RAS“ bietet Ihnen eine sehr komfortable Möglichkeit, die Routingtabelle zu betrachten und Einträge hinzuzufügen.

Klicken Sie in der Konsole „Routing und RAS“ mit der rechten Maustaste auf den Knoten „Statische Routen“ und wählen Sie „IP-Routingtabelle anzeigen“.

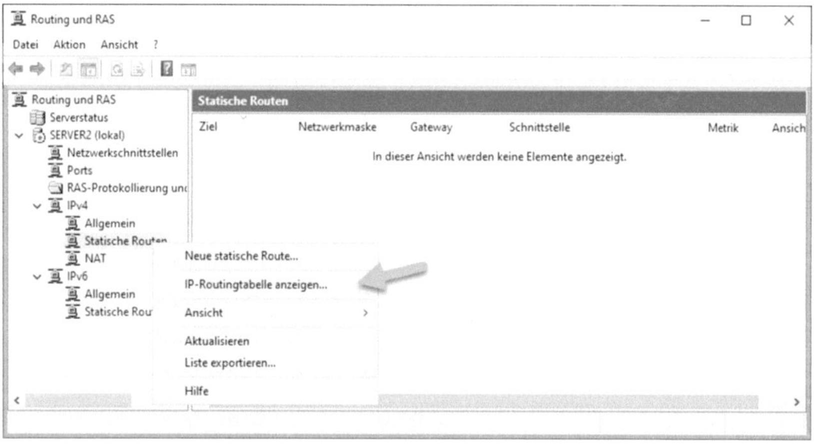

Abbildung 31.11: Anzeigen der Routingtabelle

Sie sehen die Routingtabelle in ähnlicher Darstellung, wie sie auch mit dem Befehl „route print" dargestellt wird.

SERVER2 - IP-Routingtabelle

Ziel	Netzwerkmaske	Gateway	Schnittstelle	Metrik	Protokoll
127...	255.0.0.0	127.0.0.1	Loopback	76	Lokal
127...	255.255.255.255	127.0.0.1	Loopback	331	Lokal
172...	255.255.0.0	0.0.0.0	Ethernet 2	271	Lokal
172...	255.255.255.255	0.0.0.0	Ethernet 2	271	Lokal
172...	255.255.255.255	0.0.0.0	Ethernet 2	271	Lokal
192...	255.255.255.0	0.0.0.0	Ethernet	271	Lokal
192...	255.255.255.255	0.0.0.0	Ethernet	271	Lokal
192...	255.255.255.255	0.0.0.0	Ethernet	271	Lokal
224...	240.0.0.0	0.0.0.0	Ethernet 2	271	Lokal
255...	255.255.255.255	0.0.0.0	Ethernet 2	271	Lokal

Abbildung 31.12: Routingtabelle

Wenn Sie nun eine neue Route hinzufügen möchten, wählen Sie aus dem Eigenschaftenmenü „Neue statische Route".

Es erscheint ein Fenster, in dem Sie die entsprechenden Werte eintragen können.

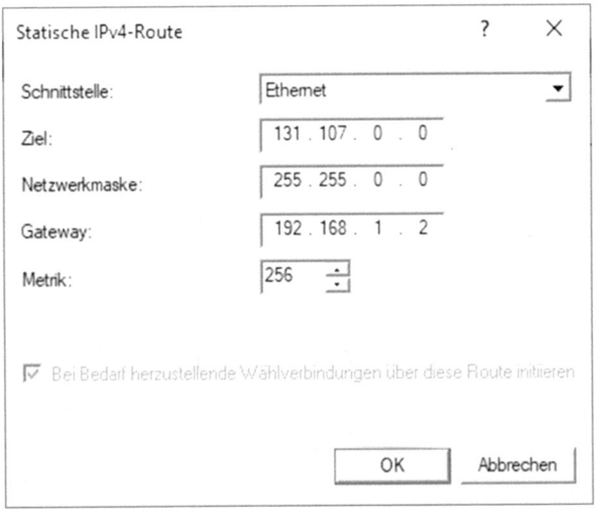

Abbildung 31.13: Route hinzufügen

Diese Eingabemaske ist sehr viel komfortabler, als der Befehl „route add“. Die Parameter, die Sie eintragen, sind aber dieselben.

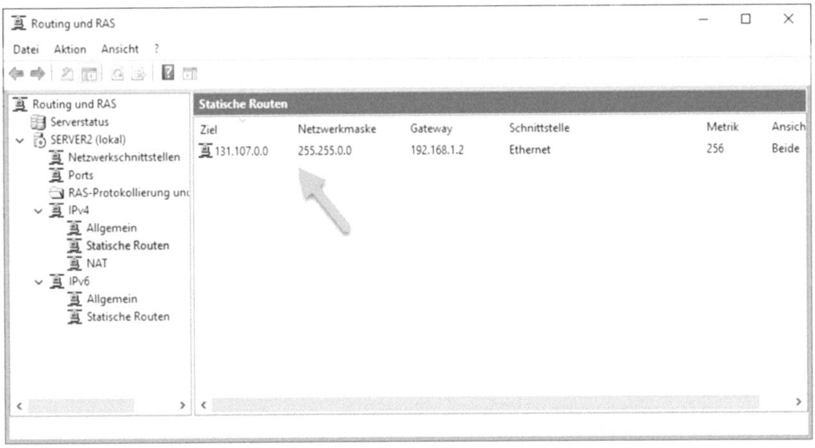

Abbildung 31.14: Darstellung der statischen Route

Die nachträglich eingetragene statische Route sehen Sie nun im Fenster.

Konfigurieren der Schnittstellen

Natürlich können Sie die Konfiguration des Routers jederzeit an die Bedürfnisse anpassen, falls sich diese ändern sollten.

Zur Kontrolle der Konfiguration klicken Sie mit der rechten Maustaste auf den Namen des Routers und lassen sich die Eigenschaften anzeigen.

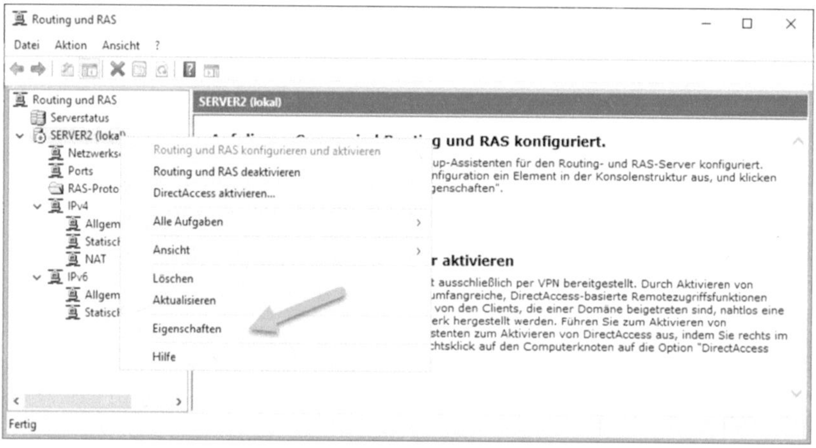

Abbildung 31.15: Eigenschaften

Hier sehen Sie, ob der Rechner als Router oder als RAS-Server konfiguriert ist, oder ob er beide Funktionen erfüllen soll.

Außerdem können Sie einstellen, ob es sich hierbei um einen reinen Netzwerkrouter handelt, der nur zwei LAN-Segmente miteinander verbindet, oder ob Sie sich auch die Möglichkeit einer Schnittstelle für „Wählen bei Bedarf" erhalten möchten.

Wählen bei Bedarf können Sie immer dann einsetzen, wenn Sie eine Schnittstelle des Routers nicht mit einer permanenten Verbindung konfigurieren möchten, sondern dass eine Verbindung immer nur dann aufgebaut wird, wenn eine Kommunikation stattfinden soll. Dies wird immer dann bevorzugt, wenn eine teure Wählleitung zwischen den Netzwerken liegt, die nur dann benutzt werden soll, wenn sie benötigt wird.

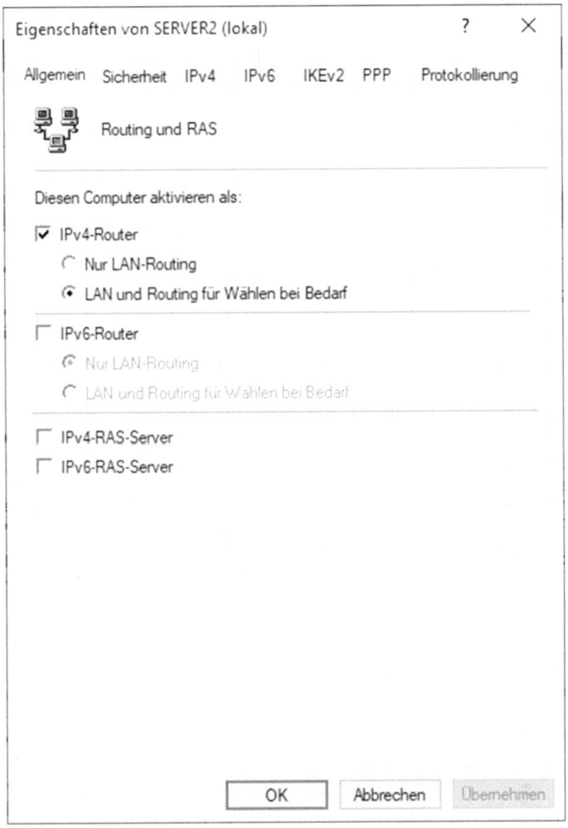

Abbildung 31.16: Router oder RAS-Server?

Wählen bei Bedarf

Wenn Sie eine Schnittstelle für „Wählen bei Bedarf" konfigurieren möchten, müssen Sie zunächst eine Schnittstelle hinzufügen.

Alle Konfigurationseinstellungen können Sie immer nur an Schnittstellen vornehmen, also müssen Sie zunächst eine Schnittstelle definieren.

Alle Schnittstellen, die zur Verfügung stehen, werden Ihnen im Knoten „Netzwerkschnittstellen" angezeigt.

Wie Sie sehen, sind die Schnittstellen nicht nur auf die physisch vorhandenen Netzwerkkarten beschränkt, sondern Sie finden auch virtuelle Schnittstellen, nämlich „Loopback" und „Intern".

Dies bedeutet, dass Sie problemlos eine weitere Schnittstelle hinzufügen können.

Klicken Sie mit der rechten Maustaste auf „Netzwerkschnittstellen“ und wählen Sie „Neue Schnittstelle für Wählen bei Bedarf“.

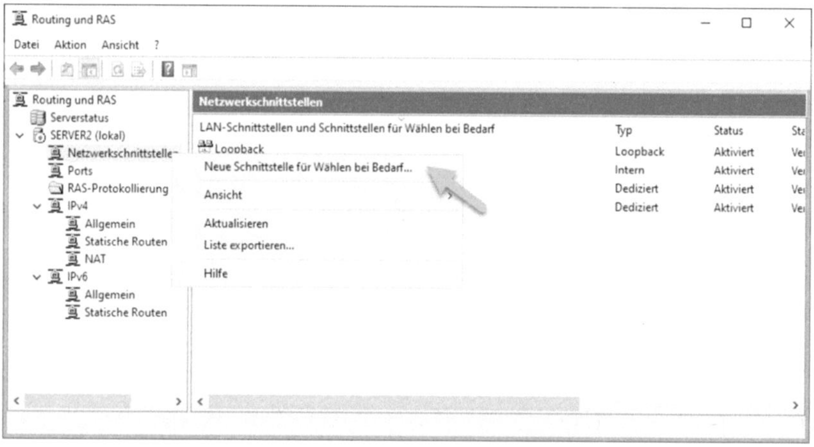

Abbildung 31.17: Neue Schnittstelle

Ein Assistent startet.

Zunächst geben Sie der Schnittstelle einen Namen.

Nun müssen Sie sich entscheiden, wie die Verbindung hergestellt wird.

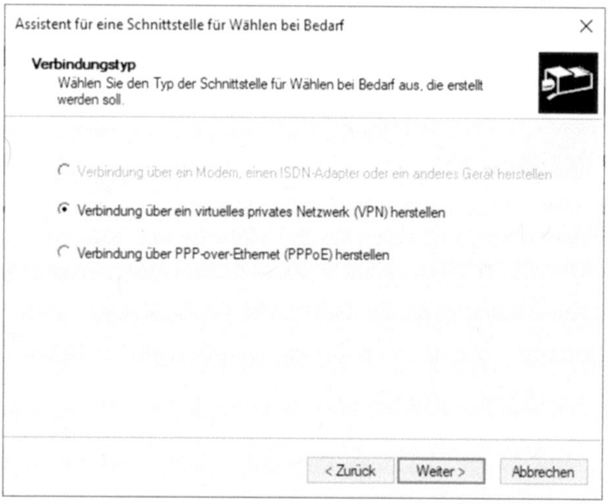

Abbildung 31.18: Auswahl der Verbindung

Wählen Sie Ihre Art der Verbindung aus. Sie können wählen zwischen PPPoE und VPN.

PPPoE ist das Protokoll von DSL. Wenn Sie diesen Punkt wählen, müssen Sie natürlich noch die entsprechenden Daten Ihrer DSL-Verbindung angeben.

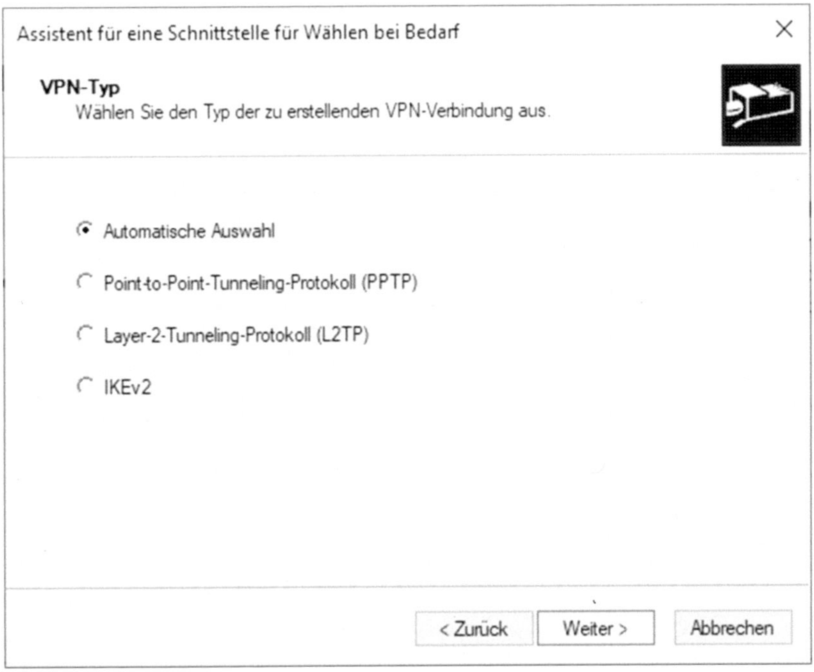

Abbildung 31.19: Auswahl VPN-Typ

Sollten Sie sich für VPN entscheiden, müssen Sie noch festlegen, welches Tunnelprotokoll Sie benutzen möchten. Auch zu den Tunnelprotokollen kommen wir später in diesem Kapitel noch genauer.

Meistens wird wohl der Punkt „automatische Auswahl" der richtige sein, da in diesem Fall beide Verbindungsmöglichkeiten akzeptiert werden.

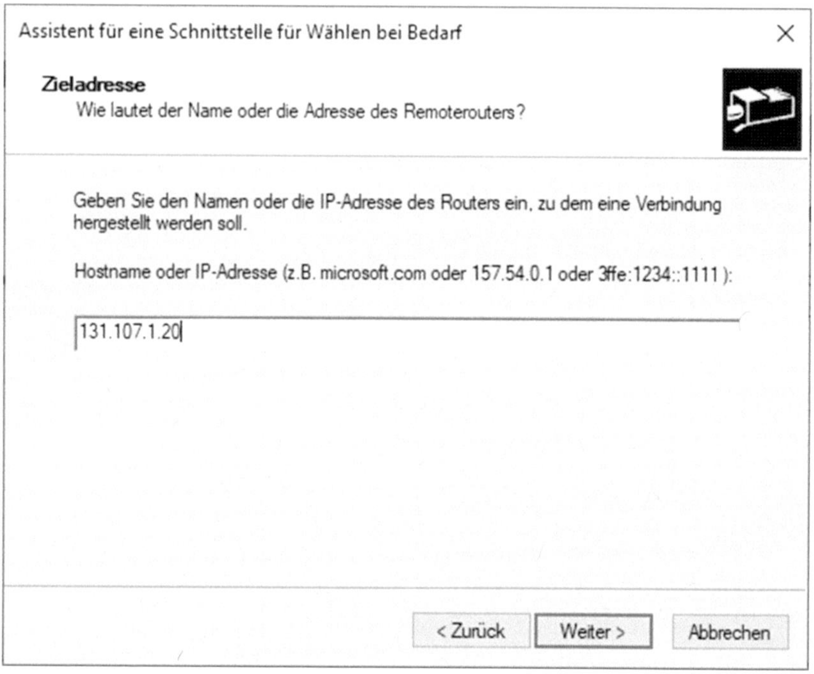

Abbildung 31.20: Auswahl des Zielrouters

Wenn Sie eine Verbindung über eine öffentliche Leitung herstellen, muss am anderen Ende natürlich ebenfalls ein Router stehen. Dessen IP-Adresse oder dessen Hostnamen müssen Sie nun angeben.

ACHTUNG!

Wählen Sie, wenn möglich, immer die IP-Adresse. Dies ist die schnellere Verbindung, da die Namenauflösung nicht mehr stattfinden muss.

Nun bestätigen Sie, dass das Routing an dieser Schnittstelle aktiviert werden soll.

Der Router hat durch das „Wählen bei Bedarf“ natürlich keine Schnittstelle direkt im Zielnetz. Dies ist nicht möglich, denn es wird ja das Internet als Transportmittel benutzt. Dadurch werden viele Netzwerke durchquert.

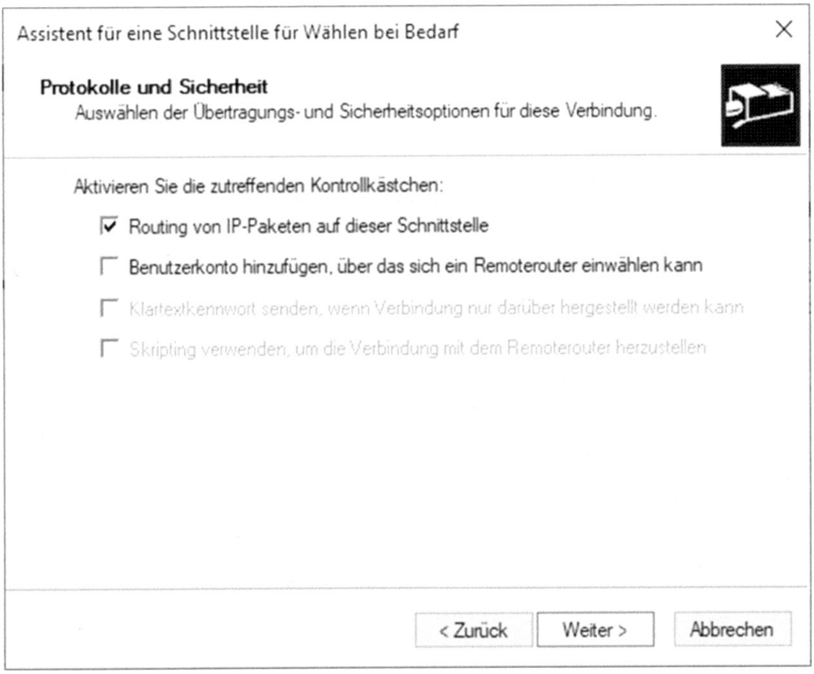

Abbildung 31.21: Aktivieren der Routingfunktion

Da der Router das Zielnetz nicht direkt erreichen kann, steht auch keine Route in der Routingtabelle.

Aus diesem Grund muss eine Route zum Zielnetz eingetragen werden.

Auf der letzten Karteikarte müssen nun nur noch die Authentifizierungsdaten eingegeben werden, anhand derer der Router des Zielnetzes Ihre Anfrage genehmigen kann.

Nun ist der Assistent beendet.

Die neue Schnittstelle für „Wählen bei Bedarf" ist angelegt und kann konfiguriert werden.

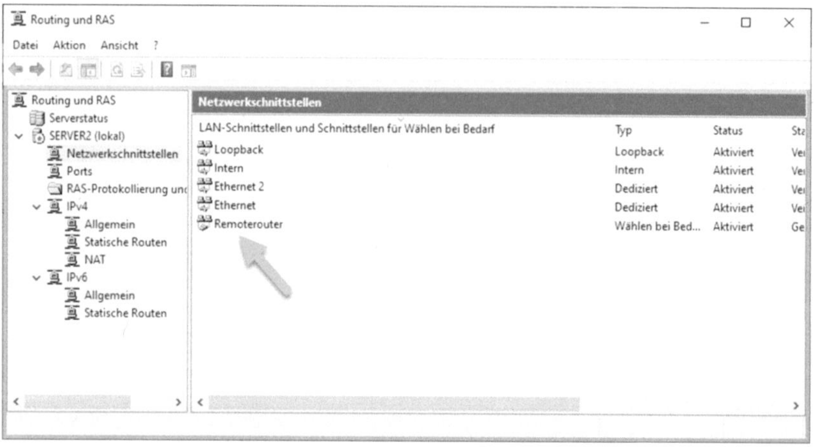

Abbildung 31.22: Konfiguration der Schnittstelle

Wenn Sie das Eigenschaftenmenü dieser Schnittstelle aufrufen, haben Sie diverse Einstellungsmöglichkeiten.

Die wichtigste Einstellung finden Sie auf der Karte „Optionen“. Hier können Sie einstellen, nach welcher Zeit im Leerlauf die Verbindung getrennt werden soll.

Paketfilter

Eine weitere Konfiguration der Schnittstelle, egal ob es sich um eine LAN-Schnittstelle oder um eine Schnittstelle für „Wählen bei Bedarf“ handelt, ist das Einrichten von Paketfiltern.

Paketfilter geben die Möglichkeit, bestimmte Datenpakete an dieser Schnittstelle herauszufiltern. Damit haben wir die Möglichkeit, den Datenverkehr zu steuern.

Paketfilter werden für jede Schnittstelle getrennt konfiguriert.

Um einen Paketfilter einzurichten, gehen Sie in den Knotenpunkt „IP-Routing“ und wählen dort den Menüpunkt „Allgemein“.

Hier wählen Sie die Schnittstellen, und betrachten das Eigenschaftenmenü.

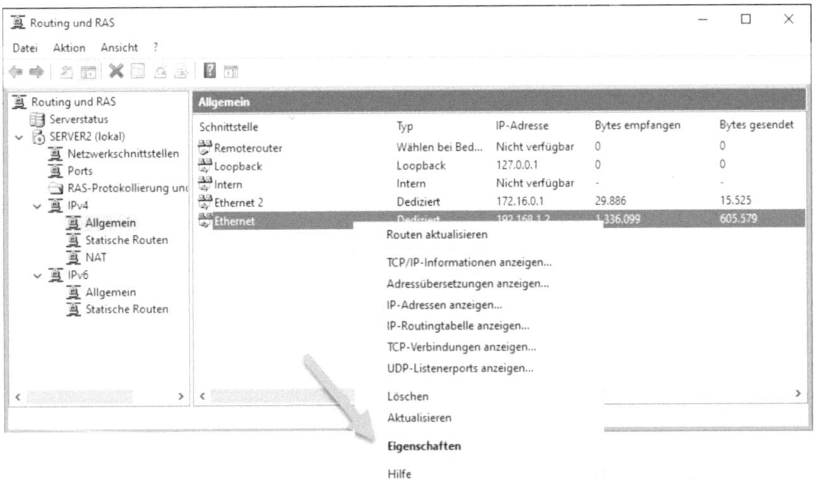

Abbildung 31.23: Paketfilter der Schnittstelle

Auf der Karteikarte „Allgemein“ haben Sie zwei Schaltflächen zur Auswahl:

- Eingehende Filter
- Ausgehende Filter

Wählen Sie aus, ob Sie auf dieser Schnittstelle einen Filter für den eingehenden oder den ausgehenden Datenverkehr setzen möchten.

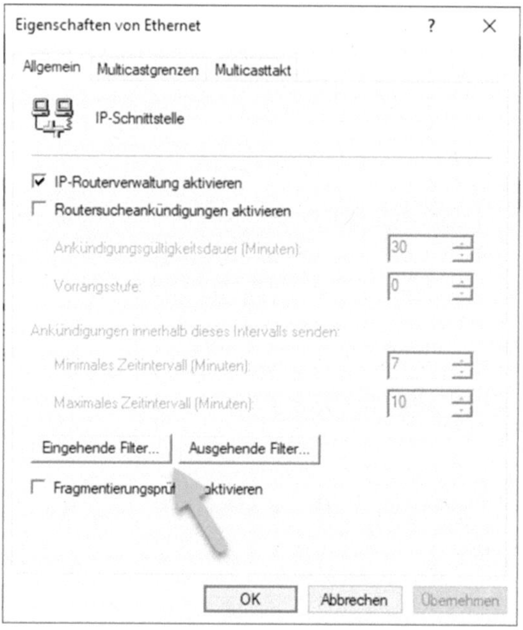

Abbildung 31.24: Paketfilter

Nach der Auswahl der Art des Filters müssen Sie festlegen, welchen Filter Sie setzen möchten.

Wählen Sie „Neu“.

Nun können Sie festlegen, welche Art des Filters Sie möchten.

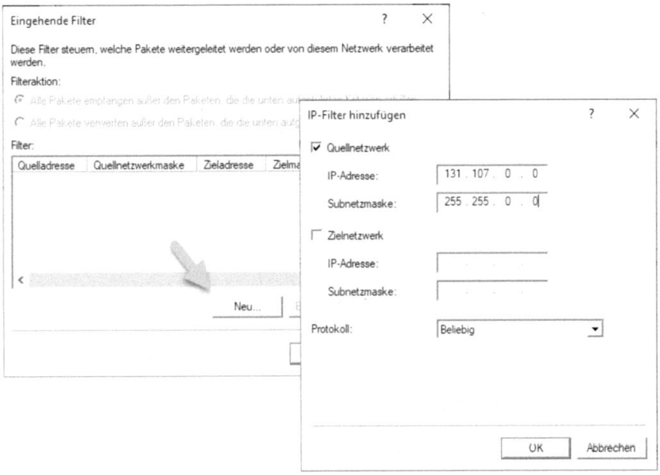

Abbildung 31.25: Definition des Filters

Im Anschluss müssen Sie noch auswählen, wie Sie den Filter anwenden möchten.

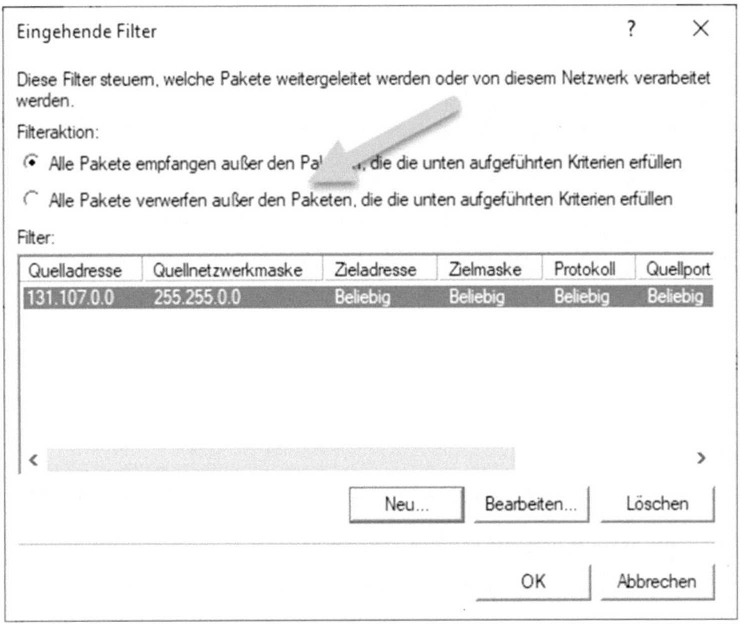

Abbildung 31.26: Anwendung des Filters

Sie haben zwei Möglichkeiten

- Alle Pakete *empfangen* außer den Paketen, die die unten aufgeführten Kriterien erfüllen
- Alle Pakete *verwerfen* außer den Paketen, die die unten aufgeführten Kriterien erfüllen

ACHTUNG!

Verwechseln Sie diese beiden Möglichkeiten nicht! Überlegen Sie gut, welchen Filter Sie benötigen!

DHCP-Relay-Agent

Ein DHCP-Relay-Agent hilft den DHCP-Clients, eine IP-Adresse zu erhalten.

Jeder DHCP-Client schickt beim Systemstart einen Broadcast, mit dem er vom DHCP-Server eine IP-Adresse anfordert.

Wenn nun der Client in einem Subnetz ist, in dem sich kein DHCP-Server befindet, gibt es ein Problem:

Broadcast kann keinen Router überwinden.

Dies ist natürlich ein Problem, das gelöst werden muss.

Lösung 1: RFC 1542 kompatibler Router

Die meisten Hardwarerouter sind RFC 1542 kompatibel, das bedeutet, dass sie für die Weiterleitung von DHCP-Discover Meldungen geeignet sind. In diesem Fall kann der Client eine IP-Adresse erhalten, auch wenn er in einem anderen Subnetz ist, als der DHCP-Server.

Lösung 2: In jedem Subnetz ein eigener DHCP-Server

Diese Lösung ist natürlich nicht praktikabel, da sie viel zu aufwändig ist.

Lösung 3: Konfigurieren eines DHCP-Relay-Agents

Ein DHCP-Relay-Agent ist ein Computer, der die Anfragen der Clients in seinem Subnetz empfängt, und die Anfragen an den DHCP-Server stellt.

Normalerweise wird ein DHCP-Relay-Agent auf der Routerschnittstelle konfiguriert, die in das Subnetz ohne eigenen DHCP-Server reicht.

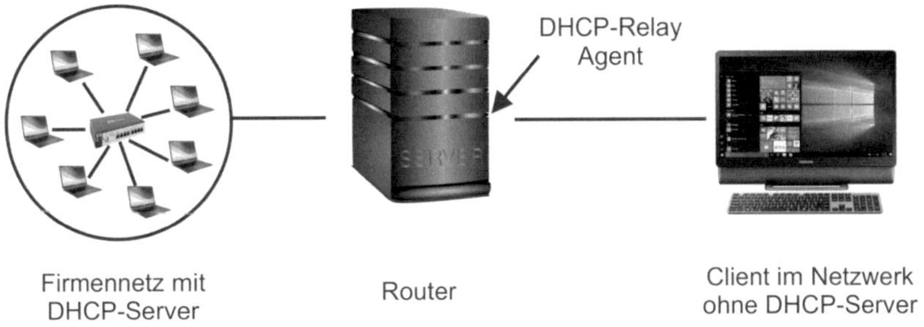

Abbildung 31.27: DHCP-Relay-Agent Prinzip

Die Konfiguration eines DHCP-Relay-Agents ist sehr einfach.

Der DHCP-Relay-Agent wird als ein Routingprotokoll behandelt. Aus diesem Grund müssen Sie dieses Protokoll installieren.

Dazu wählen Sie im Bereich „IPv4" „Neues Routingprotokoll".

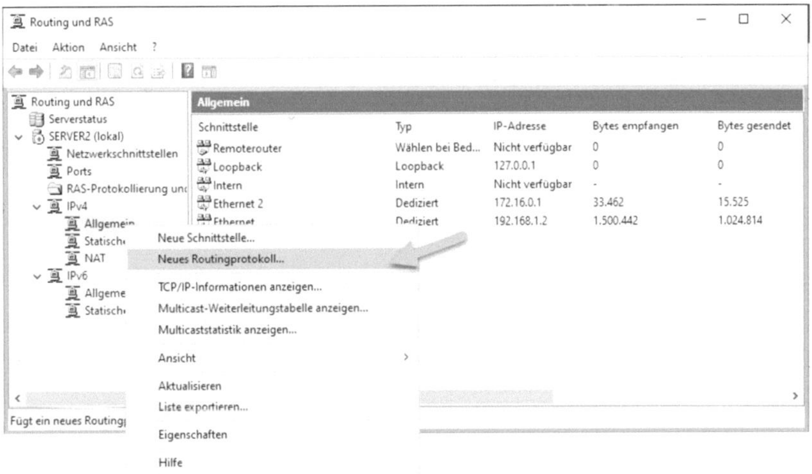

Abbildung 31.28: Neues Routingprotokoll

Nun können Sie den DHCP-Relay-Agent hinzufügen.

Danach muss dem Protokoll eine Schnittstelle hinzugefügt werden.

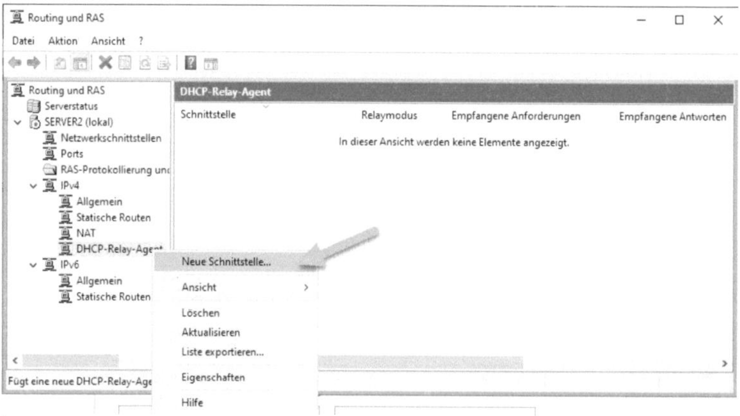

Abbildung 31.29: Hinzufügen der Schnittstelle

Sie müssen die richtige Schnittstelle (diejenige, die im Netzwerk ohne eigenen DHCP-Server ist) auswählen.

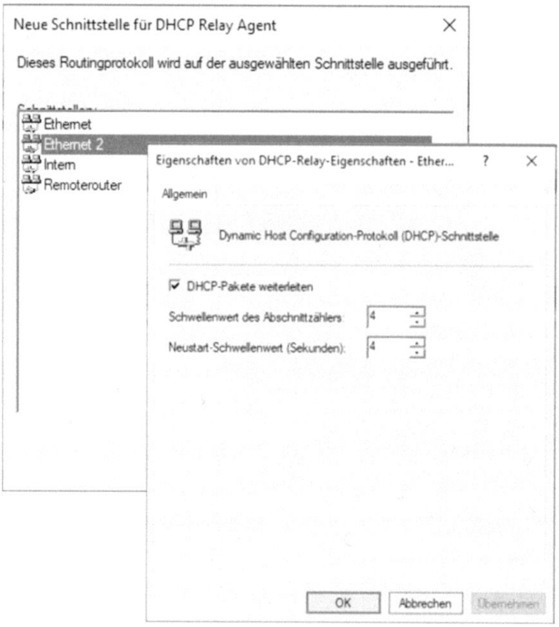

Abbildung 31.30: DHCP-Pakete weiterleiten

Achten Sie darauf, dass unbedingt die richtige Schnittstelle gewählt wird.

Nun können Sie auf der Schnittstelle konfigurieren, dass DHCP-Pakete weitergeleitet werden sollen.

Nun müssen Sie dem DHCP-Relay-Agent nur noch mitteilen, wie die IP-Adresse des DHCP-Servers lautet, an den er die Anfragen weiterleiten soll.

Dies müssen Sie auf der linken Seite der Konsole tun, und nicht für die einzelne Schnittstelle.

Klicken Sie mit der rechten Maustaste auf „DHCP-Relay-Agent“ und bearbeiten Sie die Eigenschaften.

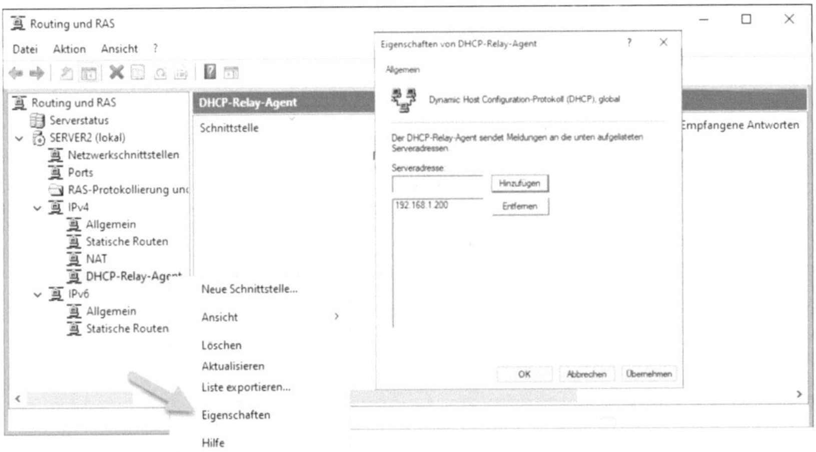

Abbildung 31.31: Eintrag des DHCP-Servers

Danach können alle DHCP-Clients auch über den Router eine IP-Adresse erhalten.

Übung 31.1.2

- Betrachten Sie die Routingtabelle des eben erstellten Routers

31.2 NAT (Network Adress Translating)

Wenn Sie ein privates Netzwerk mit dem Internet verbinden möchten, können Sie einen Router benutzen.

Natürlich gibt es auch andere Möglichkeiten, wie beispielsweise eine Verbindung über eine Firewall, aber prinzipiell bleibt die Vorgehensweise immer die gleiche.

Sie haben ein Gerät, das die Schnittstelle zwischen dem Intranet und dem Internet darstellt, und für eine Übersetzung Ihrer internen (privaten) IP-Adressen in öffentliche IP-Adressen sorgt.

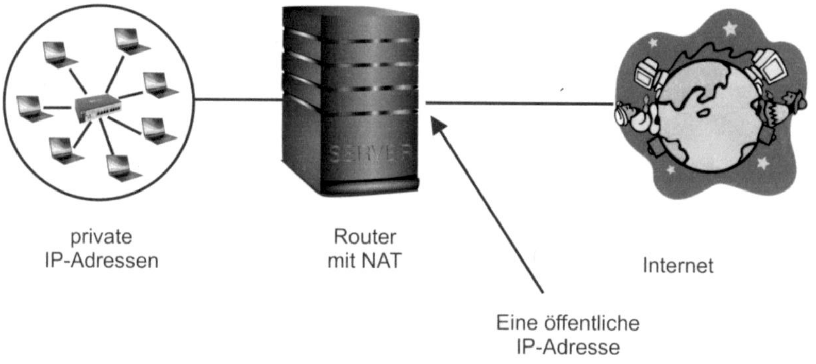

Abbildung 31.32: Prinzip NAT

Voraussetzung dafür ist natürlich, dass der Server mit mindestens zwei Netzwerkkarten bestückt ist.

Um NAT zu konfigurieren, konfigurieren Sie den Dienst „Routing und RAS“ zum NAT-Server.

Öffnen Sie die Routing und RAS Konsole.

Wenn der Dienst nicht konfiguriert ist, wählen Sie „Routing und RAS konfigurieren und aktivieren“.

Ein Assistent startet.

Sie können nun direkt auswählen, einen Router mit NAT zu konfigurieren.

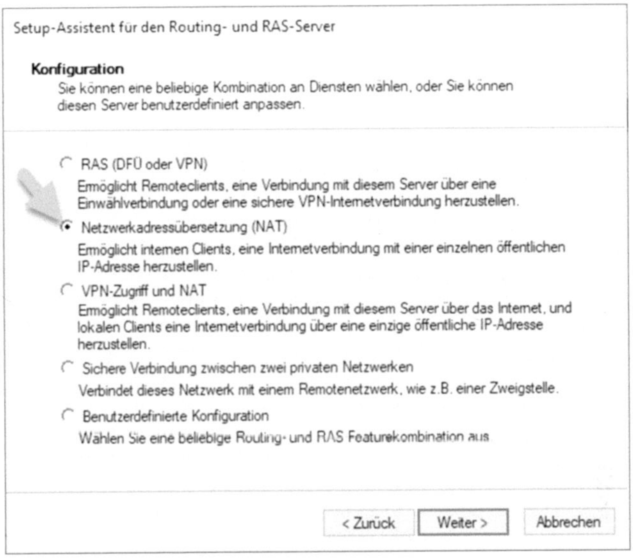

Abbildung 31.33: Auswahl von NAT

Auf der nächsten Seite geben Sie Ihre Konfiguration für die Schnittstellen an.

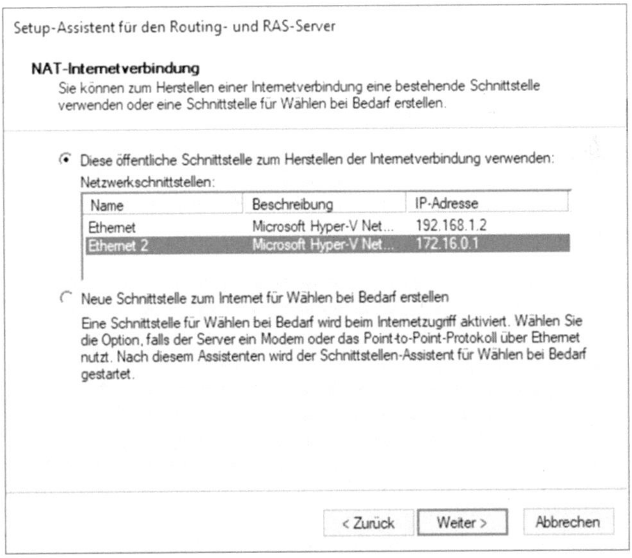

Abbildung 31.34: Schnittstellenauswahl

Wichtig ist hier, dass Sie die richtige Schnittstelle für den Zugang zum Internet auswählen.

Nun ist der Router mit NAT konfiguriert.

Übung 31.2

- Deaktivieren Sie das Routing auf „Server2“
- Aktivieren Sie NAT auf „Server2“ mit der externen Schnittstelle 172.16.0.1

31.3 RAS und VPN

RAS bedeutet „Remote Access Service“.

Sie benötigen einen RAS-Server, damit von außen auf ein Firmennetz zugegriffen werden kann.

Es gibt mehrere Möglichkeiten, warum Sie auf ein Firmennetz von außen zugreifen müssen:

- Ein einzelner Benutzer wählt sich über das Internet ins Firmennetz ein
- Ein einzelner Benutzer wählt sich direkt ins Firmennetz ein
- Eine Verbindung eines externen Netzes zum Firmennetz über das Internet
- Eine direkte Verbindung eines externen Netzes zum Firmennetz

31.3.1 Eingehende Verbindung (RAS-Server und VPN-Server)

Eingehende Verbindungen werden im Netzwerk von einem Server entgegengenommen.

Dieser Server ist die Schnittstelle für die Verbindung zwischen Intranet und Außenstellen.

Damit dieser Server als RAS- oder VPN-Server fungieren kann, muss auf ihm die Rolle „Remotezugriff“ installiert und dann konfiguriert werden.

Konfigurieren von RAS und VPN

Um einen Server als RAS- bzw. VPN-Server zu konfigurieren, öffnen Sie die Konsole „Routing und RAS“.

Klicken Sie mit der rechten Maustaste auf den Namen des Servers und wählen Sie „Routing und RAS konfigurieren und aktivieren“.

Im nächsten Schritt wählen Sie die Funktion aus.

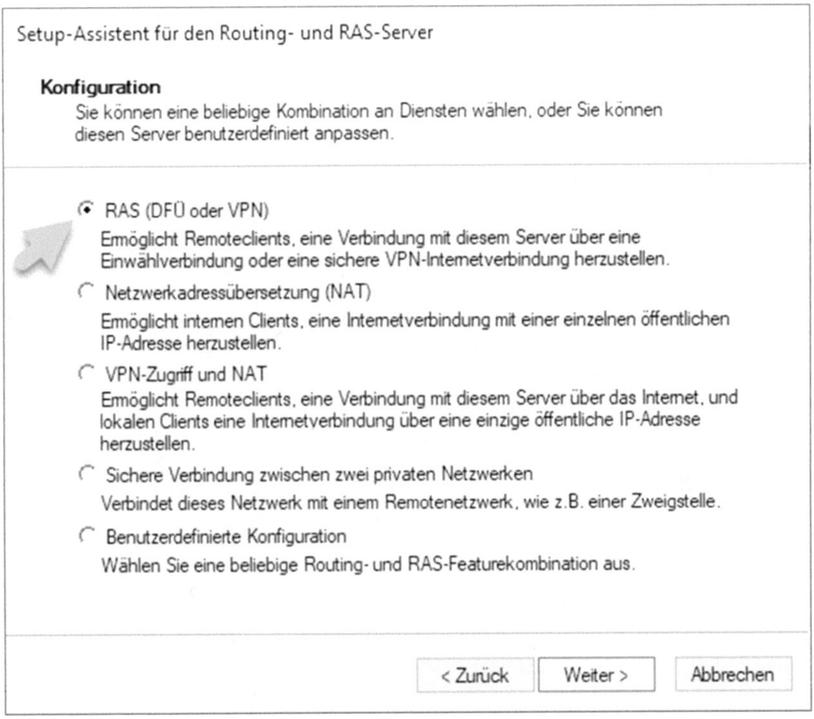

Abbildung 31.35: Auswahl der Serverfunktion

Für einen RAS-Server wählen Sie den entsprechenden Punkt.

Die nächste Frage ist die Auswahl, ob Sie einen

- RAS-Server
- VPN-Server oder eine
- Kombination beider Funktionen

installieren möchten.

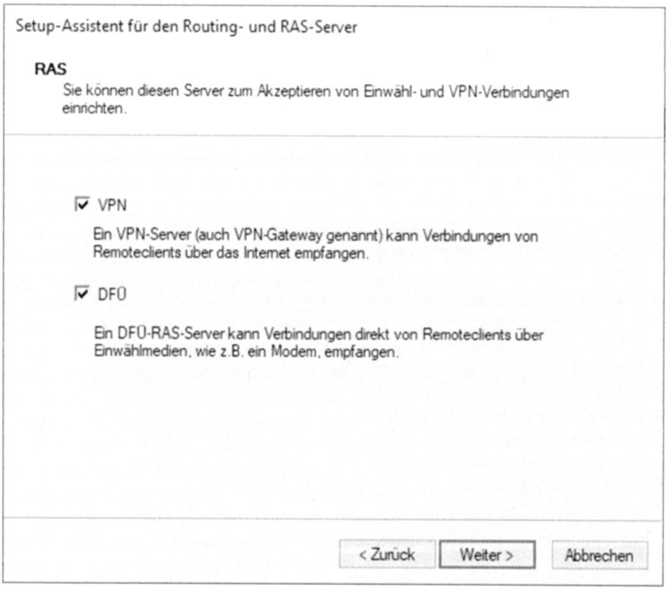

Abbildung 31.36: RAS und / oder VPN

In jedem Fall müssen Sie nun die externe Schnittstelle angeben, das bedeutet, die Schnittstelle, über die sich die Clients einwählen werden.

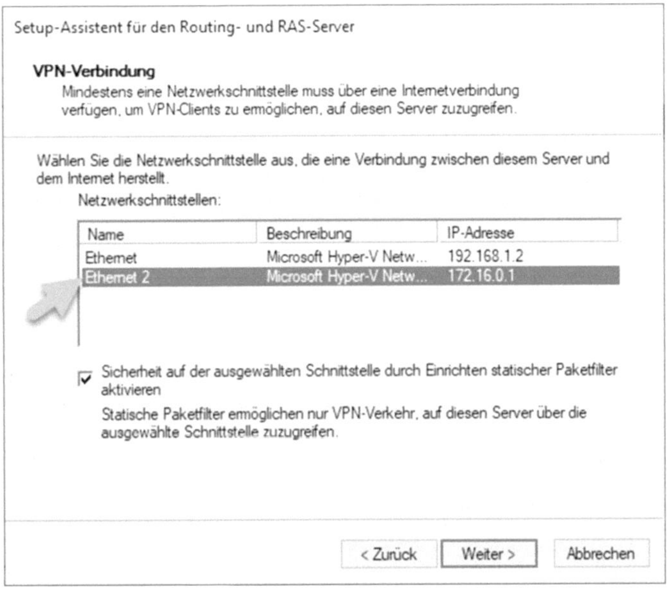

Abbildung 31.37: Auswahl der externen Schnittstelle

Wenn Sie VPN gewählt haben, ist diese Schnittstelle an das Internet angeschlossen, und Sie können noch zusätzlich Paketfilter definieren.

ACHTUNG!

Diese Paketfilter sind nur eine rudimentäre Lösung! In einem professionellen Netzwerk sollte in jedem Fall eine professionelle Firewall zusätzlich konfiguriert sein!

Die nächste Frage, die Sie beantworten müssen, ist die Zuteilung der IP-Adressen.

Die Clients, die sich einwählen, können entweder ihre IP-Adressen aus einem statischen Pool erhalten, der auf dem RAS-Server definiert wird, oder vom firmeninternen DHCP-Server.

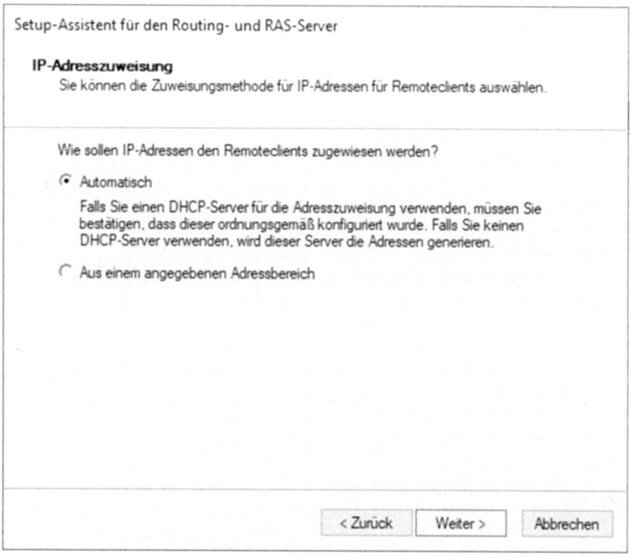

Abbildung 31.38: Adresszuteilung

Falls Sie sich für einen statischen Pool entscheiden, müssen Sie danach diesen Pool definieren.

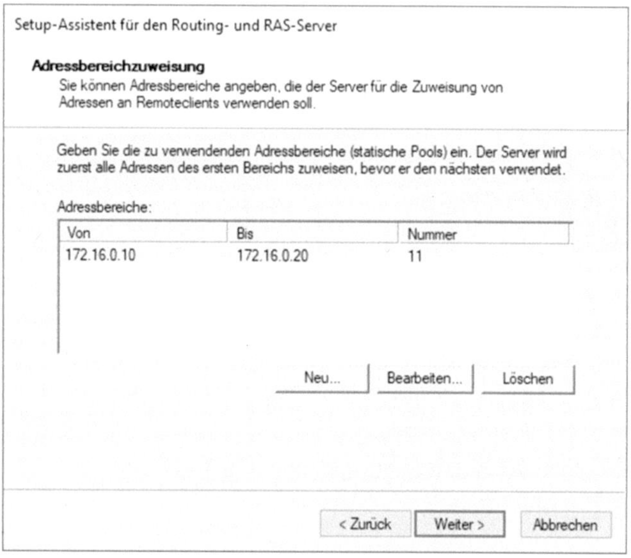

Abbildung 31.39: Statischer Adresspool

Nun müssen Sie sich noch entscheiden, ob dieser RAS-Server ein RADIUS-Client sein soll, oder nicht.

Über RADIUS (NAP) erfahren Sie weiter unten mehr.

Abbildung 31.40: RADIUS

Wenn Sie die dynamische IP-Adressierung für die Clients gewählt haben, erhalten Sie nun eine Meldung, dass Sie einen DHCP-Relay-Agent auf der externen Schnittstelle definieren müssen.

Abbildung 31.41: DHCP-Relay-Agent

Konfigurieren des RAS- und VPN-Servers

Nun ist der RAS-Server installiert, Sie sollten sich nun mit der Konsole bekannt machen, und einige wichtige Konfigurationsmöglichkeiten kennenlernen.

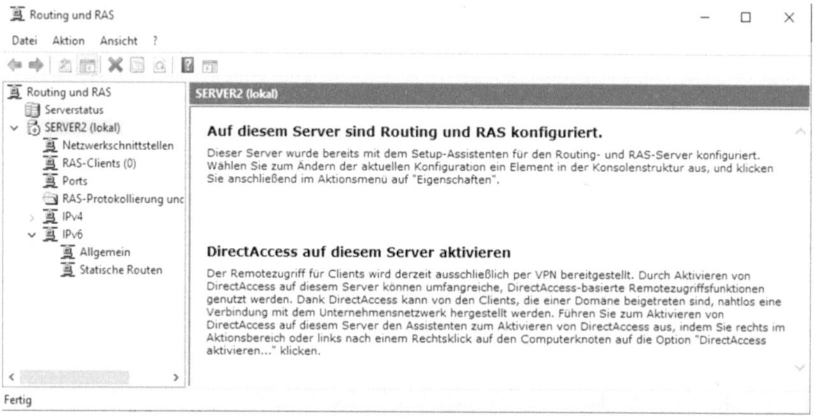

Abbildung 31.42: Konsole

Alle Netzwerkschnittstellen, die Ihnen zur Verfügung stehen, werden Ihnen im Knotenpunkt „Netzwerkschnittstellen“ angezeigt.

Ebenfalls können Sie im Knotenpunkt „Ports“ erkennen, dass in der Standardinstallation bereits eine Menge an virtuellen Ports eingerichtet worden sind.

Ports sind virtuelle Schnittstellen, die sowohl konfiguriert als auch beliebig hinzugefügt werden können.

Betrachten wir die Eigenschaften der Ports.

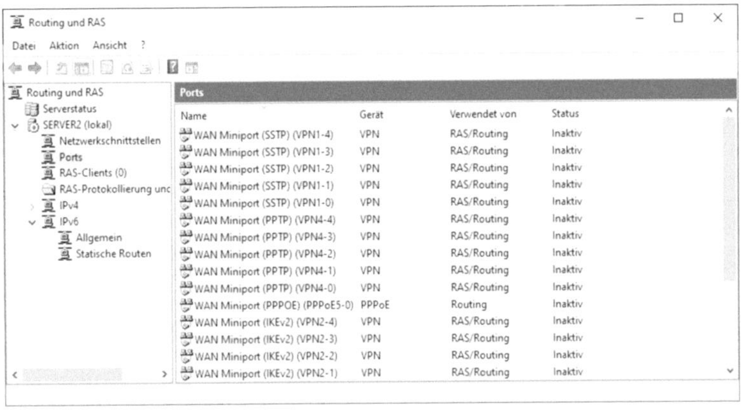

Abbildung 31.43: Ports

Sie sehen, dass es einige vordefinierte Ports gibt:

Port für SSTP	5
Port für IKEv2	5
Port für L2TP	5
Port für PPTP	5
Port für PPPoE	1

Wählen bei Bedarf

Auch bei einer RAS Verbindung können Sie eine Schnittstelle für „Wählen bei Bedarf" konfigurieren.

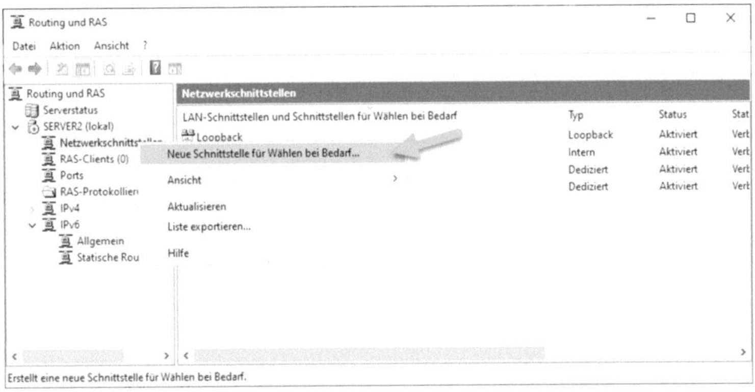

Abbildung 31.44: Wählen bei Bedarf

Die Vorgehensweise ist hier genauso wie bei einem Router.

31.4 VPN-Richtlinien

Windows Server 2022 hat einen hohen Sicherheitsstandard bezüglich der Einwahlrechte für RAS und VPN.

Zunächst einmal werden alle Einwahlversuche zurückgewiesen, niemand kann auf das Firmennetz zugreifen.

Die Zugriffsregelung wird mithilfe von VPN-Richtlinien gemacht.

VPN-Richtlinien bestehen aus drei verschiedenen Teilen:

Bedingungen:

Bedingungen sind Parameter, die mit dem Einwahlversuch übereinstimmen müssen. Bedingungen können sein:

- Tageszeit
- Gruppenzugehörigkeit
- Bestimmte IP-Adressen

Wenn der Einwahlversuch die Bedingungen der ersten RAS-Richtlinie erfüllt, wird diese Richtlinie abgearbeitet, wenn nicht, werden die Bedingungen der nächsten RAS-Richtlinie untersucht, solange, bis entweder eine Richtlinie mit den Einwahlbedingungen übereinstimmt, oder das Ende der Liste erreicht ist.

Zugriffsrechte:

Wenn eine RAS-Richtlinie abgearbeitet wird, wird als nächstes überprüft, ob im Konto des Benutzers der RAS Zugriff gestattet ist. Bei Verweigern im Konto wird die Verbindung sofort beendet, sonst werden die Zugriffsrechte in der RAS-Richtlinie angewendet.

Profil:

Im Profil sind die physischen Parameter der Verbindung definiert, zum Beispiel

- Verschlüsselung
- Authentifizierung

Diese Parameter müssen vom Client angewendet werden können, sonst wird die Verbindung noch an dieser Stelle abgelehnt.

Alle drei Komponenten werden nacheinander überprüft. Der Ablauf ist folgendermaßen:

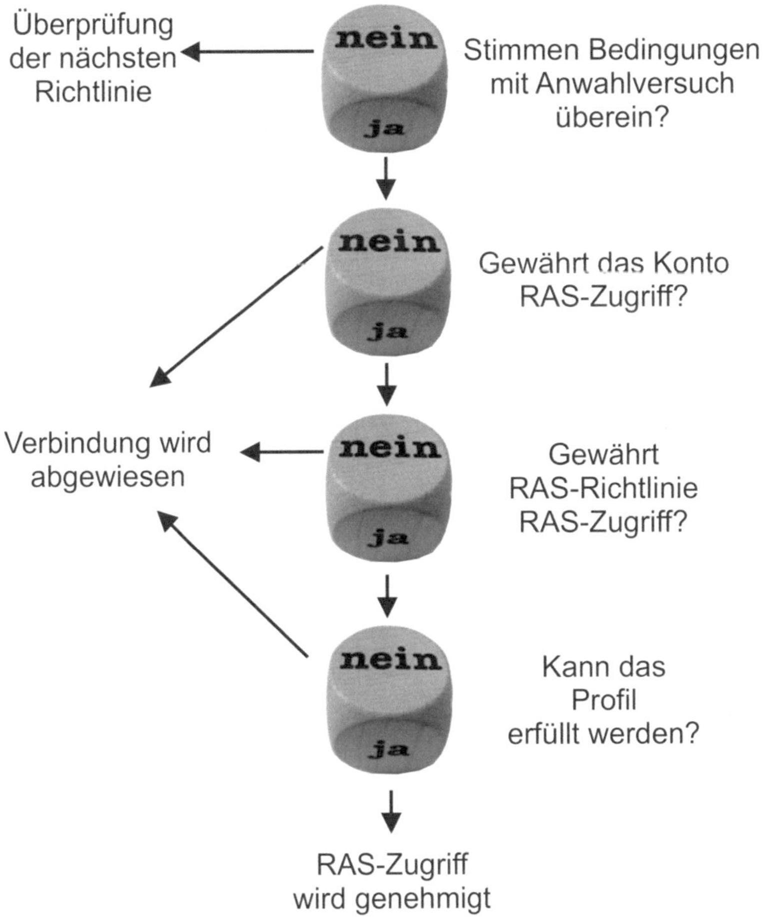

Abbildung 31.45: Anwendungsreihenfolge der RAS-Richtlinien

Betrachten wir die Routing und RAS Konsole.

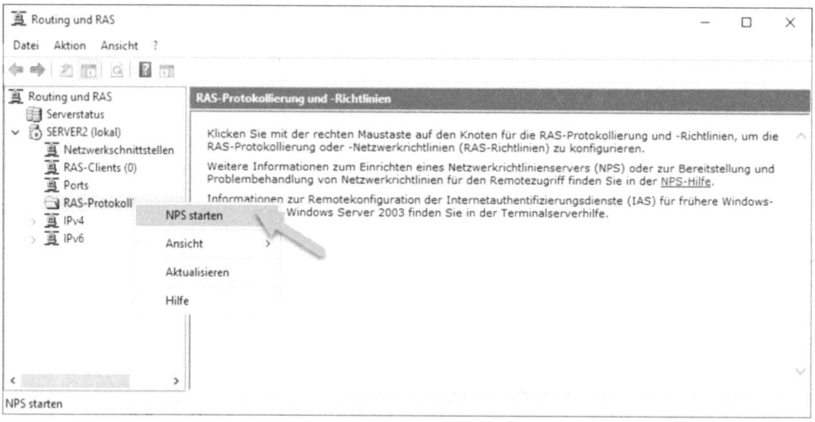

Abbildung 31.46: RAS-Richtlinien

Wir sehen den Knotenpunkt RAS-Protokollierung und –Richtlinien.

Um Richtlinien zu konfigurieren, müssen wir mit der rechten Maustaste klicken, und wählen, „NPS“ starten.

„NPS“ heißt „Network Policy Server“, und bedeutet nichts anderes, als dass auf diesem Server Zugriffsrichtlinien verwaltet werden können.

Nachdem NPS gestartet ist, erhalten wir ein neues Fenster mit Namen „Netzwerkrichtlinienserver“, in dem bereits zwei Richtlinien vordefiniert sind:

- Verbindung mit dem Microsoft Routing und RAS-Server
- Verbindung mit anderen Zugriffsservern

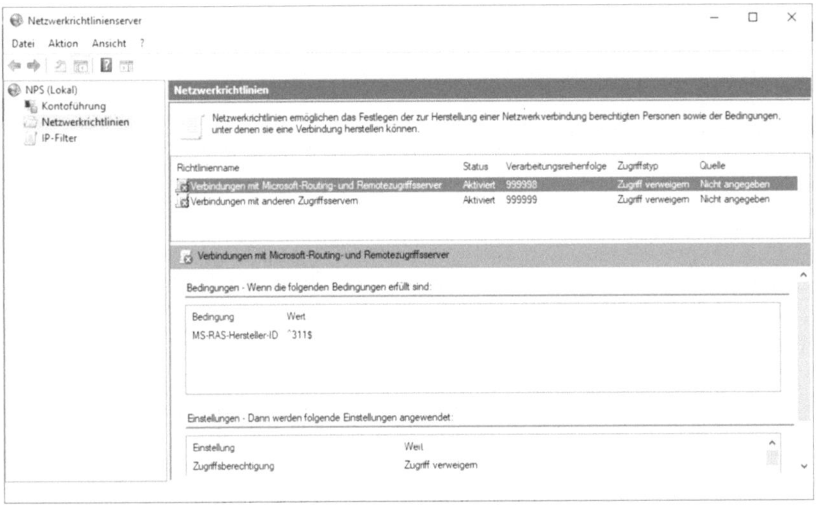

Abbildung 31.47: Vordefinierte RAS-Richtlinien

Die RAS-Richtlinie, die oben in der Liste steht, wollen wir einmal betrachten. Sie wird mit einem Doppelklick geöffnet.

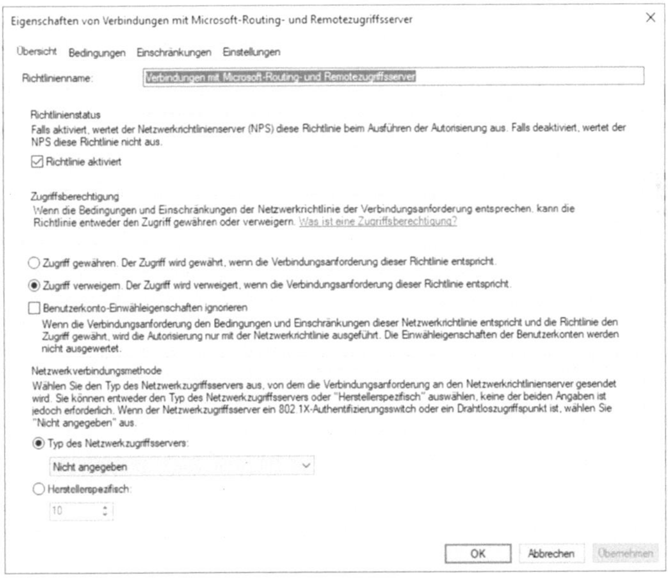

Abbildung 31.48: RAS-Richtlinie 1

Wir sehen sofort, dass die Einstellungen der Richtlinie offensichtlich den RAS-Richtlinien entspricht.

Eine neue RAS-Richtlinie erstellen Sie durch Klick mit der rechten Maustaste und „Netzwerkrichtlinien - Neu“.

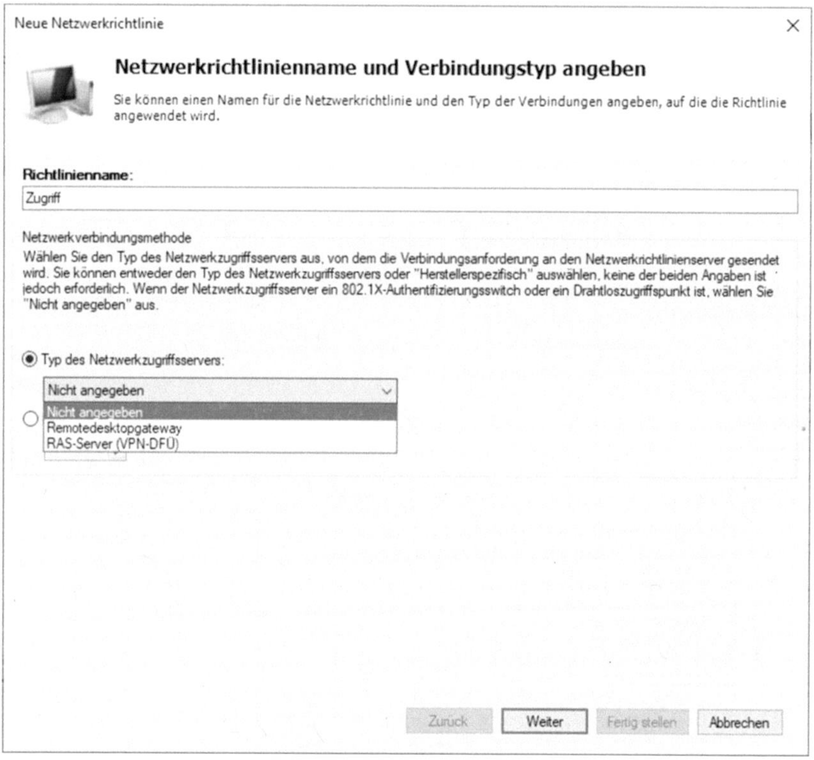

Abbildung 31.49: Neue RAS-Richtlinie

Zunächst wählen Sie den Typ des Netzwerkzugriffsservers.

Danach wählen Sie die drei Komponenten einer Richtlinie aus.

31.4.1 Bedingungen

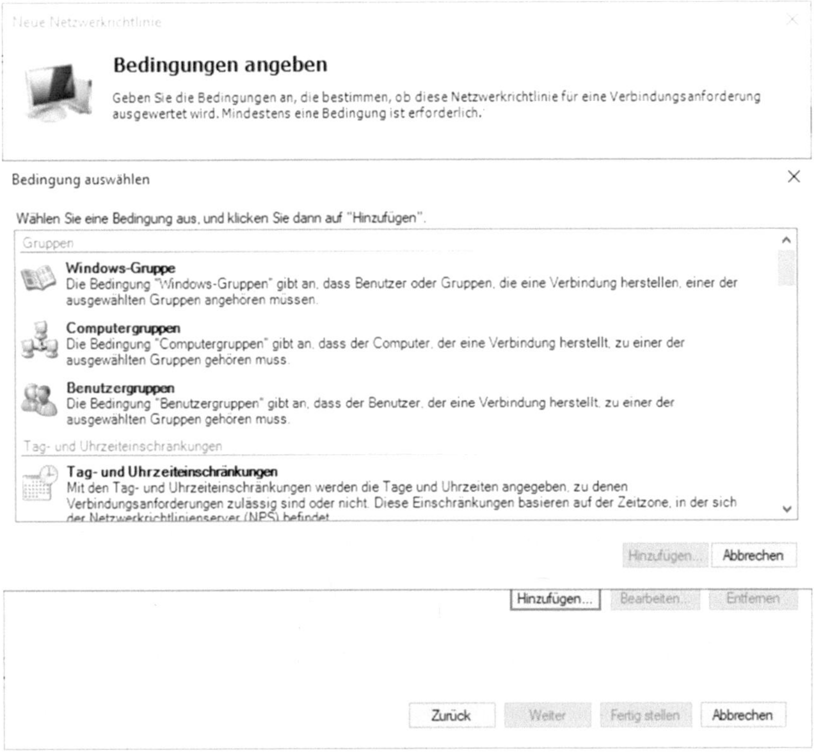

Abbildung 31.50: Bedingungen

Zunächst wählen Sie die Bedingungen für den Remotezugriff aus. Klicken Sie auf „Hinzufügen“, um eine Auswahl an Bedingungen angezeigt zu bekommen.

Bedingungen sind:

- Diverse Gruppenzugehörigkeiten
- Tag- und Uhrzeiteinschränkungen
- IP-Adressen
- Authentifizierungstyp
- Tunneltyp
- Radiuseigenschaften
- Gatewayeigenschaften

ACHTUNG!

Die Einstellungen der Bedingungen sind die Selektionsmerkmale!

Wenn ein Einwahlversuch mit diesen Bedingungen übereinstimmt, wird diese Richtlinie auf jeden Fall angewendet, wenn nicht, wird die nächste Richtlinie untersucht, solange, bis der Einwahlversuch mit den Bedingungen übereinstimmt!

31.4.2 Berechtigung

Als zweites wählen Sie die Berechtigung aus, ob dem Remotebenutzer die RAS-Berechtigung erteilt oder verweigert werden soll.

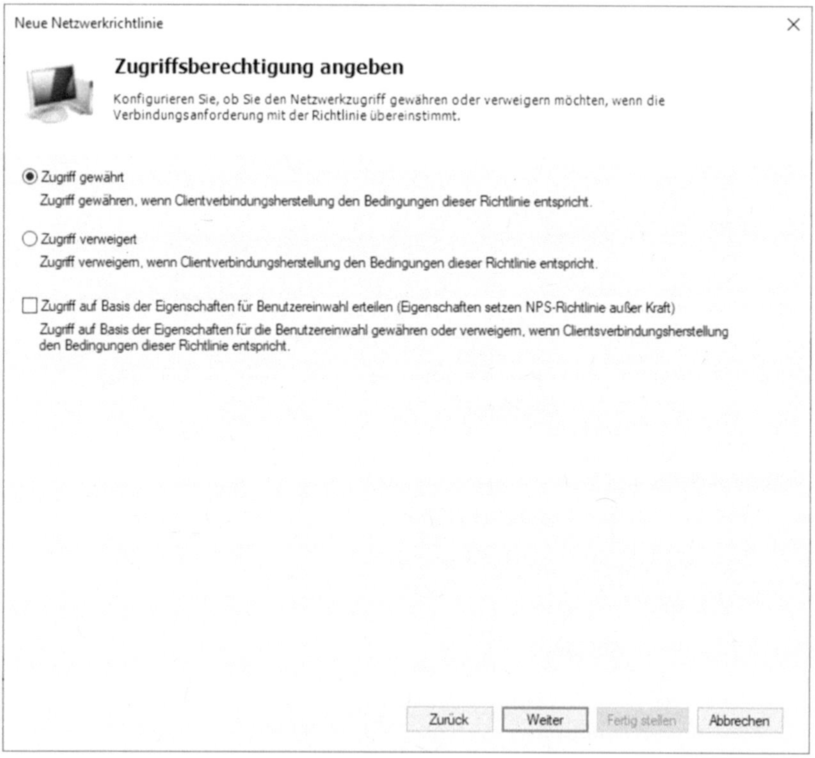

Abbildung 31.51: Berechtigungen

31.4.3 Profil

Als letztes können Sie noch das Profil bearbeiten, wobei es sich hier in erster Linie um die Authentifizierungsmethoden handelt.

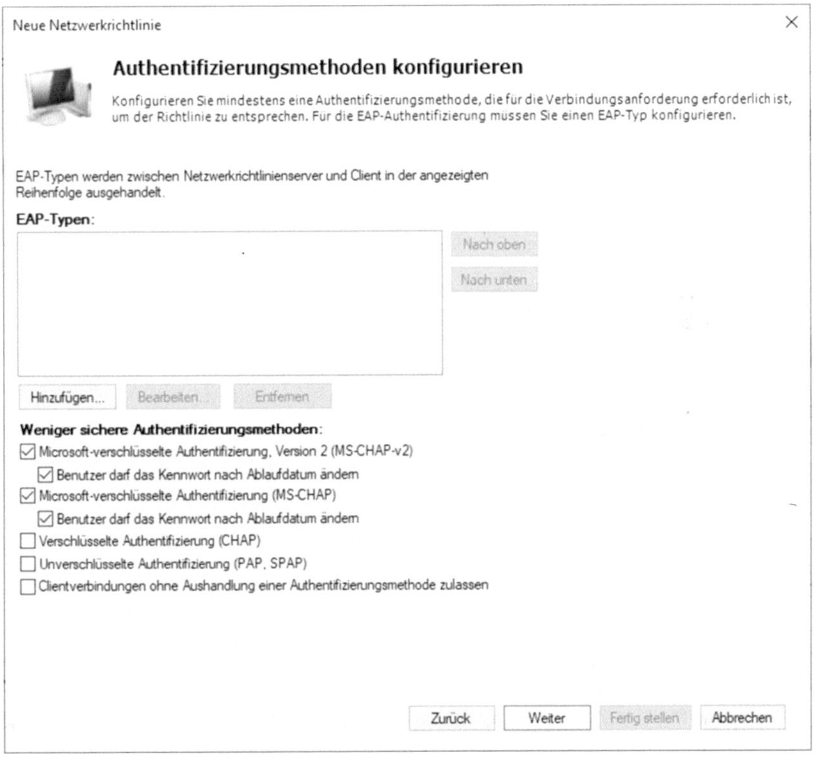

Abbildung 31.52: Authentifizierungsmethoden

Nach der Auswahl der Authentifizierungsmethoden ist die Richtlinie erstellt. Die neueste RAS-Richtlinie wird immer oben eingefügt, sie wird also als erstes abgearbeitet.

ACHTUNG!

Achten Sie auf die richtige Reihenfolge der RAS-Richtlinien. Wenn in der ersten RAS-Richtlinie die Bedingungen mit dem Einwahlversuch übereinstimmen, wird nur diese Richtlinie abgearbeitet! Beschränken Sie sich auf die absolut notwendige Anzahl an RAS-Richtlinien, die Verwaltung wird ziemlich schwierig, wenn es zu viele Richtlinien sind.

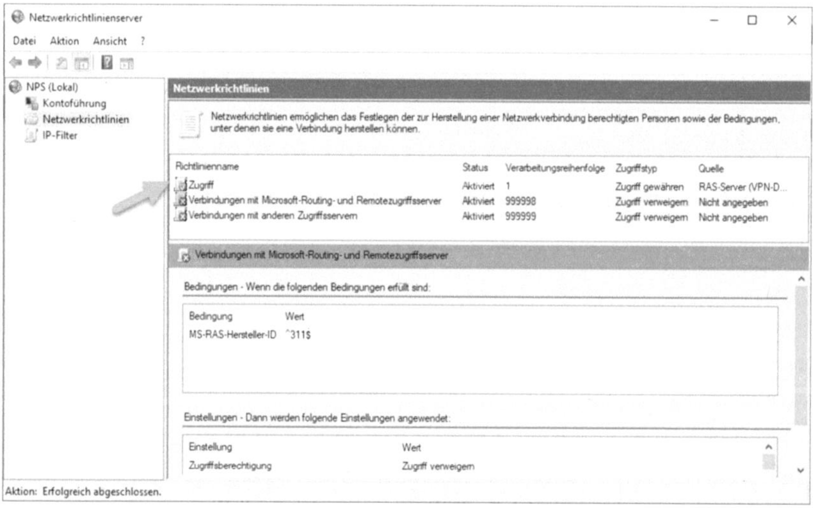

Abbildung 31.53: Neue Richtlinie

Sie können die Reihenfolge der Richtlinien natürlich ändern, indem Sie mit der rechten Maustaste auf eine Richtlinie klicken, und die gewünschte Richtung auswählen, in die sie verschoben werden soll.

Übung 31.4

Sie möchten mit dem Client „W11“ von Remote auf den RAS-Server „Server2“ zugreifen

- Ändern Sie auf der virtuellen Maschine „W11“ die IP-Adresse
  - IP-Adresse: 172.16.0.2
  - Subnetzmaske: 255.25.0.0
  - DNS-Server: 192.168.1.200
- Binden Sie diesen Netzwerkadapter an die virtuelle Schnittstelle „VPN“
- Erstellen Sie auf „W11“ eine VPN-Verbindung mit Namen „vpn01“, die als Zielserver die externe Schnittstelle des VPN-Server hat (172.16.0.1)

- Zunächst sollen die VPN-Richtlinien umgangen werden, indem im Konto „Zugriff gestatten“ eingerichtet wird.
- Testen Sie den VPN-Zugriff vom Client aus
- Dann stellen Sie das Konto wieder auf „Zugriff über NPS-Netzwerkrichtlinien steuern“
- Testen Sie den Zugriff
- Ändern Sie die Zugriffsrichtlinie „Verbindung mit dem Microsoft Routing und RAS-Server“ auf „Zugriff gestatten“
- Testen Sie den VPN-Zugriff vom Client aus
- Ändern Sie die Zugriffsrichtlinie „Verbindung mit dem Microsoft Routing und RAS-Server“ wieder zurück auf „Zugriff verweigern“

- Erstellen Sie eine neue Zugriffsrichtlinie mit Namen „Nur Admins“, in der nur die Gruppe „Domänen-Administratoren“ VPN-Zugriff hat
- Stellen Sie diese Richtlinie an erster Stelle
- Testen Sie den VPN-Zugriff vom Client aus
- Erstellen Sie für alle virtuellen Maschinen einen Prüfpunkt mit Namen „Tag31“

32 Tag 32: Always On VPN

Always On VPN ist eine Technologie, bei der die Benutzer remote eine Verbindung zum internen Netzwerk aufbauen können, ohne VPN zu benutzen.

Always On VPN initiiert automatisch eine Verbindung zum Netzwerk, wenn der Benutzer Zugang zum Internet hat. Die Verbindung wird beim Anmelden des Benutzers erstellt.

Always On VPN ist eine Weiterentwicklung von „Direct Access", das in früheren Serverversionen angeboten wurde.

Es bietet aber zusätzlich zur Funktionalität von „Direct Access" auch das Umsetzen von Richtlinien auf den Remote-Rechnern.

Im Prinzip ist „Always ON VPN" eine permanent verfügbare VPN-Verbindung vom Client zum Firmennetzwerk, die mithilfe von Zertifikaten stark abgesichert wird.

Bei korrekter Einrichtung baut der Client automatisch immer, wenn er eine Internetverbindung hat, eine verschlüsselte Verbindung auf, über die er so arbeiten kann, als ob er im internen Firmennetzwerk wäre.

Always ON VPN ist also eine automatische Anbindung der Clients ans Netzwerk.

Das ist sehr praktisch, weil der Benutzer nicht erst aktiv werden und eine Verbindung manuell einrichten muss.

Allerdings dürfen Sie dabei auch nicht die Sicherheitsprobleme vergessen, denn der Client ist für Angreifer dadurch eine potentielle Eintrittspforte ins interne Netzwerk, da er permanent angebunden ist.

ACHTUNG!

Achten Sie darauf, dass Always On VPN Clients immer gut geschützt sind, beispielsweise mit automatischer Sperre, wenn der Benutzer sich vom Rechner entfernt!

Aber es ist unbestritten, dass Always On VPN eine sehr gute Technologie ist, externen Mitarbeitern einfachen Zugriff auf das Firmennetzwerk zu geben.

Die Voraussetzungen für Always On VPN sind relativ hoch, was den Sicherheitsanforderungen geschuldet ist:

- IPv6
- Active Directory
- VPN-Server
- Radius Server
- Zertifizierungsstelle

Die meisten dieser Voraussetzungen haben wir bereits besprochen, aber was ist Radius?

Lassen Sie uns dieses Thema zuerst betrachten.

32.1 RADIUS (Remote Authentication Dial-In User Service)

In vielen Firmen ist die Authentifizierung ein Problem. Nehmen wir einmal an, dass die Firma viele Mitarbeiter hat, die sich über VPN oder DFÜ ins Firmennetz einwählen.

Dadurch ist der RAS-Server stark belastet und bedarf ständiger Administration.

Aus diesem Grund lagern die Firmen immer häufiger den Remotezugriff zum Internetdienstanbieter aus.

Der ISP stellt in diesem Fall einen RADIUS-Server zur Verfügung, der die Authentifizierung des Remotebenutzers verarbeitet. Gegebenenfalls fragt der RADIUS-Server den Domänencontroller nach den entsprechenden Informationen.

Jedoch kann nicht jeder Client sich mit dem RADIUS-Server verbinden. Eine Verbindung kann nur von einem RADIUS-Client aufgebaut werden.

Ein Radius-Client ist ein RAS- oder DFÜ-Server, auf dem die Daten des RADIUS-Servers hinterlegt sind. Der Radius-Client ist die Stelle, mit der sich die Clients verbinden.

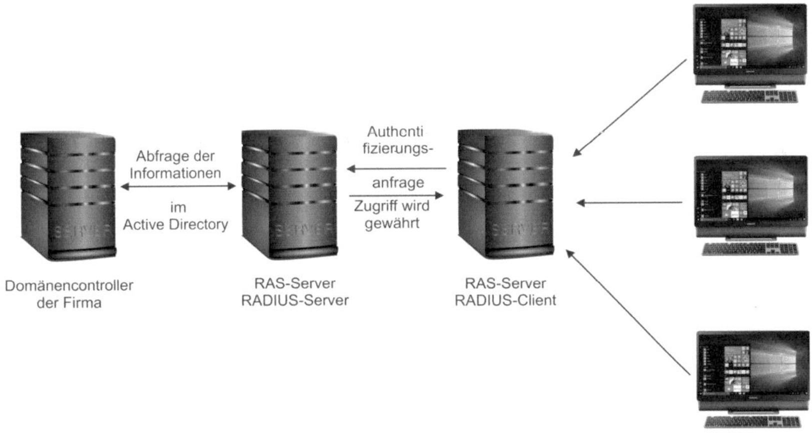

Abbildung 32.1: Das Zugriffsprinzip von RADIUS

Der systematische Ablauf einer Authentifizierung mit RADIUS ist folgendermaßen:

- Client wählt sich an einem RAS-Server ein
- Dieser RAS-Server fungiert als RADIUS-Client, der Zugriff auf RADIUS-Server nehmen darf
- RADIUS-Client kontaktiert RADIUS-Server und möchte eine Authentifizierung. Der RADIUS-Server muss nicht in jedem Fall zwei Netzwerkkarten haben!
- RADIUS-Server überprüft die Authentifizierungsdaten und befragt gegebenenfalls eine übergeordnete Datenbank (Active Directory)
- RADIUS-Server kontrolliert RAS-Richtlinien, und bei einem genehmigten Zugriff wird diese Meldung an den RADIUS -Client weitergegeben

Die Funktion „RADIUS“ wird durch die Rolle „Netzwerkrichtlinien- und Zugriffsdienste“ verwaltet, in Form einer Konsole mit Namen „Netzwerkrichtlinienserver“.

Einen Teil davon haben wir schon kennengelernt, dieser Richtlinienserver verwaltet auch die VPN-Richtlinien, kann aber noch deutlich mehr.

32.1.1 Netzwerkrichtlinienserver installieren

Um das Prinzip der RADIUS-Authentifizierung nachzustellen, installieren wir auf dem Server „Server3“ den Netzwerkrichtlinienserver, und konfigurieren ihn dann zum RADIUS-Server.

„Server2“, der die Rolle „Routing und RAS“ installiert und konfiguriert hat, ist in diesem Fall der RADIUS-Client.

Die Installation erfolgt wieder im Server-Manager, es wird die Rolle „Netzwerkrichtlinien- und Zugriffsdienste“ installiert.

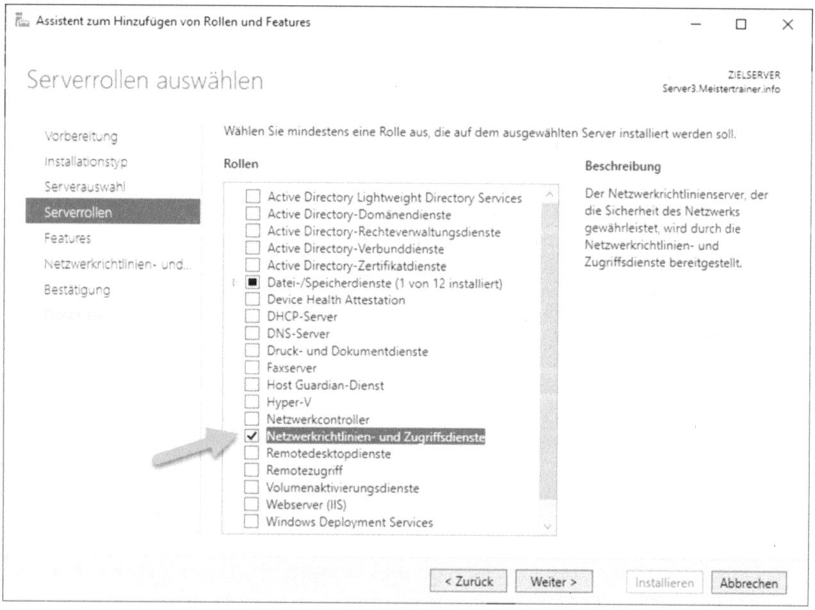

Abbildung 32.2: Netzwerkrichtlinien- und Zugriffsdienste

Beachten Sie, dass der IIS in einer Grundkonfiguration mit installiert wird!

32.1.2 Einrichten des Netzwerkrichtlinienservers (RADIUS-Server)

Nachdem Sie die Rolle installiert haben, können Sie den RADIUS-Server konfigurieren.

Dafür öffnen Sie den „Netzwerkrichtlinienserver".

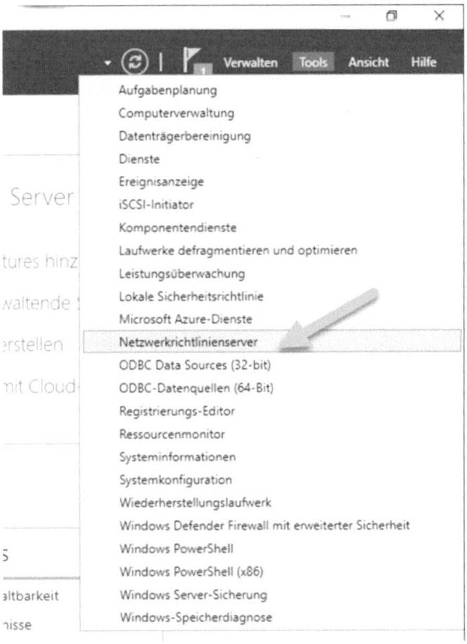

Abbildung 32.3: Netzwerkrichtlinienserver

Sie sehen, auch hier können Sie „Netzwerkrichtlinien" einrichten, es ist also ähnlich dem VPN-Server.

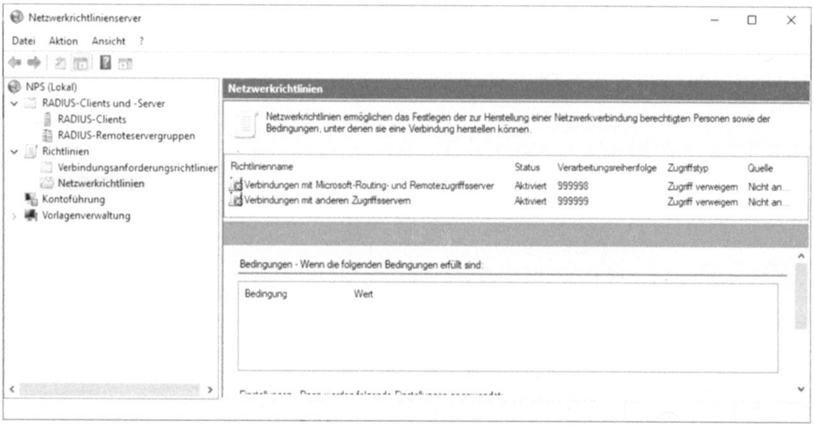

Abbildung 32.4: Netzwerkrichtlinien

Allerdings müssen wir den NPS-Server zunächst als RADIUS-Server konfigurieren.

Dies machen wir, indem wir wählen „RADIUS-Clients - Neu“.

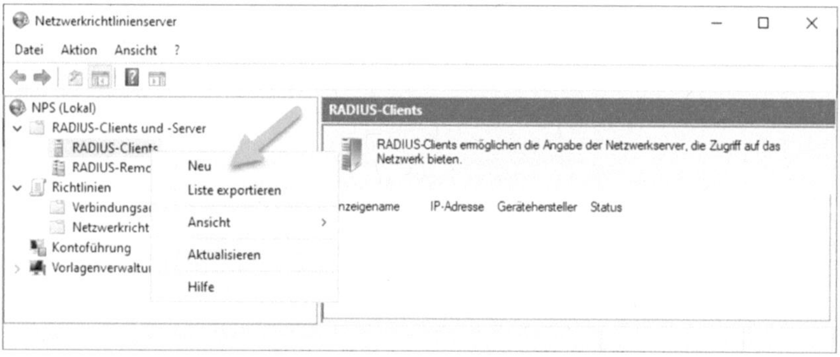

Abbildung 32.5: RADIUS-Clients

Hier tragen Sie „Server2“ als RADIUS-Client ein.

Abbildung 32.6: „Server2" wird RADIUS Client

Sollten Sie eine Vorlage konfiguriert haben (siehe später), können Sie diese hier auch verwenden.

Geben Sie den Namen und die IP-Adresse des RADIUS-Clients an.

Wichtig ist, dass sowohl RADIUS-Server als auch RADIUS-Client einen gemeinsamen geheimen Schlüssel besitzen, damit sie sich gegeneinander authentifizieren können.

Diesen Schüssel können Sie entweder manuell festlegen oder von einer Vorlage benutzen.

Damit ist die serverseitige Konfiguration erstellt.

32.1.3 Einrichten des RAS-Servers (RADIUS-Client)

Natürlich muss auch der VPN-Server zum RADIUS-Client konfiguriert werden.

Dazu wechseln Sie zum VPN-Server und öffnen die Konsole „Routing und RAS".

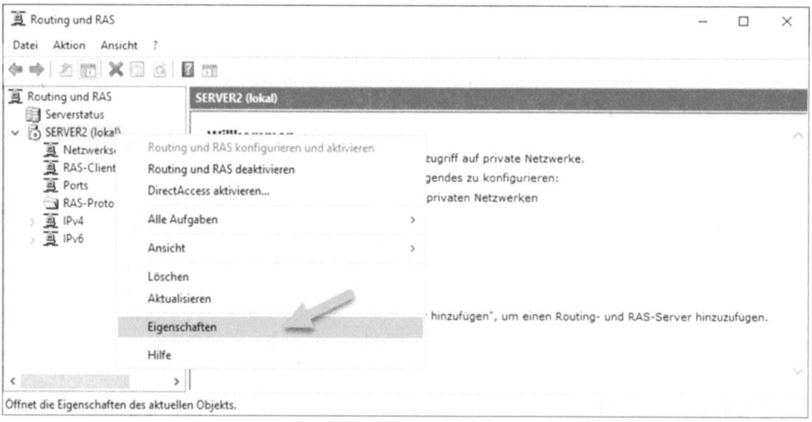

Abbildung 32.7: Routing und RAS

Hier klicken Sie mit der rechten Maustaste auf den Server und wählen die Eigenschaften aus.

Nun können Sie den Authentifizierungsanbieter zu „RADIUS-Authentifizierung" ändern.

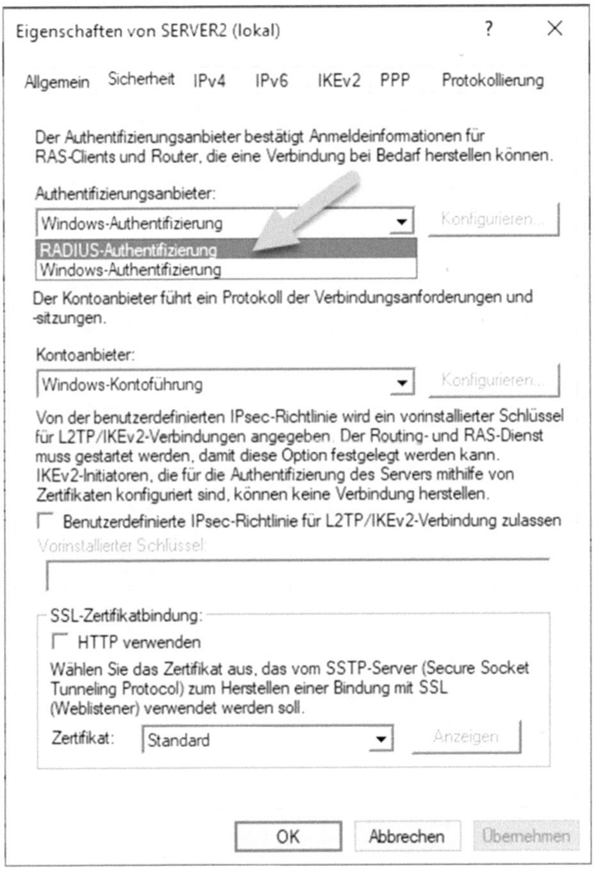

Abbildung 32.8: RADIUS-Authentifizierung

Klicken Sie nun auf „Konfigurieren…“.

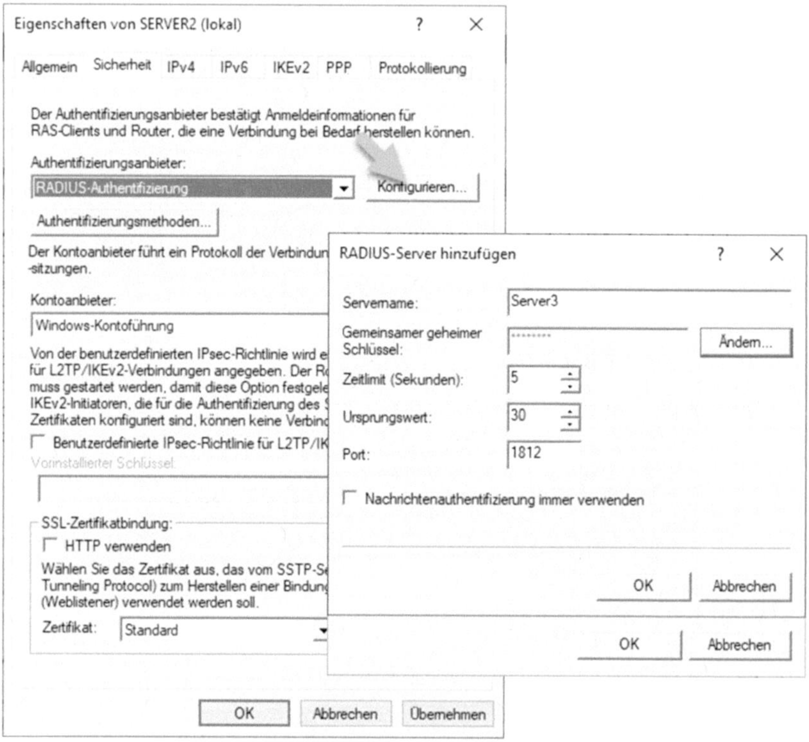

Abbildung 32.9: Konfigurieren

Hier tragen Sie nun den NPS-Server ein.

Export der Konfiguration

Damit sind die beiden Server als RADIUS-Server und RADIUS-Client eingerichtet.

Sollten Sie mehrere NPS-Server im Unternehmen bereitstellen wollen, gibt es die praktische Möglichkeit, die Informationen zu exportieren und auf einem weiteren NPS-Server wieder zu importieren.

Zum Export klicken Sie auf „NPS (lokal)“ und wählen dann „Konfiguration exportieren“.

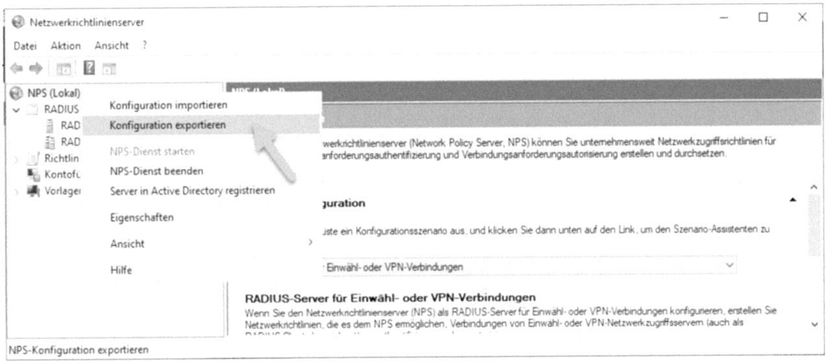

Abbildung 32.10: Konfiguration exportieren

ACHTUNG!

Sie können alle Informationen exportieren außer den SQL-Protokollierungseinstellungen!

Diese Einstellungen müssen Sie später wieder manuell vornehmen!

32.1.4 NPS-Vorlagen

Wie zuvor schon erwähnt, gibt es die Möglichkeit, Vorlagen für das Einrichten von NPS zu erstellen.

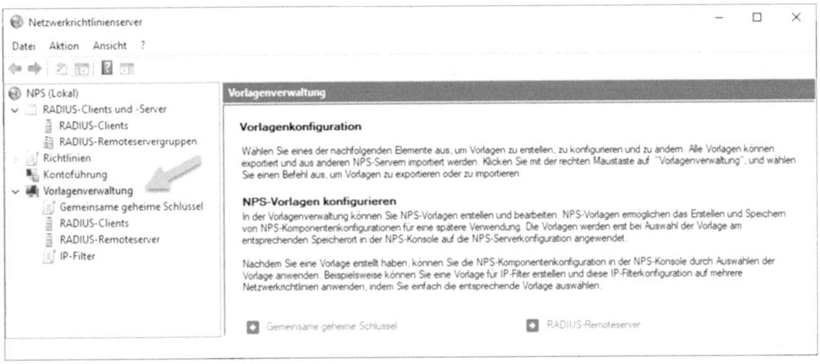

Abbildung 32.11: Vorlagen

Diese Möglichkeit finden Sie im unteren Teil der Konsole.

32.1.5 NPS Richtlinien

Betrachten wir die verschiedenen Richtlinien, die in NPS zu konfigurieren sind.

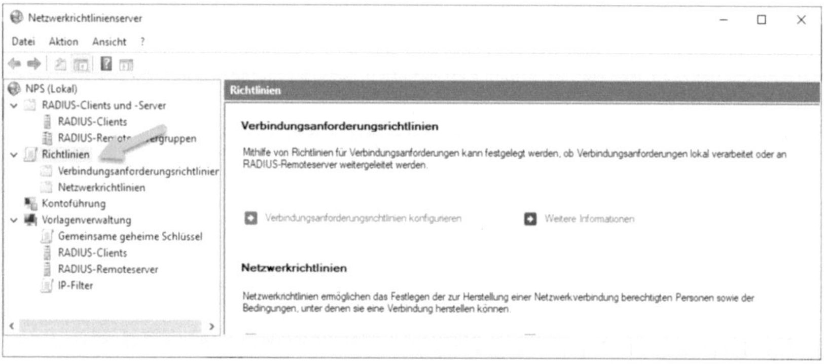

Abbildung 32.12: NPS-Richtlinien

- Verbindungsanforderungsrichtlinien
- Netzwerkrichtlinien

Die Netzwerkrichtlinien haben wir ja bereits beim VPN-Zugang besprochen, sie dienen der Zugangssteuerung, wenn der Zugriff aufs Netzwerk gewährt werden soll.

Verbindungsanforderungsrichtlinien

Verbindungsanforderungsrichtlinien beinhalten Bedingungen und Einstellungen, mit denen die RADIUS-Server definiert werden, mit denen die Authentifizierung und Autorisierung von Verbindungsanforderungen überprüft werden.

Für jede Verbindungsanforderungsrichtlinie kann festgelegt werden, welche RADIUS-Server für die RADIUS-Kontoführung verwendet werden.

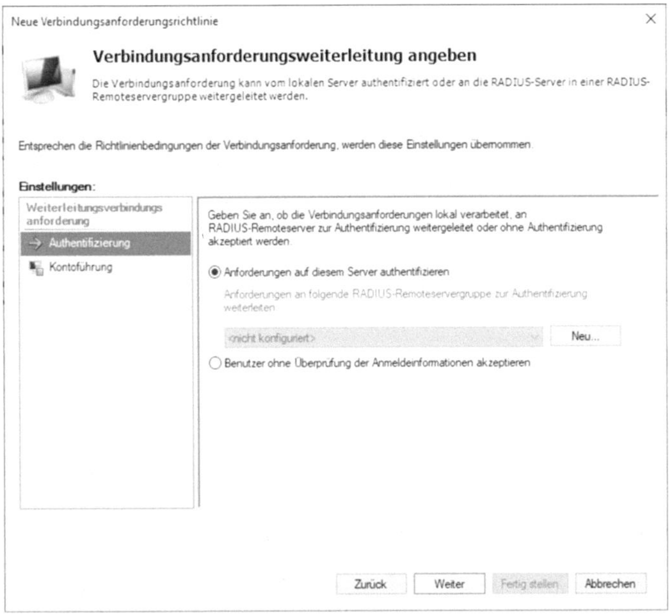

Abbildung 32.13: Verbindungsanforderungsrichtlinien

So können mit Verbindungsanforderungsrichtlinien auch verschiedene RADIUS-Server festgelegt werden, die für verschiedene Anfragen benutzt werden sollen.

32.1.6 PowerShell Cmdlets

Das ganze Themengebiet Remotezugriff kann natürlich auch mit PowerShell Cmdlets konfiguriert werden. In Folge stellen wir Ihnen die wichtigsten Cmdlets dar.

Cmdlet	**Beschreibung**
Get-RemoteAccessConfiguration	Zeigt die RAS-Konfiguration
Get-RemoteAccessIpFilter	Zeigt die IP-Filter einer Schnittstelle
Get-RemoteAccessRadius	Zeigt die RADIUS Server
Get-VpnAuthProtocol	Zeigt die Eigenschaften des Authentifizierungsprotokolls

Get-VpnServerConfiguration	Zeigt die VPN-Server Konfiguration
Install-RemoteAccess	Installiert die Rolle „Routing und RAS“
Remove-BgpCustomRoute	Entfernt eine Route
Remove-BgpRoutingPolicy	Entfernt eine Routing Richtlinie
Set-RemoteAccessIpFilter	Konfiguriert IP-Filter
Set-RemoteAccessRadius	Konfiguriert einen RADIUS Server
Set-VpnAuthType	Konfiguriert ein VPN-Protokoll
Start-BgpPeer	Startet Routing und RAS
Stop-BgpPeer	Stoppt Routing und RAS

Übung 32.1

- Richten Sie „Server3“ als RADIUS-Server ein
- Richten Sie „Server2“ als RADIUS-Client ein

32.2 Always on VPN einrichten

So, nun kennen wir alle Voraussetzungen für einen Always On VPN Zugang.

Nochmal zur Wiederholung:

- IPv6
- Active Directory
- VPN-Server
- Radius Server
- Zertifizierungsstelle

In unserer Übungsumgebung haben wir nun alles, lediglich die Zertifizierungsstelle muss noch installiert werden.

Hierfür installiere ich auf Server1 eine Unternehmens-CA.

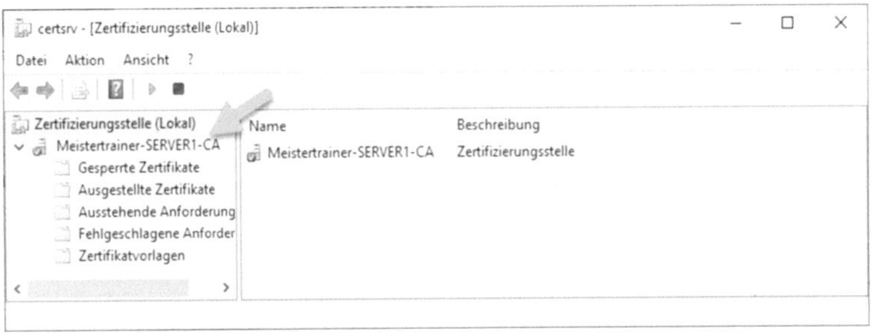

Abbildung 32.14: CA auf „Server1"

32.2.1 Einrichten der Komponenten

Wenn alle benötigten Komponenten vorhanden sind, kann Always On VPN eingerichtet werden.

An dieser Stelle werden wir nur die wichtigsten Schritte besprechen.

Generell sollten alle Rechtezuweisungen über Sicherheitsgruppen im Active Directory vorgenommen werden, also sollten Sie sich im Vorfeld Gedanken über diese Gruppen machen.

Einrichten der Zertifikate

Always On VPN basiert auf Zertifikaten.

Sie müssen folgende Vorlagen für neue Zertifikate erstellen:

Vorlage für die VPN Benutzerauthentifizierung

Dafür duplizieren Sie die Zertifikatvorlage „Benutzer", geben ihr einen aussagekräftigen Namen und nehmen einige Einstellungen vor, unter anderem

- Kompatibilitätseinstellungen Server2012/Windows 8.1
- Keine Veröffentlichung im Active Directory
- Kein Export des privaten Schlüssels
- Festlegen einer Microsoft Verschlüsselung
- Definition, dass nur die gewünschten Always On VPN Benutzer diese Zertifikate automatisch registrieren können

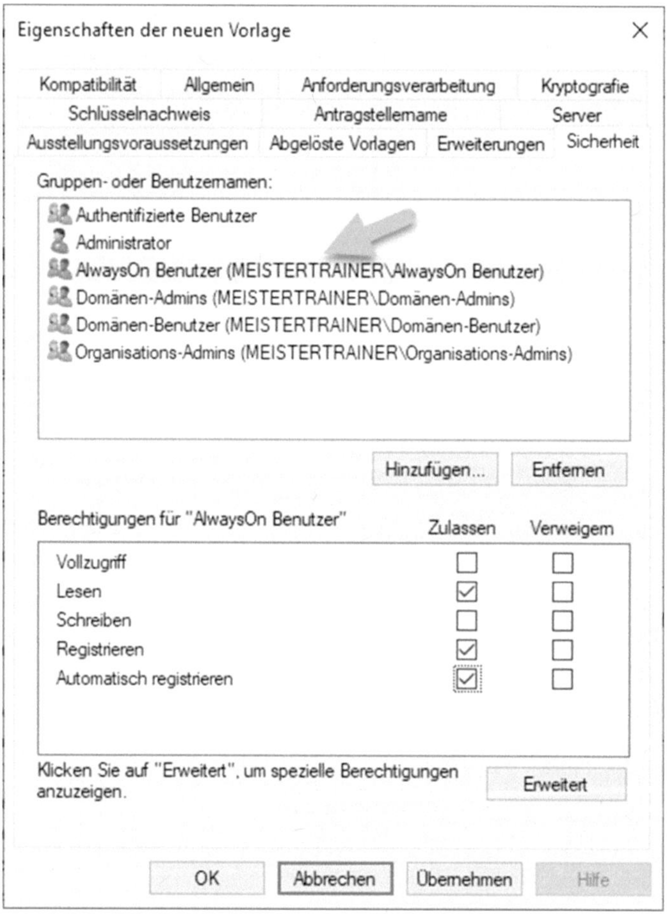

Abbildung 32.15: Benutzervorlage

Vorlage für die Computerauthentifizierung

Diese Vorlage ist für die Computer, die später per Always On auf das Netzwerk zugreifen sollen.

Hier duplizieren Sie die Vorlage „Arbeitsstationsauthentifizierung“ und konfigurieren auch sie für Autoenrollment.

Auch die Server müssen über Zertifikate gesichert werden, deswegen werden zwei weitere Vorlagen auf Basis von „RAS- und IAS-Server" erstellt:

- Vorlage für die VPN Serverauthentifizierung
- Vorlage für die NPS Serverauthentifizierung

Auch bei diesen Vorlagen müssen einige Konfigurationsschritte vorgenommen werden.

Registrieren der Vorlagen

Danach müssen alle neu erstellten Vorlagen registriert werden.

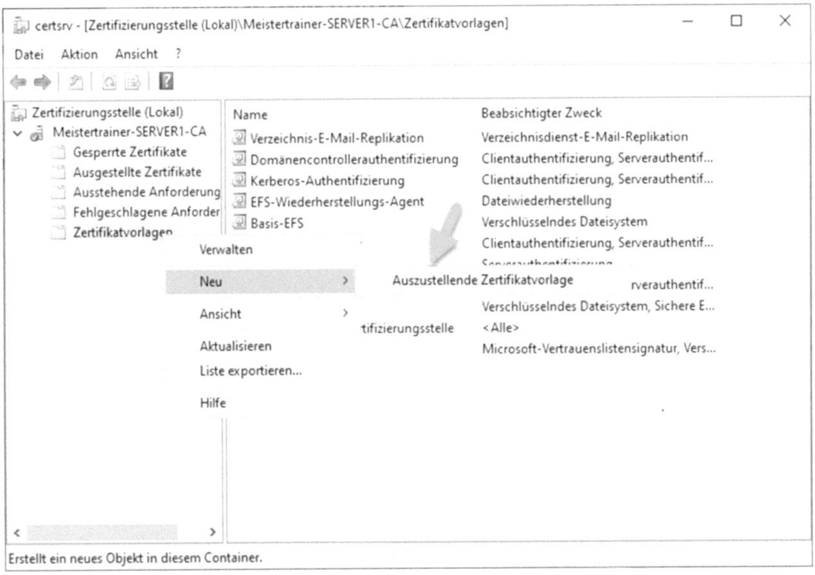

Abbildung 32.16: Registrieren der Vorlagen

Automatische Zuweisung der Benutzer- und Computerzertifikate

Für die zukünftigen Benutzer und deren Computer macht natürlich eine automatische Zuweisung der relevanten Zertifikate Sinn.

Dafür erstellen Sie eine Gruppenrichtlinie und konfigurieren dort die automatische Registrierung.

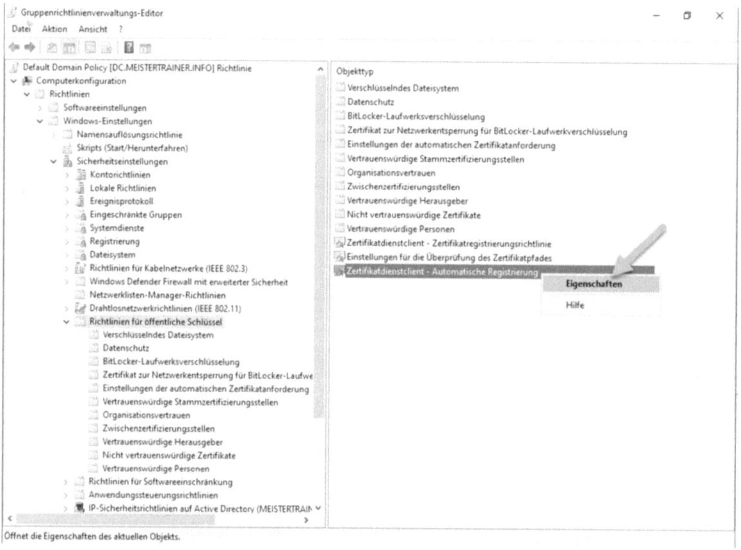

Abbildung 32.17: Automatische Registrierung

Installation der Serverzertifikate auf dem VPN-Server und dem NPS-Server

Im nächsten Schritt müssen die Zertifikate für diese beiden Server auf den jeweiligen Maschinen installiert werden.

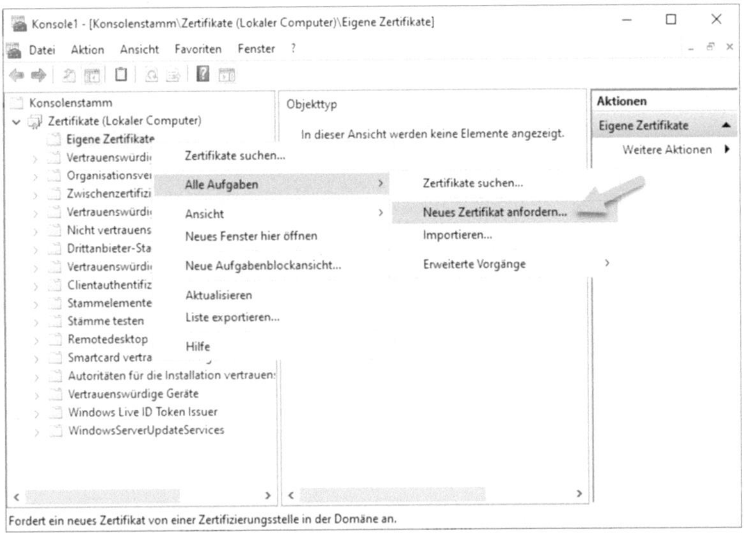

Abbildung 32.18: Zertifikat anfordern

Zertifikat für SSTP anfordern

Für eine spätere Kommunikation über SSTP sollten Sie auch noch ein dementsprechendes Zertifikat von einer öffentlichen Zertifizierungsstelle anfordern und installieren.

VPN Server und NPS-Server für Radius konfigurieren

Diese Schritte haben wir bereits vorgenommen, der VPN-Server ist der Radius-Client und der NPS-Server ist der Radius-Server.

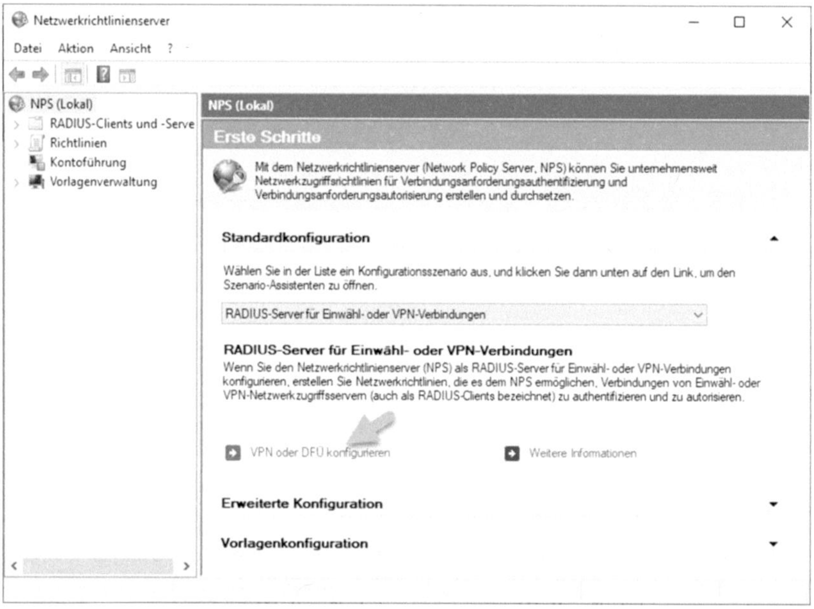

Abbildung 32.19: NPS-Server konfigurieren

Einrichten der Verbindung auf dem Client

Nun muss nur noch der Client für eine Benutzung dieser Verbindung konfiguriert werden.

Dafür wird eine VPN-Verbindung eingerichtet und für die zuvor festgelegte Sicherheit konfiguriert.

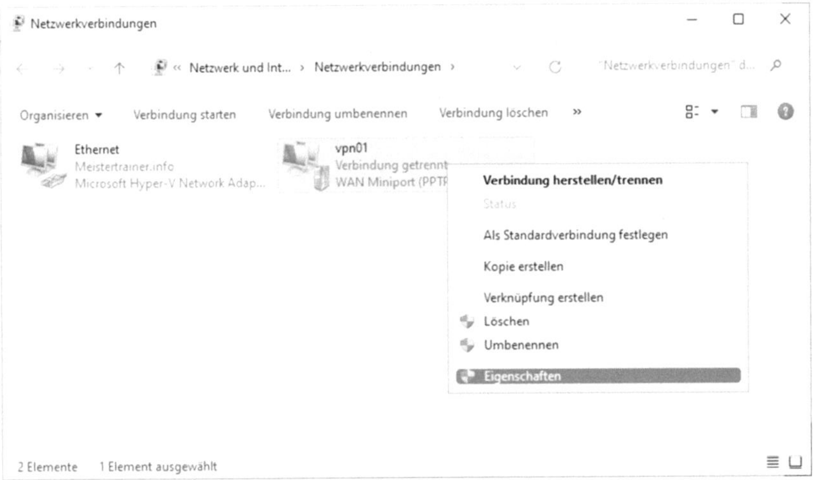

Abbildung 32.20: VPN auf dem Client

Sie sehen, die Einrichtung ist überaus komplex und nicht schnell mal zu machen.

Sie benötigen eine geeignete Infrastruktur und Kenntnisse über eine ganze Reihe an Technologien.

Das theoretische Wissen dafür haben Sie bereits!

Eine sehr gute und komplette Anleitung für das Einrichten einer produktiven Always On VPN Umgebung finden Sie hier:

https://docs.microsoft.com/de-de/windows-server/remote/remote-access/vpn/always-on-vpn/deploy/always-on-vpn-deploy

Übung 32.2

- Sie möchten Always On VPN einrichten, dafür installieren Sie eine Unternehmens-CA auf „Server1“
- Erstellen Sie drei Sicherheitsgruppen:
    - AlwaysOn Benutzer
        - Mitglied: Karl Klammer
    - Always On NPS-Server
        - Mitglied: Server3
    - Always On VPN-Server
        - Mitglied: Server2
- Konfigurieren Sie die „Default Domain Policy“ für „Autoenrollment“
- Erstellen Sie (als Beispiel für alle zu erstellenden Vorlagen) eine Vorlage für die VPN-Benutzerauthentifizierung
        - Name: Always On Benutzerauthentifizierung
- Registrieren Sie diese Vorlage
- Setzen Sie die virtuellen Maschinen auf den Prüfpunkt „Basis“ zurück

ACHTUNG!

Dies ist keine komplette Konfiguration für Always ON VPN, eine komplette Konfiguration würde den Rahmen dieses Kurses sprengen!

33 Tag 33: Die Serverumgebung betriebsbereit halten

Überwachung und Wartung von Servern gehören zu den alltäglichen Administratortätigkeiten. Zum einen ist es wichtig, die Server ständig auf dem aktuellen Stand zu haben, zum anderen sollte man im Idealfall Probleme erkennen, bevor sie entstehen.

Microsoft liefert hierfür einige Tools.

33.1 Patchmanagement

Microsoft überarbeitet alle seine Programme häufig und stellt neue Updates zur Verfügung.

Microsoft hat aus diesem Grund das Windows Update eingeführt. Dabei verbindet sich der *Automatic Update Client* (AUC) (ggf. automatisiert) zu der Website Windows Update und stellt fest, ob dem System wichtige Sicherheitsupdates fehlen, um diese ggf. von dort zu beziehen und zu installieren.

Leider birgt die automatische Verbindung und das Herunterladen aller Updates auch Nachteile: Der Administrator kann nicht kontrollieren, welche Updates und Sicherheitspatches installiert werden.

Um diese Problematik zu umgehen, wurde WSUS (Windows Server Update Service) entwickelt. Wenn Sie WSUS benutzen, installieren Sie auf einem Server in Ihrem Unternehmen die WSUS Software. Dieser WSUS Server verbindet sich dann mit der Microsoft Windows Update Seite, und zieht sich alle verfügbaren Updates auf den WSUS Server.

Der Administrator kann nun die einzelnen Patches testen, und wenn sie gut funktionieren, kann er sie zur Installation freigeben.

Wenn dies der Fall ist, und die Clients sind korrekt konfiguriert, verbinden sich die Clients nicht direkt mit dem Windows Update Server, sondern mit dem internen WSUS Server. Von ihm bekommen sie ihre Updates, und so werden nur freigegebene Updates installiert.

33.1.1 Installation des WSUS-Servers

Windows Server 2022 verwaltet WSUS als Rolle, die Sie im Server-Manager installieren können.

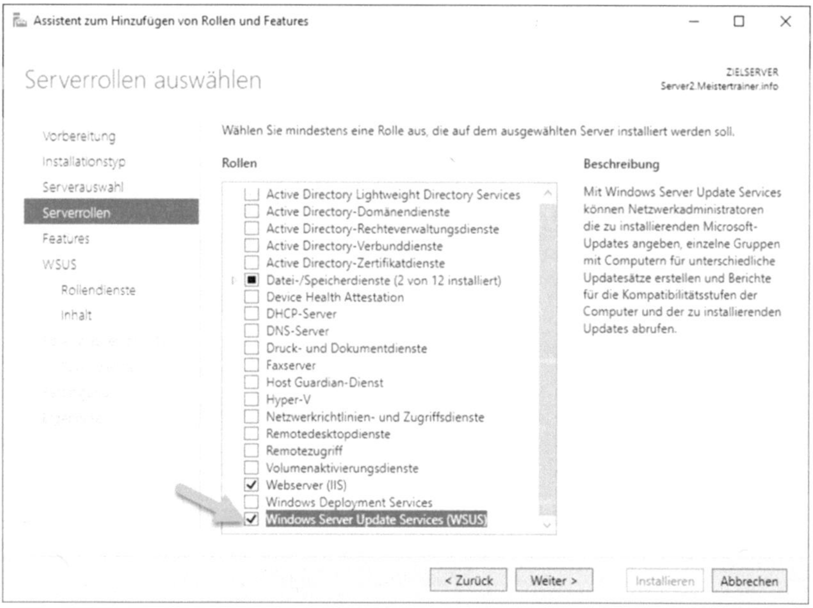

Abbildung 33.1: Installation

Bei Auswahl von WSUS werden automatisch diverse Features mitinstalliert.

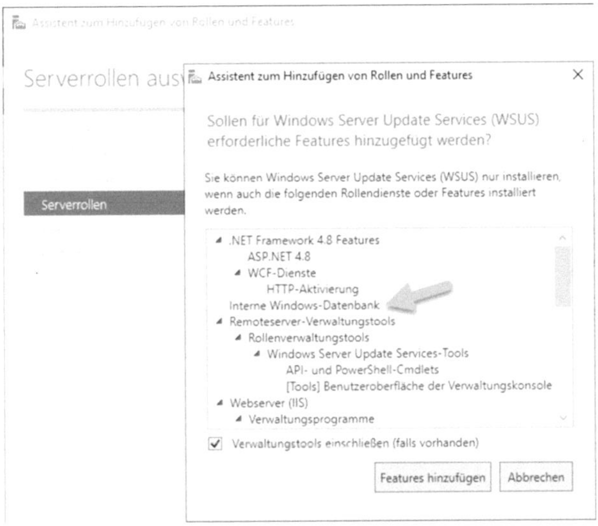

Abbildung 33.2: Features

Wichtig hierbei ist die „Interne Windows-Datenbank", denn die Daten müssen in einer Datenbank gespeichert werden.

Natürlich wäre auch ein SQL-Server möglich, der müsste aber vorher installiert und eingerichtet sein.

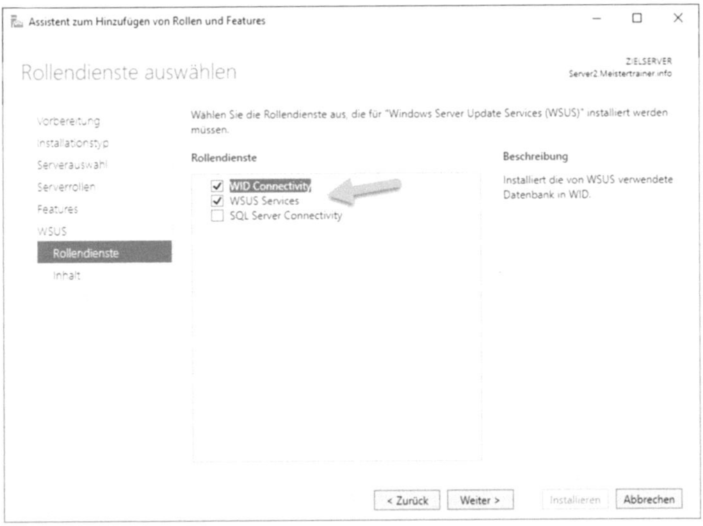

Abbildung 33.3: Rollendienste

Sie sehen auch bei den Rollendiensten, dass eine Datenbankverbindung vorhanden sein muss.

In unserem Fall ist es „WID Connectivity" also die Verbindung zur internen Windows Datenbank.

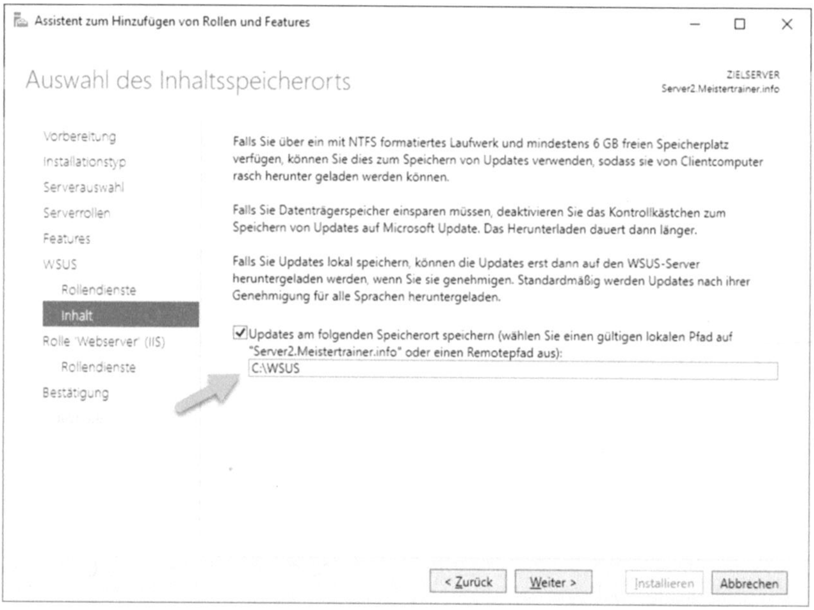

Abbildung 33.4: Speicherort

Zum Schluss muss noch ein Speicherort für die Updates gewählt werden. Hier sollte genügend Speicherplatz zur Verfügung stehen, da die Datenmenge sehr groß sein kann.

Dann wird die Rolle installiert.

Nach Beendigung der Installation muss noch eine „Nachinstallationsaufgabe" ausgeführt werden.

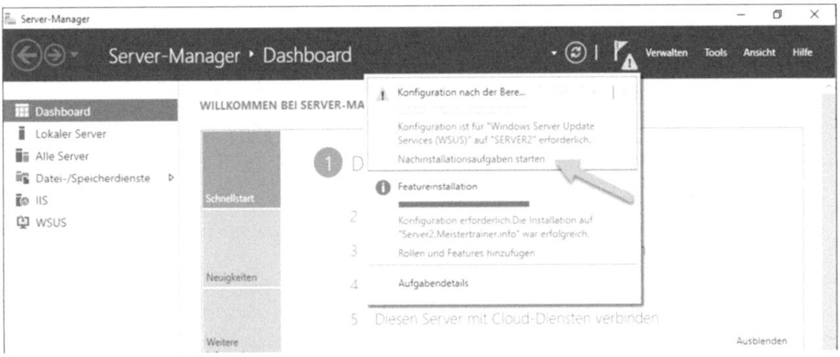

Abbildung 33.5: Nachinstallationsaufgabe

Hierbei wird die Datenbank eingerichtet.

33.1.2 Grundkonfiguration des WSUS Servers

Nach der Installation und dem Download der Updates können Sie die Verwaltungskonsole des WSUS Servers starten und die ersten Konfigurationsschritte machen.

Der Assistent für die Ersteinrichtung startet automatisch, nachdem Sie in den „Tools" „WSUS" auswählen.

Zunächst erhalten Sie allgemeine Hinweise zur Konfiguration des WSUS Servers. Dann können Sie sich entscheiden, ob Sie am Programm zur Verbesserung von Microsoft Update teilnehmen wollen.

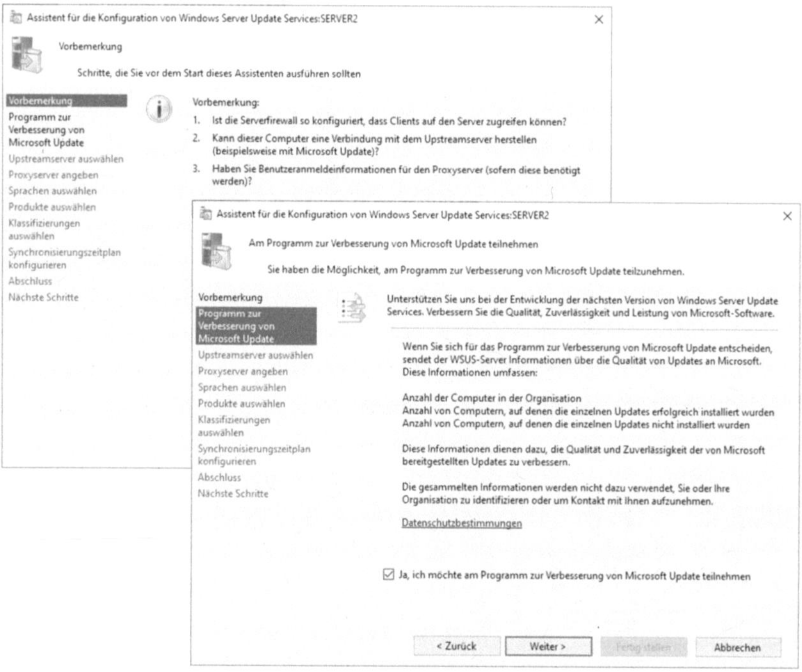

Abbildung 33.6: Assistent

Im nächsten Schritt treffen Sie schon eine wichtige Entscheidung, nämlich, ob der zu konfigurierende WSUS Server seine Updates direkt von Microsoft bezieht oder ob er sie von einem anderen WSUS Server erhalten soll.

Wenn Sie die Updates von einem anderen Windows Server Update Service-Server erhalten wollen, müssen Sie folgende Ports festlegen:

- 8530 für http
- 8531 für https

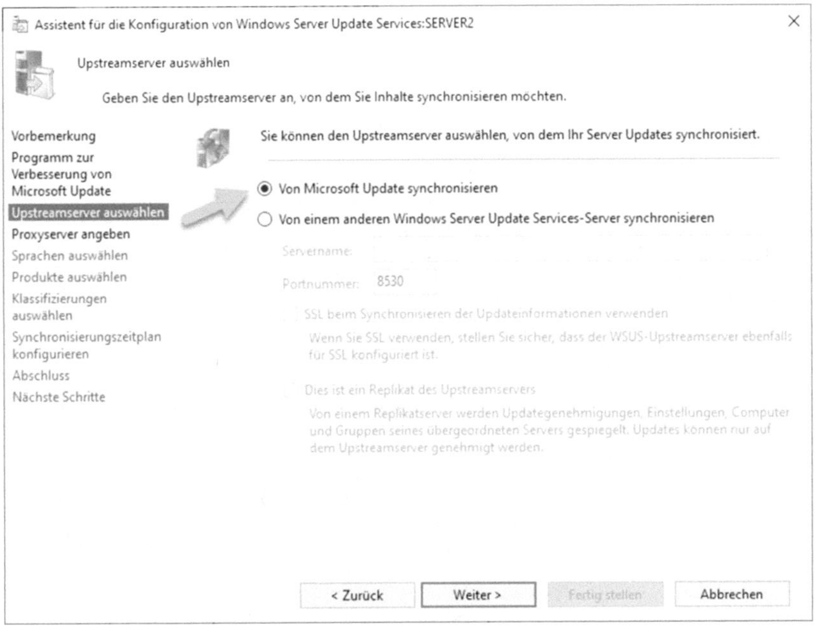

Abbildung 33.7: Updates erhalten

Diese Möglichkeit können Sie wählen, wenn Sie im Unternehmen mehrere WSUS Server betreiben.

Nun legen Sie einen Proxyserver fest, falls er benötigt wird.

Danach klicken Sie auf „Verbindung starten“ und aus dem Internet werden folgende Listen heruntergeladen:

- Arten verfügbarer Updates
- Produkte, die aktualisiert werden können
- Verfügbare Sprachen

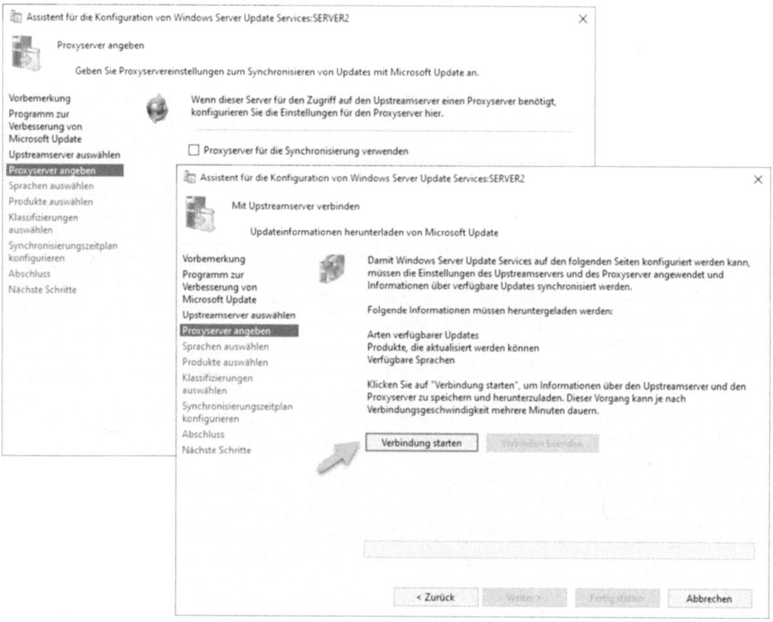

Abbildung 33.8: Erste Internetverbindung

Obwohl dies verhältnismäßig wenige Informationen sind, dauert der Download relativ lange.

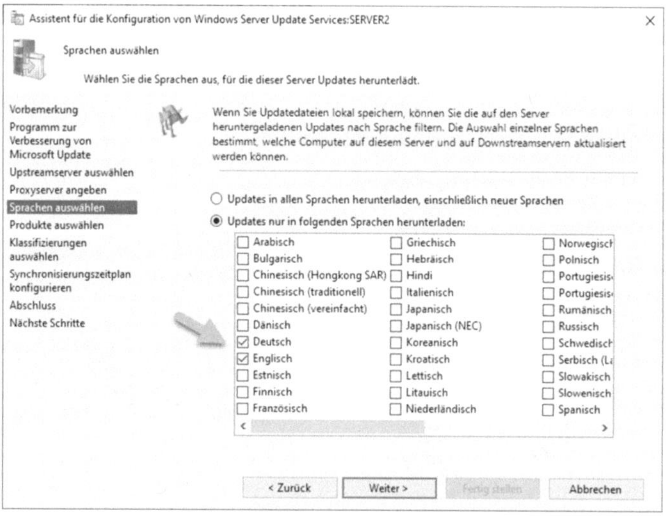

Abbildung 33.9: Sprachauswahl

Nun können Sie die Sprachen auswählen.

Wählen Sie nur die Sprachen, die Sie tatsächlich benötigen, um die Downloadzeit und –menge so gering wie möglich zu halten.

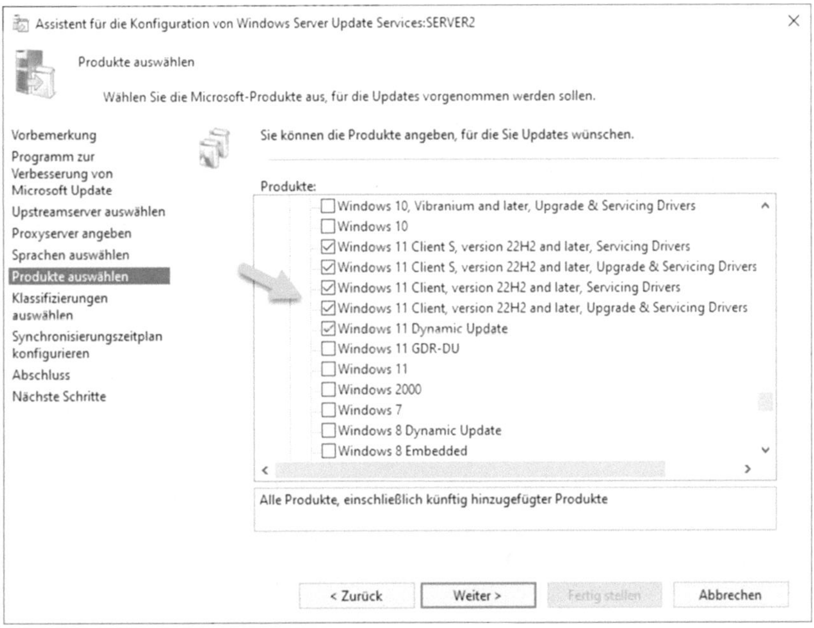

Abbildung 33.10: Produkte

Der nächste Schritt ist die Auswahl der Produkte, für die Sie Updates möchten.

Standardmäßig sind Windows Versionen ausgewählt! Passen Sie diese Auswahl auf jeden Fall an Ihre Bedürfnisse an.

Der nächste Schritt ist die Auswahl der Updateklassifizierung.

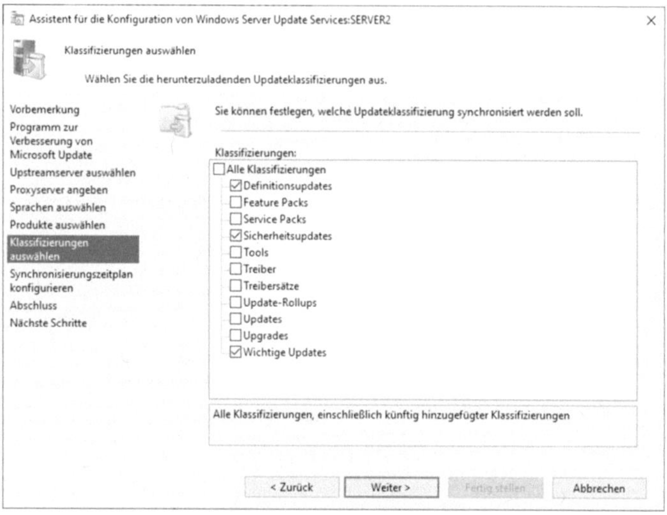

Abbildung 33.11: Updateklassifizierung

Der letzte Punkt ist der Synchronisationszeitplan.

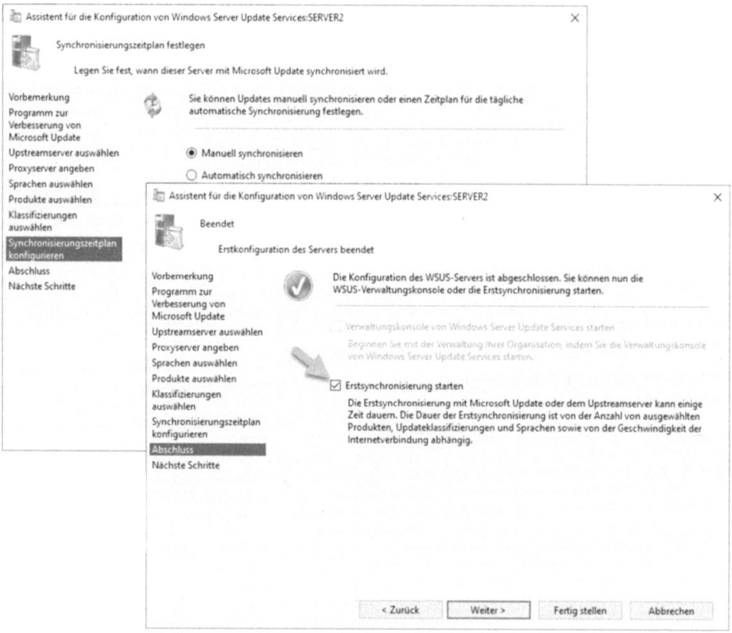

Abbildung 33.12: Zeitplan

Starten Sie auf jeden Fall die Erstsynchronisation.

Die Updates werden jetzt heruntergeladen.

Nach einer Weile sind die Updates verfügbar.

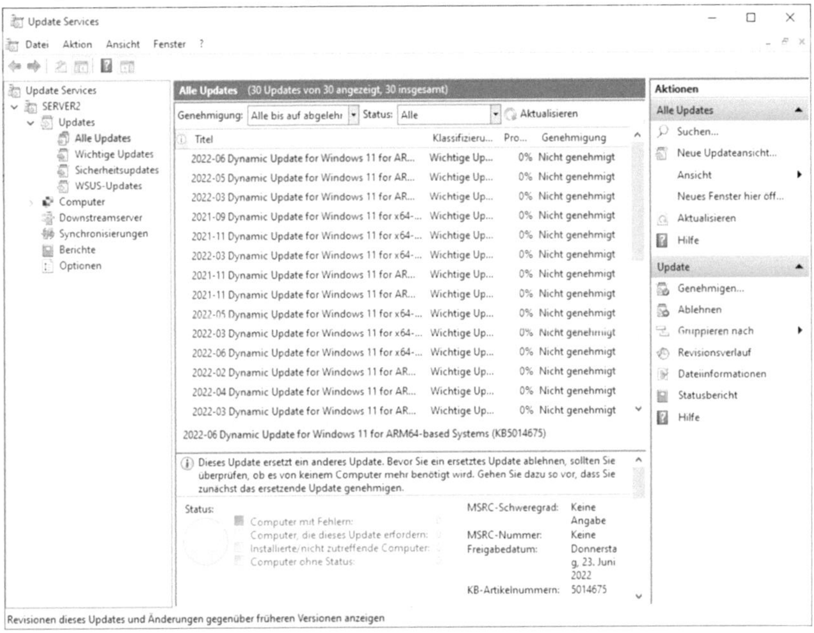

Abbildung 33.13: Updates

Übung 33.1.2

- Konfigurieren Sie „Server2“ zum WSUS Server
- Konfigurieren Sie für „Server2“ für das Laden der Updates einen Zugang zum Internet
- Es sollen nur Updates für Windows 11 geladen werden
- Nehmen Sie „Server2“ wieder ins private Netzwerk auf

33.1.3 Konfiguration der Clients

Die Clients müssen so konfiguriert werden, dass sie den WSUS Server als Updateserver erkennen.

Dies wird in einer Gruppenrichtlinie vorgenommen.

Die Vorgehensweise der Konfiguration ist immer gleich. Öffnen Sie die zu konfigurierende Gruppenrichtlinie und navigieren Sie an folgende Stelle:

- Computerkonfiguration
- Richtlinien
- Administrative Vorlagen
- Windows-Komponenten
- Windows Update

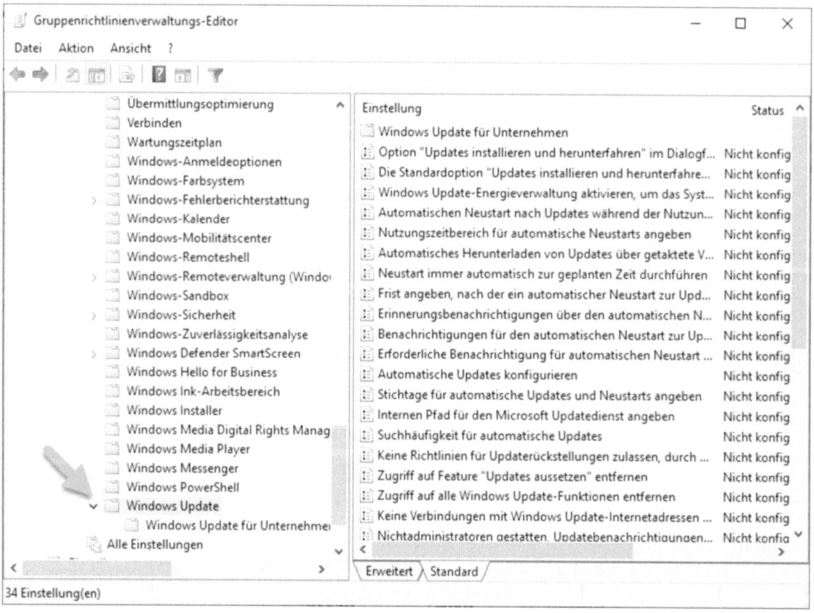

Abbildung 33.14: Gruppenrichtlinie

Hier haben Sie die Möglichkeit, das Verhalten für Updates für alle Computer festzulegen.

Automatische Updates konfigurieren

Diese Funktion müssen Sie aktivieren. Damit erhalten alle Clients das automatische Update zugewiesen.

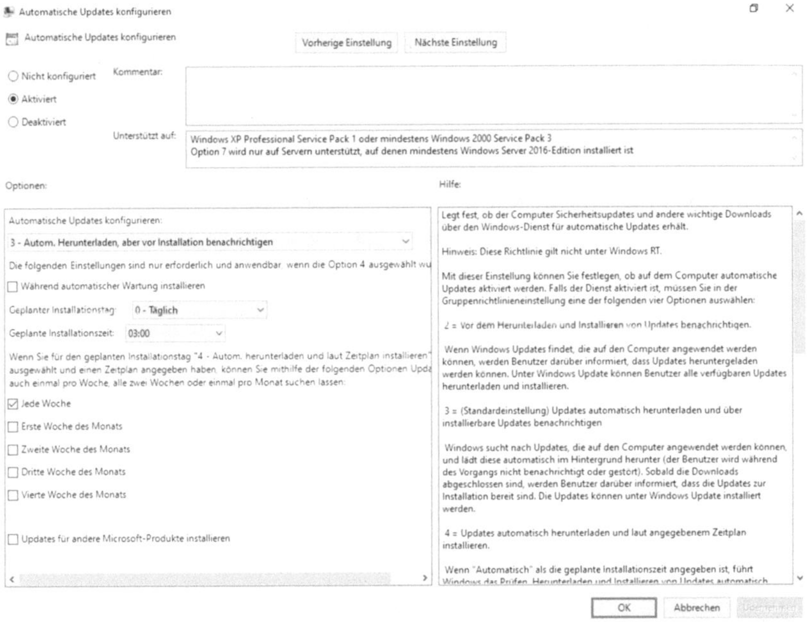

Abbildung 33.15: Automatische Updates

ACHTUNG!

Die Nummerierung beginnt mit „2“, nicht mit „1“!

Für die Konfiguration haben Sie drei Optionen zur Verfügung:

2: Vor Herunterladen und Installation benachrichtigen

Wenn Windows Updates vorhanden sind, wird in der Taskleiste ein Symbol angezeigt, dass Updates installiert werden können.

Durch Klicken auf das Symbol oder die Meldung können Sie Updates zum Downloaden auswählen. Die ausgewählten Updates werden im Hintergrund übertragen. Nach dem Download wird erneut ein Symbol im Statusbereich angezeigt, das Sie darüber informiert, dass die Updates installiert werden können.

3: Autom. Herunterladen, aber vor Installation benachrichtigen

Windows sucht nach anwendbaren Updates für den Computer und überträgt diese im Hintergrund automatisch (der Benutzer wird während dieses Vorgangs nicht benachrichtigt oder gestört). Nach Abschließen des Downloads wird ein Symbol im Statusbereich mit der Benachrichtigung angezeigt, dass diese Updates installationsbereit sind. Durch Klicken auf das Symbol oder die Meldung können Sie die Updates auswählen, die Sie installieren möchten.

4: Autom. Herunterladen und laut Zeitplan installieren

Legen Sie den Zeitplan mit den Optionen in der Gruppenrichtlinieneinstellung fest. Standardmäßig sind Installationen für 3 Uhr morgens geplant, falls kein Zeitplan angegeben wird. Falls für Updates ein Neustart erforderlich ist, startet Windows den Computer automatisch neu (Falls ein Benutzer am Computer angemeldet ist, wenn Windows neu gestartet werden soll, wird der Benutzer benachrichtigt und kann den Neustart verzögern).

Die Zeit, zu der die Updates installiert werden, kann von Ihnen angepasst werden, wenn Sie Option 4 gewählt haben.

5: Lokalen Administratoren ermöglichen, Einstellungen auszuwählen

Mit dieser Option wird es den lokalen Administratoren erlaubt, eine Konfiguration auszuwählen.

Internen Pfad für den Microsoft Updatedienst angeben

Dies ist eine sehr wichtige Einstellung, denn hier können Sie den Pfad festlegen, von dem aus die Clients die Updates empfangen.

Hier geben Sie die Standardwebsite des SUS Servers an, in unserem Fall ist die URL http://server2.meistertrainer.info. Eventuell muss noch ein Port angegeben werden.

Auch eine Seite für den Intranetserver für die Statistik muss angegeben werden.

Abbildung 33.16: Interner Pfad

Übung 33.1.3

- Konfigurieren Sie die „Default Domain Policy“ für WSUS
- Konfigurieren Sie, dass die Updates automatisch heruntergeladen und wöchentlich installiert werden
- Der interne Pfad ist http://Server2.Meistertrainer.info

33.1.4 WSUS Cmdlets

Natürlich kann WSUS auch komplett mit Cmdlets eingerichtet werden.

Hier ist ein Auszug der wichtigsten:

Cmdlet	**Bedeutung**
Add-WsusComputer	Fügt einen Clientcomputer zu einer Gruppe hinzu
Add-WsusDynamicCategory	Fügt dem WSUS Server eine dynamische Kategorie hinzu
Approve-WsusUpdate	Genehmigt ein Update
Deny-WsusUpdate	Verweigert ein Update
Get-WsusClassification	Zeigt eine Liste aller vorhandenen Klassifizierungen an
Get-WsusComputer	Zeigt das Computerobjekt an
Get-WsusDynamicCategory	Zeigt dynamische Kategorien an
Get-WsusProduct	Zeigt eine Liste aller verfügbaren Produkte an
Get-WsusServer	Zeigt den WSUS Server an
Get-WsusUpdate	Zeigt das WSUS Update Objekt an
Invoke-WsusServerCleanup	Ruft das Cleanup des WSUS Servers auf
Remove-WsusDynamicCategory	Entfernt eine dynamische Kategorie
Set-WsusClassification	Stellt die erlaubten Updates ein
Set-WsusDynamicCategory	Stellt den Synchronisationsstatus einer dynamischen Kategorie ein
Set-WsusProduct	Legt die Aktivierung der zu synchronisierenden Kategorie fest
Set-WsusServerSynchronization	Legt fest, ob der WSUS Server von einem Upstream Server oder von Microsoft synchronisiert

33.1.5 Windows Updates für Unternehmen

Windows Update für Unternehmen ist ein kostenloser Dienst, der für Windows pro, Enterprise, Pro für Workstation und Education verfügbar ist.

Windows Update für Unternehmen ist eine Art von Mittelweg zwischen dem einfachen Windows-Update und WSUS.

Einrichten mithilfe von Gruppenrichtlinien

Betrachten wir zunächst die Einrichtung mithilfe von Gruppenrichtlinien.

Die relevanten Einstellungen finden Sie an der gleichen Stelle:

- Computerkonfiguration
- Richtlinien (nur bei Domänenrichtlinie)
- Administrative Vorlagen
- Windows-Komponenten
- Windows Update
- Windows Update für Unternehmen

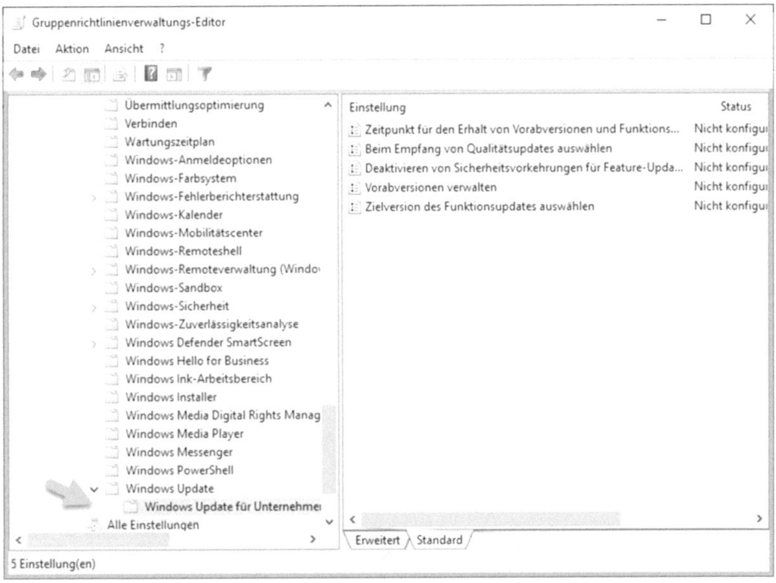

Abbildung 33.17: Windows Update für Unternehmen

Hier können Sie die gewünschten Einstellungen festlegen.

33.1.6 WSUS mit der Befehlszeile

Dem einen oder anderen ist vielleicht noch der Befehl „WUAUCLT.exe" bekannt, mit dem vor Windows 10 der Download der Updates verwaltet werden konnte.

Mit Windows 10 hat Microsoft diesen Befehl deaktiviert.

Der Nachfolger ist der Befehl

UsoClient.exe

Hier sind die wichtigsten Befehle:

Befehl	Bedeutung
usoclient StartScan	Suche nach Windows Updates
usoclient StartDownload	Initiiert den automatischen Download der ausstehenden Updates
usoclient StartInstall	Startet die Installation der Updates
usoclient RestartDevice	Neustart der Windows Clients

USO ist die Abkürzung für „Update Orchestrator Service".
Dies ist der Dienst zum Verwalten der Windows Updates.

Dieser Dienst muss also immer gestartet sein, falls die Windows Clients Updates empfangen sollen.

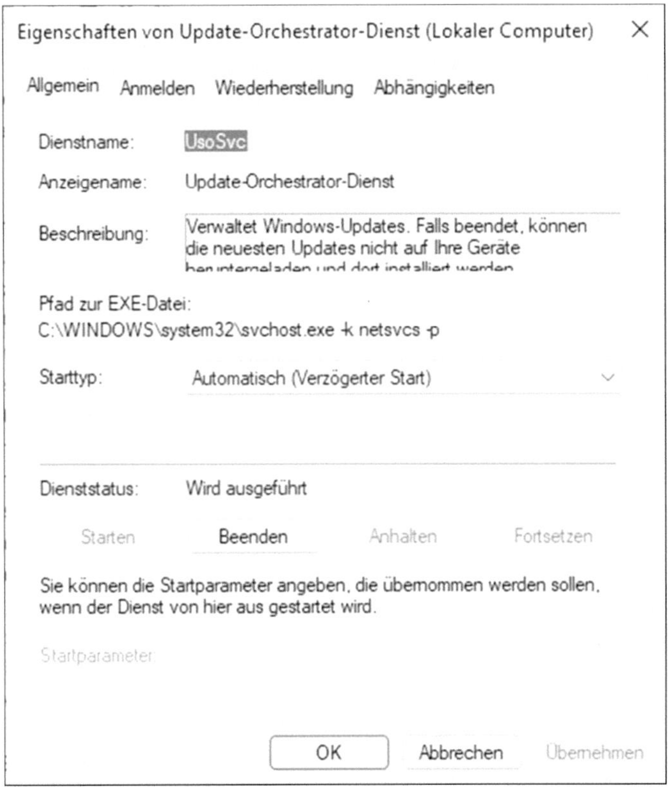

Abbildung 33.18: Uso-Dienst

Das heißt aber auch im Umkehrschluss, dass dieser Dienst deaktiviert werden sollte, falls der Client aus irgendeinem Grund keine Updates empfangen soll.

33.2 Server überwachen

Um einen Server zu kontrollieren, sollten Sie die Möglichkeiten kennen, die Leistungsdaten abzurufen.

33.2.1 Der Task-Manager

Die einfachste und auch bekannteste Überwachungsmöglichkeit ist der Task-Manager. Ihn können Sie aufrufen über

- STRG-ALT-ENTF
- Task-Manager starten

Zunächst einmal sehen Sie die Ansicht, in der die gestarteten Apps angezeigt werden, hier können Sie die Apps beenden, wenn sie nicht mehr reagieren.

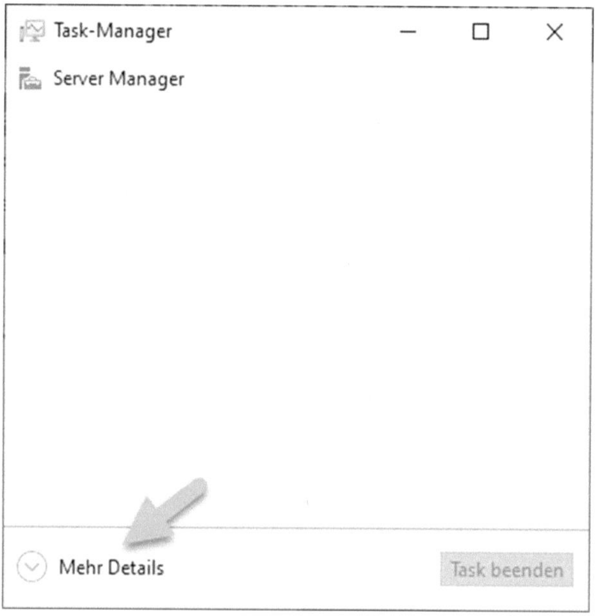

Abbildung 33.19: Task-Manager

Allerdings ist diese Ansicht nicht sehr aussagekräftig, all die anderen Informationen, die wir aus den älteren Systemen kennen, sind nicht sichtbar.

Deswegen sollten Sie auf „Mehr Details“ klicken.

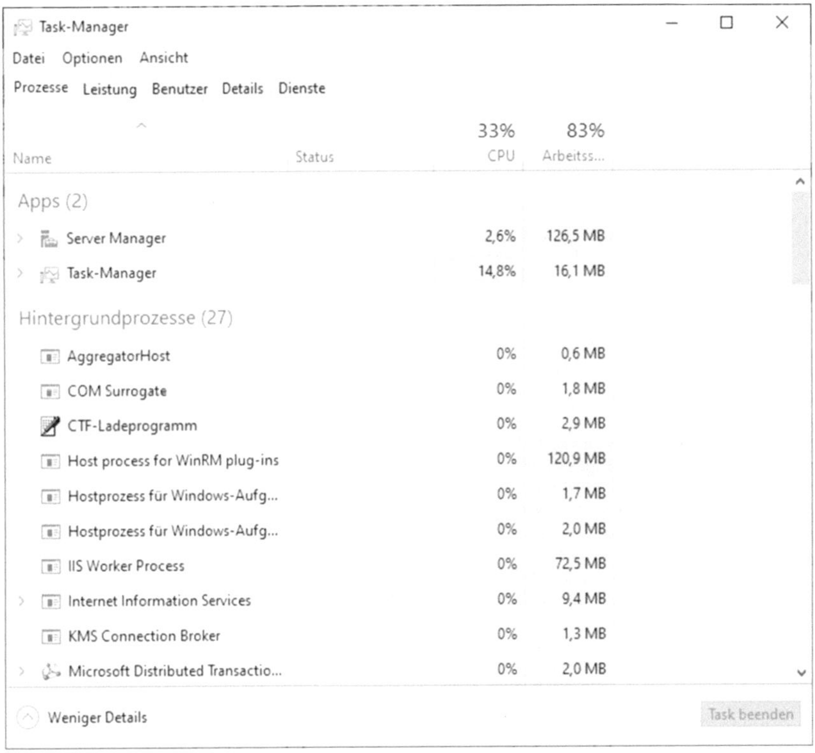

Abbildung 33.20: Prozesse

In der Registerkarte „Prozesse“ werden nicht nur die Apps, sondern auch die Hintergrund- und die Windowsprozesse angezeigt.

Dies kann von Bedeutung sein, wenn ein Systemprozess Probleme macht.

Die Registerkarte „Leistung“ gibt Auskunft über die Systemparameter.

Sie sehen grafisch dargestellt die Auslastung der CPU, des Arbeitsspeichers, der Datenträger und der Netzwerkkarte.

Wenn Sie zwei CPU im System haben, sehen Sie die gesamte CPU-Leistung und im einzelnen beide CPU aufgeführt. Wenn ein CPU wenig Last, der andere beinahe die ganze Last trägt, deutet das darauf hin, dass der zweite Prozessor von den Anwendungen nicht verwendet wird.

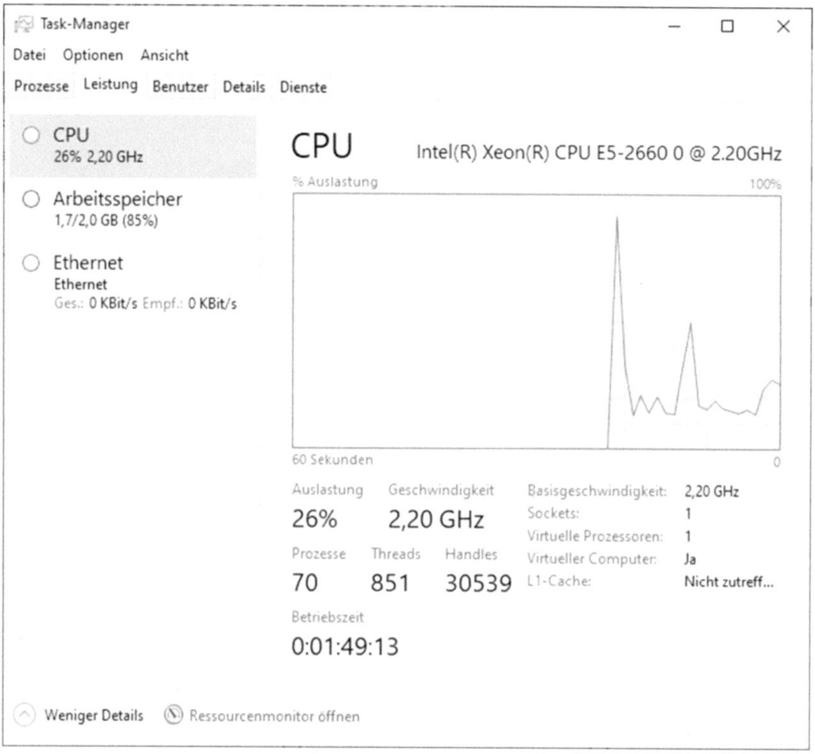

Abbildung 33.21: Leistung

In diesem Fall müssen Sie den entsprechenden Prozess in der Registerkarte „Prozesse“ gezielt auf den entsprechenden Prozessor legen (rechte Maustaste).

Auf der Registerkarte „Benutzer“ sehen Sie alle momentan angemeldeten Benutzer und können diese vom Netzwerk trennen.

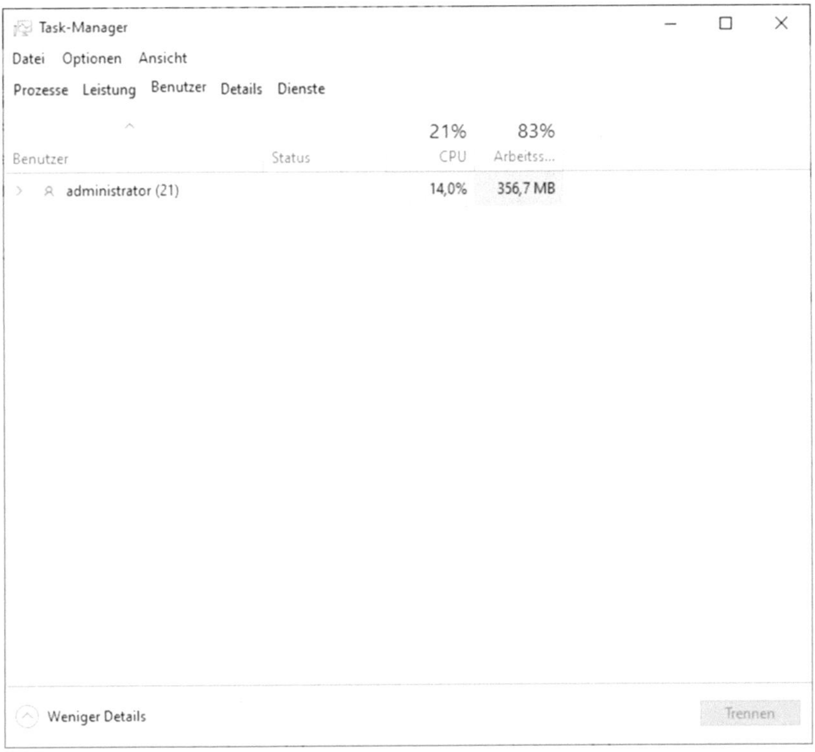

Abbildung 33.22: Benutzer

Die Registerkarte „Details“ gibt Ihnen detailliert Auskunft über alle Prozesse.

Wenn Sie mit der rechten Maustaste auf einen einzelnen Prozess klicken, können Sie die Prioritäten der Prozesse festlegen, mit der sie ausgeführt werden.

Normale Anwendungen werden meistens mit der Priorität „Normal“ ausgeführt.

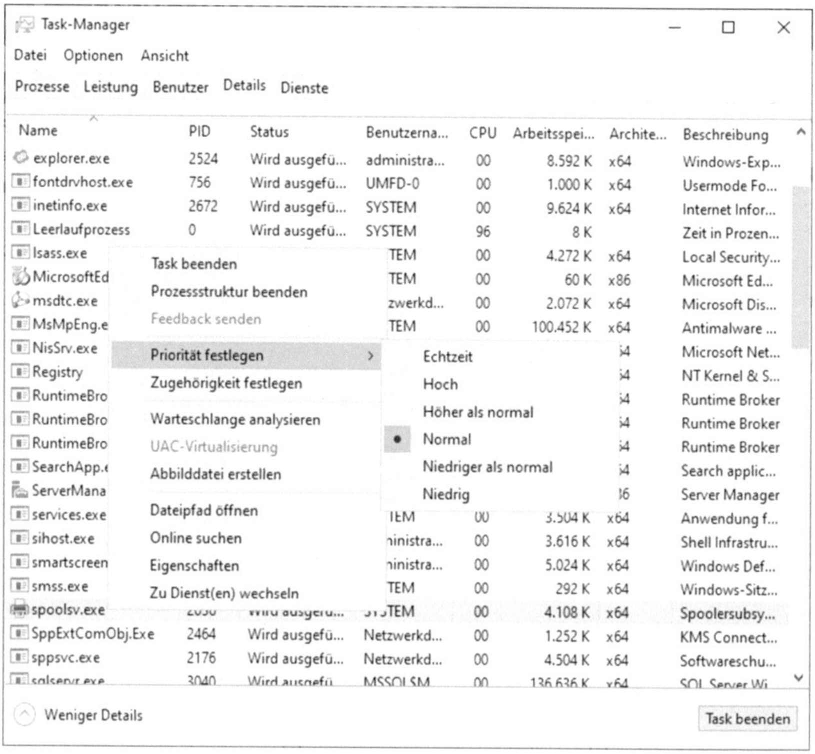

Abbildung 33.23: Details

ACHTUNG!

Sie können die Prioritäten der Prozesse verändern. Seien Sie aber vorsichtig! Verändern Sie niemals Systemprozesse und geben Sie niemals einem Prozess die Priorität „Echtzeit". Ein Prozess mit der Priorität „Echtzeit" würde alle anderen Prozesse komplett blockieren!

Die Registerkarte „Dienste" listet alle momentan gestarteten Dienste.

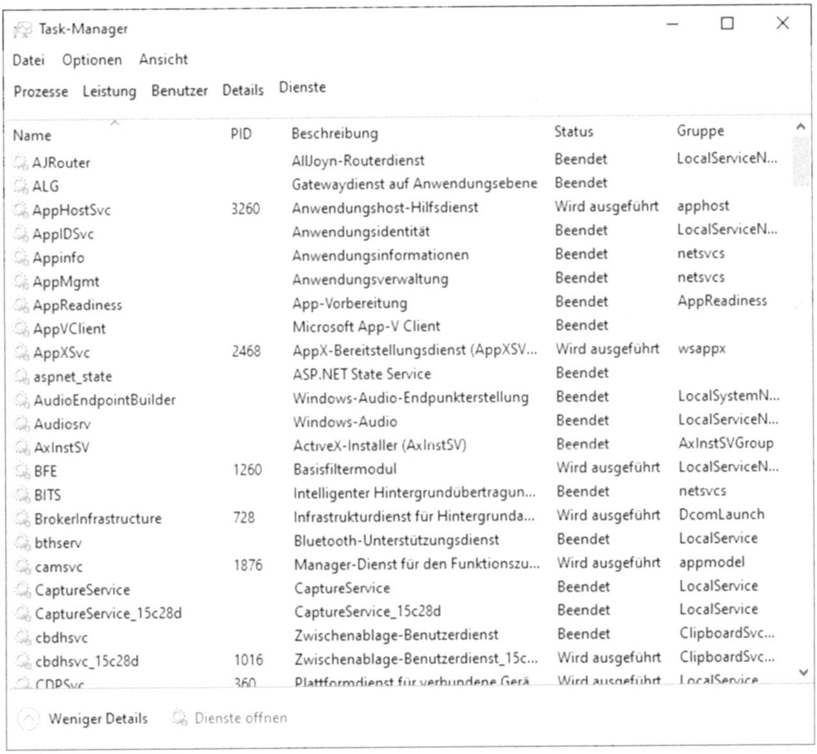

Abbildung 33.24: Dienste

Übung 33.2.1

- Benutzen Sie auf „Server2" den Task-Manager, um die momentan laufenden Prozesse zu beobachten
- Untersuchen Sie die Leistung von CPU, RAM und Netzwerk und beurteilen Sie diese
- Legen Sie die Priorität des Prozesses „spoolsv.exe" auf „Höher als normal"
- Was bedeutet das?

33.2.2 Die Leistungsüberwachung

Wenn Sie eine systematische Überwachung der Performancedaten eines Windows Server 2022 Computers benötigen, sollten Sie auf den Systemmonitor, der auch „Leistungsüberwachung“ genannt wird, zurückgreifen. Die Leistungsüberwachung erlaubt eine weitaus genauere Untersuchung der verschiedenen Leistungsdaten, als es mit dem Task-Manager möglich ist.

Sie finden dieses Tool in der Computerverwaltung.

Hier wählen Sie

- Leistung
- Überwachungstools
- Leistungsüberwachung

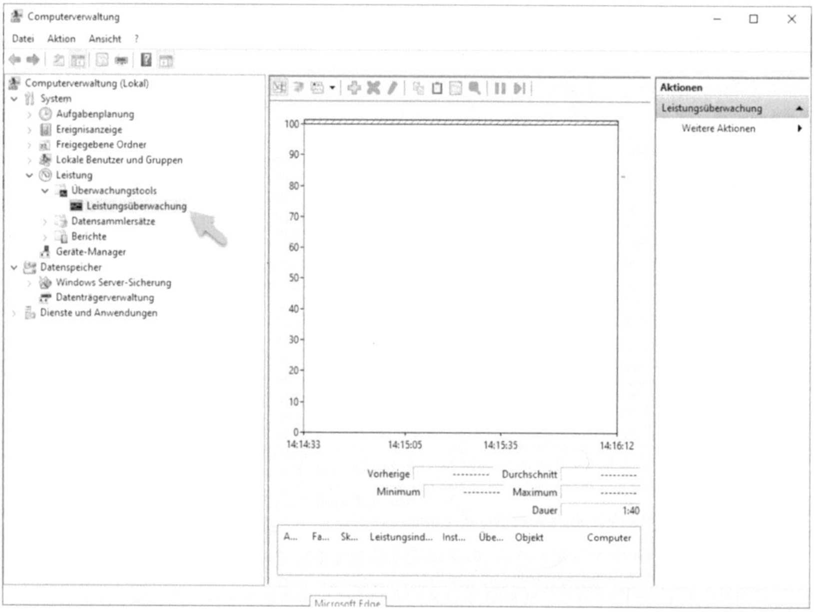

Abbildung 33.25: Systemmonitor

Zunächst sehen wir ein leeres Koordinatensystem.

Um Werte zu erhalten, müssen Aufzeichnungsdaten definiert werden. Diese Daten heißen „Leistungsindikatoren“.

Klicken Sie auf das grüne Plus im oberen Bereich des Systemmonitors.

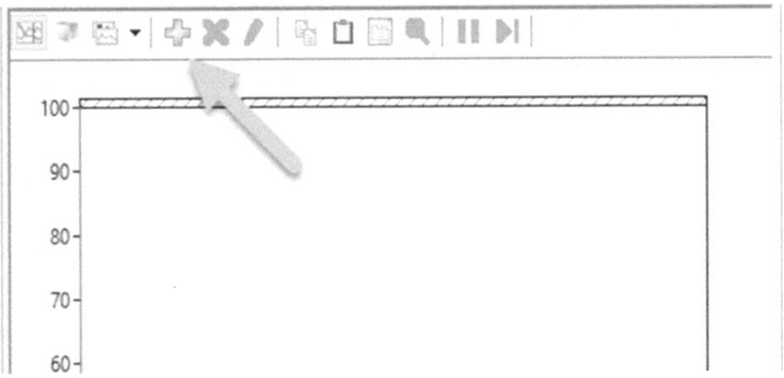

Abbildung 33.26: Hinzufügen von Leistungsindikatoren

Sie erhalten nun ein Auswahlfenster.

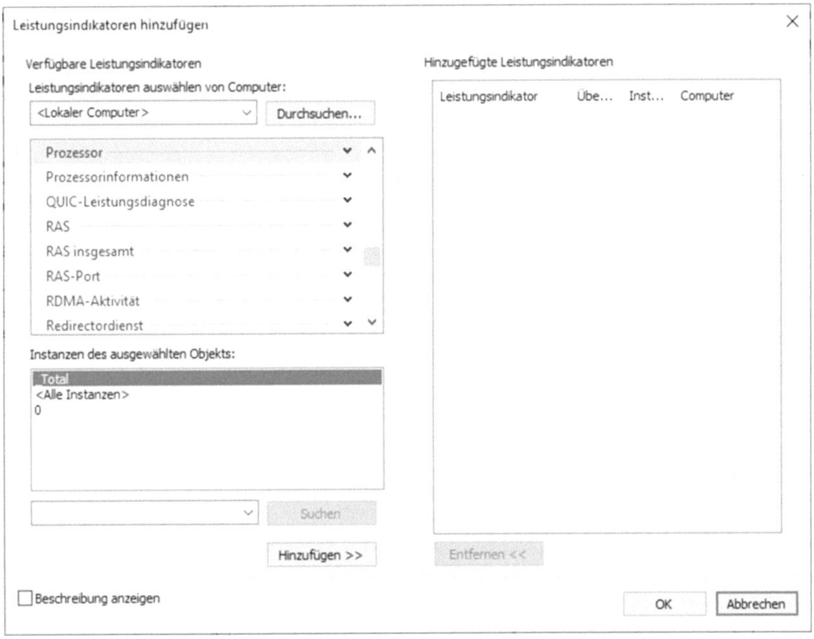

Abbildung 33.27: Auswahlfenster

Auswahl, welcher Computer überwacht wird

Sie haben die Möglichkeit, den lokalen Computer zu überwachen, oder auch einen Remotecomputer.

Leistungsindikatoren wählen

Leistungsindikatoren sind Werte, die sich auf das Leistungsobjekt beziehen.

Um beispielsweise für das Leistungsobjekt „Prozessor" Indikatoren auszuwählen, öffnen Sie die Auswahl, indem Sie auf den kleinen Pfeil neben „Prozessor" klicken.

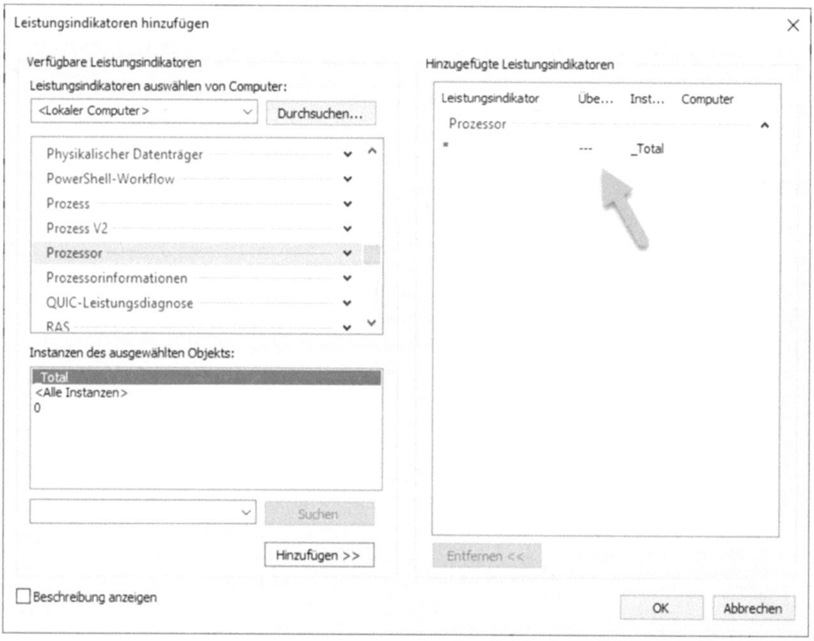

Abbildung 33.28: Leistungsindikatoren

Nun wählen Sie einzelne Indikatoren aus und wählen „Hinzufügen". Sie erscheinen danach im rechten Auswahlfenster.

Instanzen

Die Instanzenauswahl ist nicht immer relevant. Wenn Sie beispielsweise mehrere Prozessoren haben, können Sie wählen, welche Instanz der Prozessoren überwacht werden soll, ein einzelner Prozessor (Instanz 0. 1…) oder alle (total).

Auf diese Art können Sie sich alle Leistungswerte anzeigen lassen, die Sie für relevant halten.

Wenn Sie nun auf „OK“ klicken, erhalten Sie eine Analyse der gewählten Leistungsindikatoren in Echtzeit.

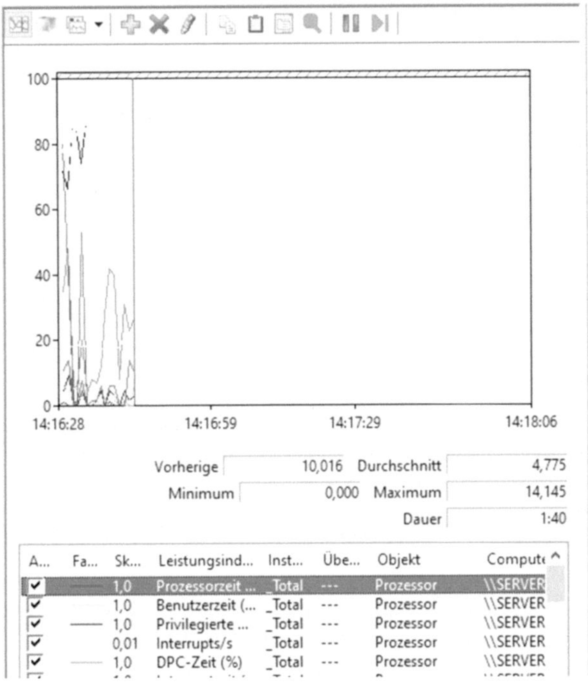

Abbildung 33.29: Echtzeitanalyse

Die Standarddarstellung ist die Diagrammdarstellung.

Wenn Sie möchten, können Sie diese Darstellungen aber ändern, indem Sie eine Auswahl bei den „Darstellungen“ treffen.

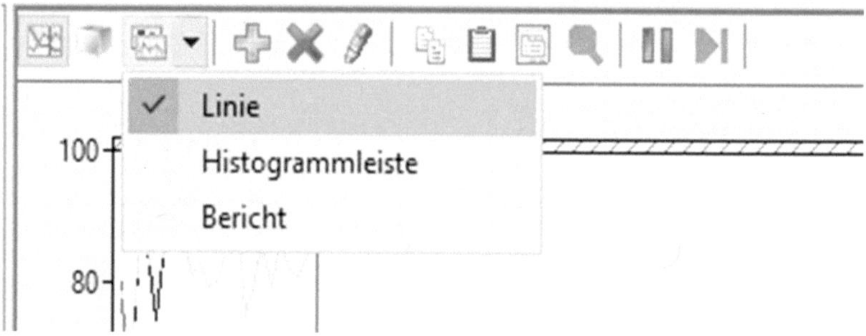

Abbildung 33.30: Darstellungen

Histogramm

In einem Histogramm werden alle Daten als Balken dargestellt.

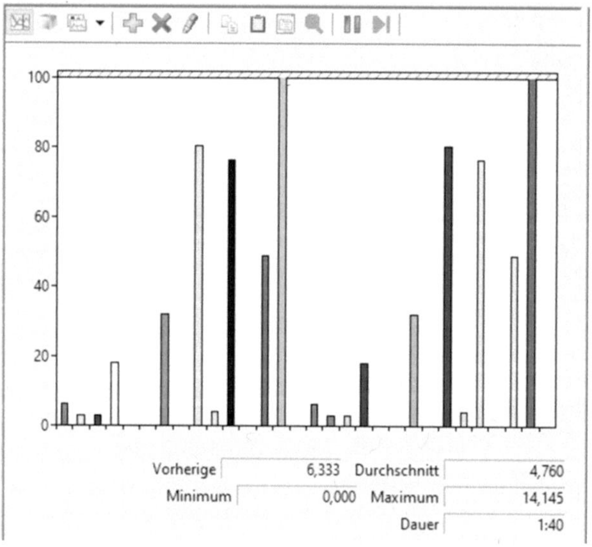

Abbildung 33.31: Histogramm

Bericht

Auch eine Berichtansicht ist möglich.

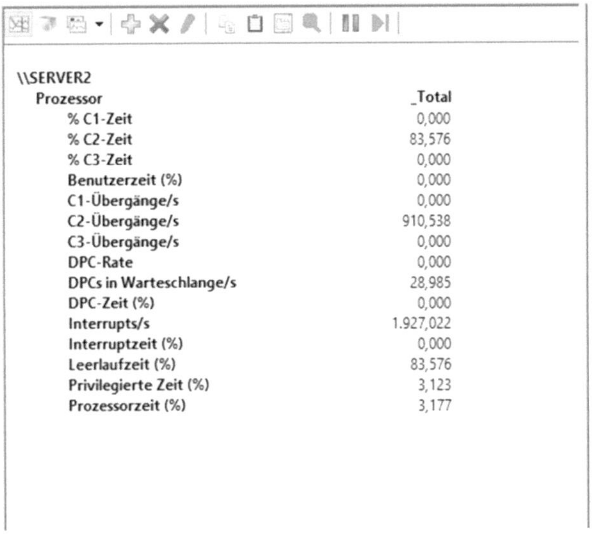

\\SERVER2	
Prozessor	_Total
% C1-Zeit	0,000
% C2-Zeit	83,576
% C3-Zeit	0,000
Benutzerzeit (%)	0,000
C1-Übergänge/s	0,000
C2-Übergänge/s	910,538
C3-Übergänge/s	0,000
DPC-Rate	0,000
DPCs in Warteschlange/s	28,985
DPC-Zeit (%)	0,000
Interrupts/s	1.927,022
Interruptzeit (%)	0,000
Leerlaufzeit (%)	83,576
Privilegierte Zeit (%)	3,123
Prozessorzeit (%)	3,177

Abbildung 33.32: Bericht

Der Bericht stellt die Daten in Zahlenform dar und ist besser, um Werte exakt abzulesen.

Übung 33.2.2

- Nehmen Sie eine Echtzeitüberwachung aller Prozessorwerte von „Server2" vor. Berücksichtigen Sie dabei alle Instanzen
- Wechseln Sie zwischen den zur Verfügung stehenden Ansichten. Welche ist für Sie die aussagekräftigste?

33.2.3 Die Ereignisanzeige

Die Ereignisanzeige ist eine komplette Sammlung aller Ereignisse, die das System oder auch die Anwendungen betreffen.

Wer die Ereignisanzeige von älteren Windows Versionen noch kennt, wird erstaunt sein, wie stark die Darstellung verbessert wurde und wie detailliert nun die Ereignisse gesucht werden können.

Auch die Ereignisanzeige finden Sie in der Computerverwaltung.

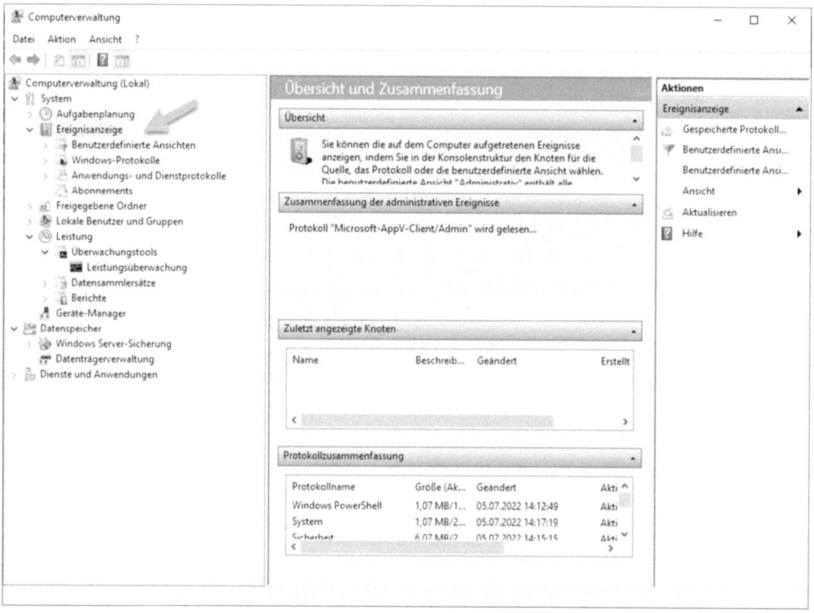

Abbildung 33.33: Ereignisanzeige

Die Startseite ist eine Zusammenfassung der wichtigsten Ereignisse.

Die einzelnen Protokolle

Die Ereignisanzeige teilt sich auf in die verschiedenen Protokolle.

Zunächst sehen Sie die benutzerdefinierten Ansichten. An dieser Stelle können Sie eigene Protokolle erstellen.

In vielen Fällen ist es schwierig, aus vielen einzelnen Protokollen immer genau die Ereignisse herauszusuchen, die gerade von Belang sind.

Deswegen ist die Möglichkeit, eigene Protokolle zu erstellen, besonders interessant.

Auffällig ist, dass bereits ein Protokoll in dieser Ansicht vorhanden ist, nämlich das Protokoll „Administrative Ereignisse“.

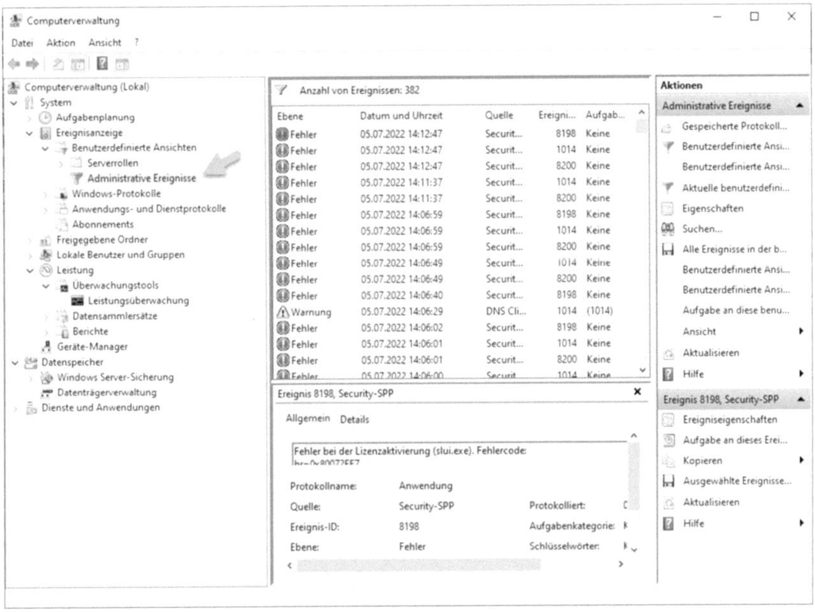

Abbildung 33.34: Administrative Ereignisse

Hier sind bereits alle Ereignisse, die die Administration des Systems betreffen, dargestellt.

Sie sehen, alle Ereignisse sind in drei Kategorien eingeteilt.

Information

Nicht kritisch, nur zur Information

Warnung

Nicht unbedingt kritisch, sollte beobachtet werden

Fehler

Kritisch und kann zu Systeminstabilität führen

Es gibt eine große Anzahl an weiteren Protokollen, in denen die entsprechenden Ereignisse dargestellt werden.

Abonnement

Eine interessante Möglichkeit der Kontrolle bieten die Abonnements.

Mit Abonnements können Sie Ereignisse von anderen Computern sammeln und damit von einer zentralen Stelle aus eine Überwachung durchführen.

Wenn Sie ein neues Abonnement erstellen möchten, erhalten Sie die Warnung, dass der Windows-Ereignissammlungsdienst gestartet und konfiguriert sein muss.

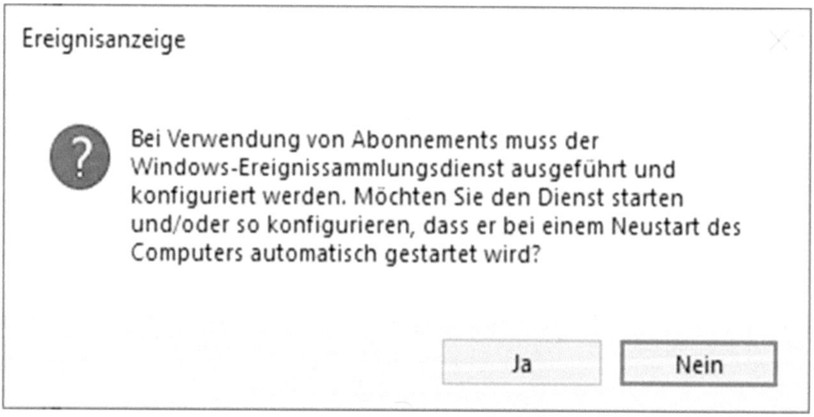

Abbildung 33.35: Warnmeldung

Sie können die Konfiguration automatisch vornehmen lassen, indem Sie auf „Ja“ klicken.

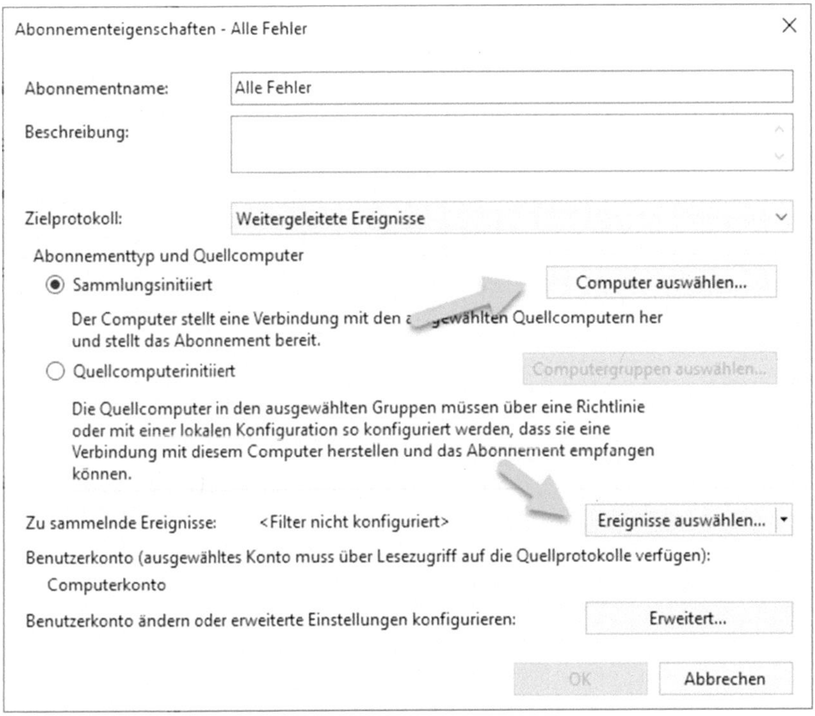

Abbildung 33.36: Abonnementeigenschaften

Nun geben Sie dem Abonnement einen Namen und suchen den oder die Quellcomputer aus.

Im nächsten Schritt legen Sie die zu überwachenden Ereignisse fest.

Damit haben Sie ein neues Abonnement erstellt.

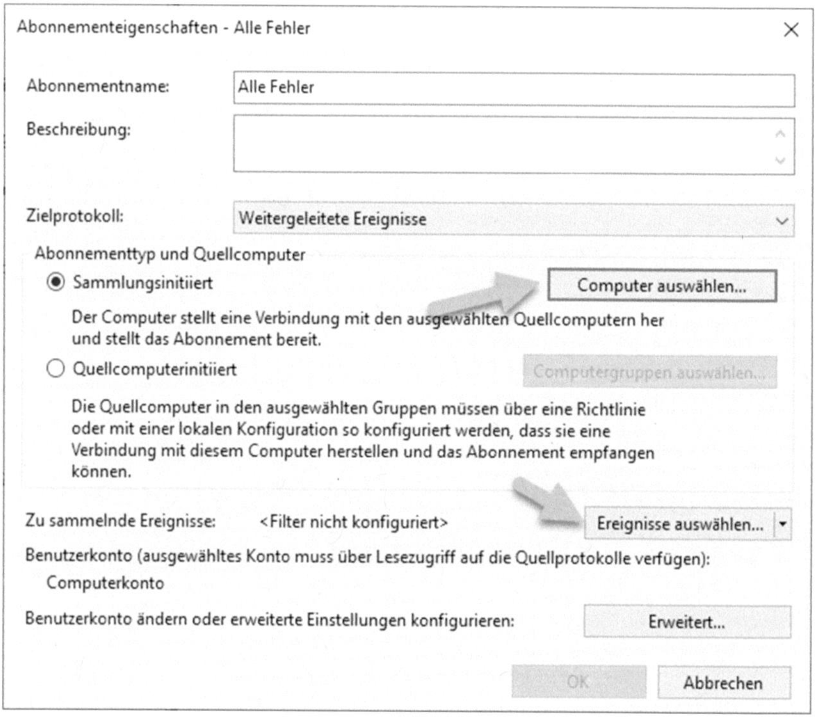

Abbildung 33.37: Ereignisse

Aufgaben anfügen

Leider ist es in den meisten Fällen so, dass das Ereignisprotokoll nur dann überprüft wird, wenn Sie bereits ein Problem haben.

Besser wäre es, wenn Sie dies bereits vorher machen würden, oder wenn Sie zumindest eine Meldung erhalten könnten, wenn bestimmte Ereignisse eintreffen.

Diese Möglichkeit gibt es zum Glück in Windows Server 2022.

Dazu suchen Sie sich ein Ereignis aus, bei dessen Eintreffen Sie in Zukunft gewarnt werden wollen und klicken mit der rechten Maustaste auf dieses Ereignis.

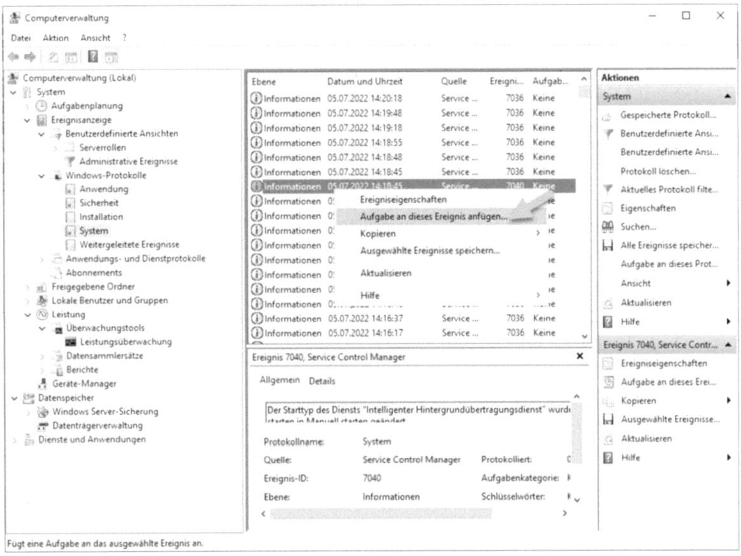

Abbildung 33.38: Ereignis

Sie wählen hier „Aufgabe an dieses Ereignis anfügen“.

Nun startet ein Assistent, der Ihnen beim Erstellen der Aufgabe hilft.

Zunächst geben Sie dem Ereignis einen Namen und erhalten noch eine Zusammenfassung des ausgewählten Ereignisses.

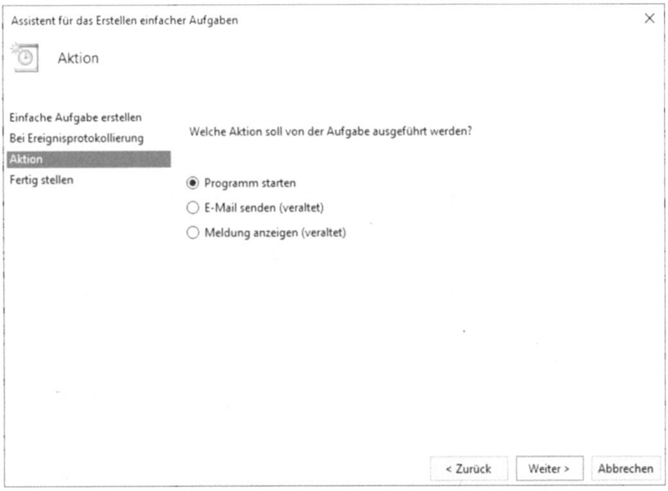

Abbildung 33.39: Aktion

Dann wählen Sie, welche Aktion ausgeführt werden soll.

Sie können ein Programm starten lassen, eine E-Mail schicken lassen, oder eine Meldung auf dem Bildschirm anzeigen lassen.

Übung 33.2.3

- Wechseln Sie zur Ereignisanzeige von „Server2"
- Untersuchen Sie, welche Protokolle es in der „Benutzerdefinierten Ansicht" gibt
- Untersuchen Sie, welche weiteren Protokolle noch zur Verfügung stehen
- Wie beurteilen Sie die Anzahl der Protokolle für eine potentielle Fehlersuche?
- Erstellen Sie ein Abonnement mit Namen „Test", mit dem Sie alle Systemereignisse von „Server3" aufzeichnen

33.2.4 Datensammlersätze und Berichte

Mit Datensammlersätzen können Sie die Performance des Rechners über einen längeren Zeitraum hinweg überwachen und bestimmte Indikatoren aufzeichnen.

Abbildung 33.40: Datensammlersätze

Wenn Sie zu den Datensammlersätzen wechseln, sehen Sie, dass bereits einige Datensammlersätze vordefiniert sind, wie System oder Ereignisablaufverfolgung.

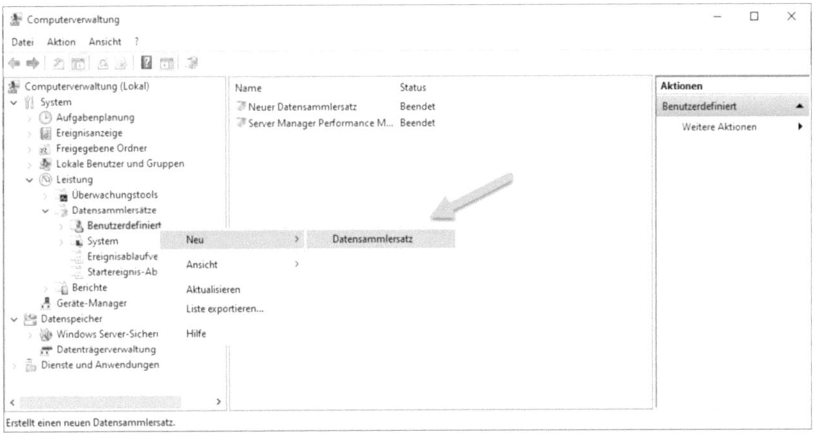

Abbildung 33.41: Erstellen eines benutzerdefinierten Sammlungssatzes

Interessanter ist allerdings die Möglichkeit, eigene Datensammlersätze zu definieren, mit denen Sie die Probleme des Systems verfolgen können.

Zunächst geben Sie dem Sammlungssatz einen Namen und entscheiden sich, ob Sie den Sammlungssatz aus einer Vorlage erstellen möchten, oder völlig frei generieren.

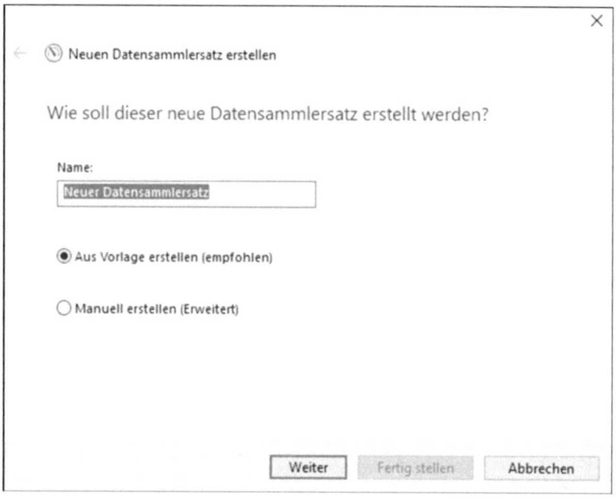

Abbildung 33.42: Neuer Sammlungssatz

Zunächst sollten Sie „Aus Vorlage erstellen" wählen, wenn Sie etwas mehr Erfahrung haben, können Sie auch einen manuellen Sammlungssatz erstellen.

Nun entscheiden Sie sich für die Vorlage, die Sie für den Sammlungssatz benutzen möchten.

Im letzten Schritt geben Sie den Speicherort an.

Sie können wählen, ob der Sammlungssatz zunächst nur erstellt werden soll, oder ob er gleich gestartet wird.

Ein gestarteter Sammlungssatz kann eine beliebige Zeit laufen und muss aber zur Auswertung angehalten werden.

Wenn Sie den Sammlungssatz angehalten haben, können Sie den Bericht über diese Sammlung betrachten und eine detaillierte Auswertung machen.

Übung 33.2.4

- Starten Sie den Datensammlersatz „System Performance"
- Betrachten Sie nach dem automatischen Stopp nach etwa einer Minute den Bericht

33.2.5 Das Tool „Systemkonfiguration“

Das Tool „Systemkonfiguration“ ist ein kleines Tool, mit dem Sie die aktuelle Systemkonfiguration betrachten und einige Einstellungen ändern können.

Sie öffnen es durch Eingabe von „Msconfig.exe“.

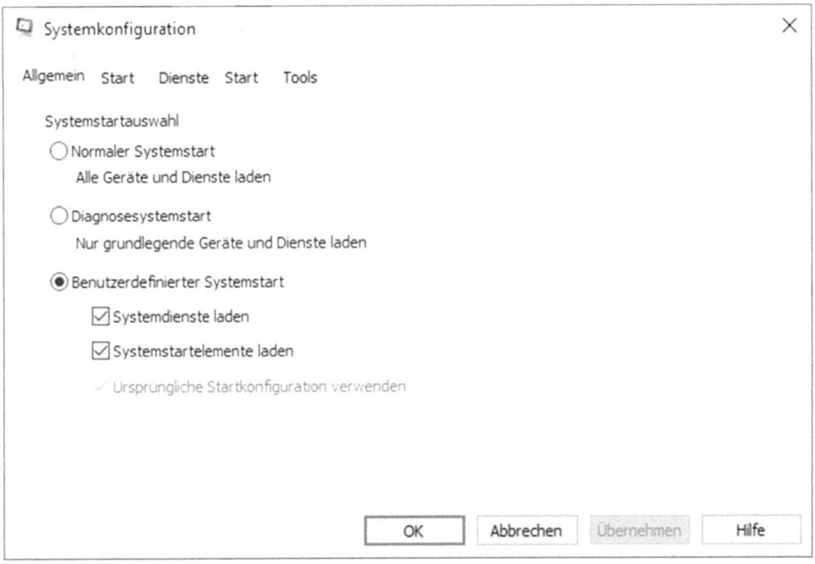

Abbildung 33.43: Allgemein

Die Registerkarte „Allgemein“

Hier finden Sie Funktionen für den Systemstart. Sie können hier einstellen, was Windows beim nächsten Systemstart ausführen soll:

- Normaler Systemstart (Alle Gerätetreiber und Dienste laden)
- Diagnosesystemstart (Nur grundlegende Geräte und Dienste laden)
- Benutzerdefinierter Systemstart

An dieser Einstellung sollten Sie normalerweise nichts ändern, da der erste Eintrag „Normaler Systemstart" für das System die richtige Auswahl ist.

Die Registerkarte „Start“

Hier sehen Sie die Einstellungen für den Systemstart.

Dies sind die Einstellungen, die Sie mit dem Tool „BCDEdit.exe“ gemacht haben.

Außerdem können Sie wählen, ob Sie einen abgesicherten Start möchten und mit welchen Optionen dieser abgesicherte Start stattfinden soll.

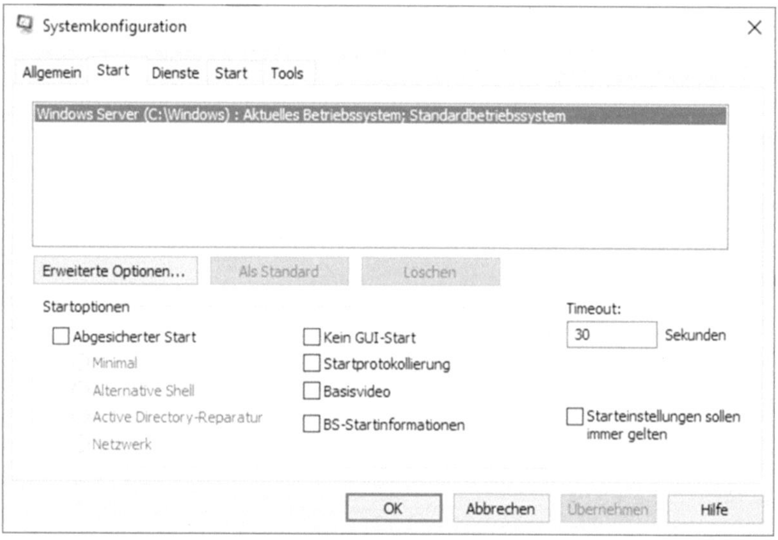

Abbildung 33.44: Start

Die Registerkarte „Dienste“

Über diesen Eintrag können Sie sich die vorhandenen Dienste auf Ihren Rechner anzeigen lassen. Sie können hier nicht benötigte Dienste deaktivieren, dabei sollten Sie aber beachten, dass Sie keine wichtigen Dienste ausschalten.

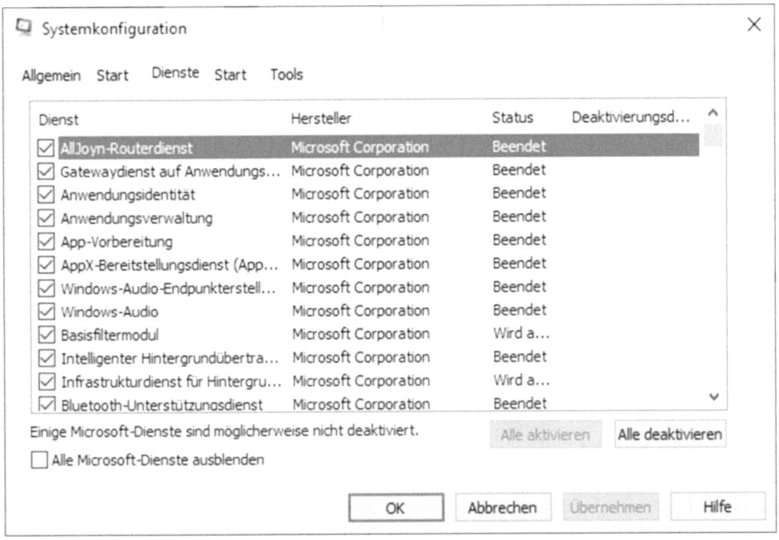

Abbildung 33.45: Dienste

Über die Checkbox „Alle Microsoft-Dienste ausblenden" können Sie alle Microsoft-Dienste ausblenden lassen und sehen somit nur noch die Dienste, welche von anderen Programmen/Herstellern installiert wurden.

Die Registerkarte „Start“

Hier werden weitere Programme und Tools aufgeführt, die beim Starten von Windows automatisch gestartet werden.

Durch das Deaktivieren von nicht gebrauchten Einträgen, können Sie den Systemstart oft beschleunigen.

Hierbei werden Sie zum Task-Manager weitergeleitet.

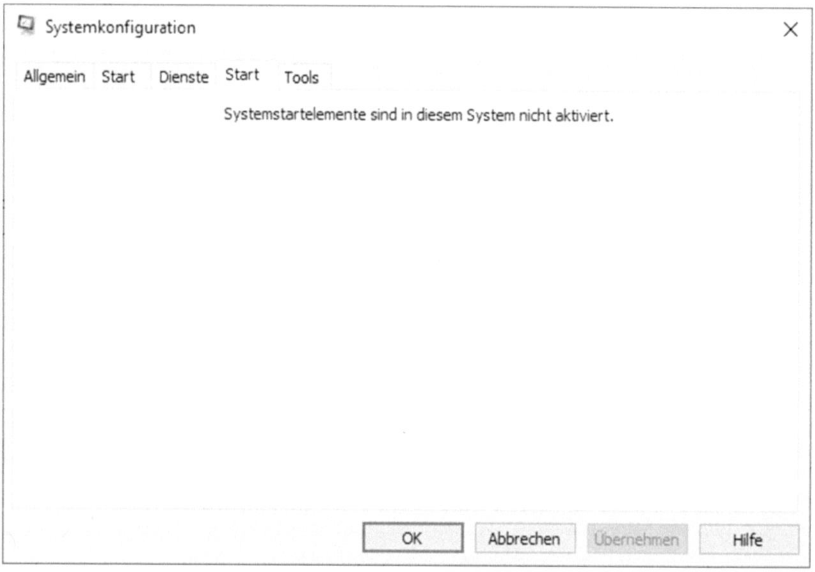

Abbildung 33.46: Systemstart

Hier hat sich leider im Laufe der Zeit der Name dieser Registerkarte geändert, mit dem merkwürdigen Ergebnis, dass es nun zwei Registerkarten mit dem gleichen Namen „Start“ gibt.

Die Registerkarte „Tools“

Hier können Sie Konfigurationseinstellungen und Tools von Windows aufrufen. Wählen Sie dafür das entsprechende Tool aus und klicken Sie anschließend auf den Button „Starten".

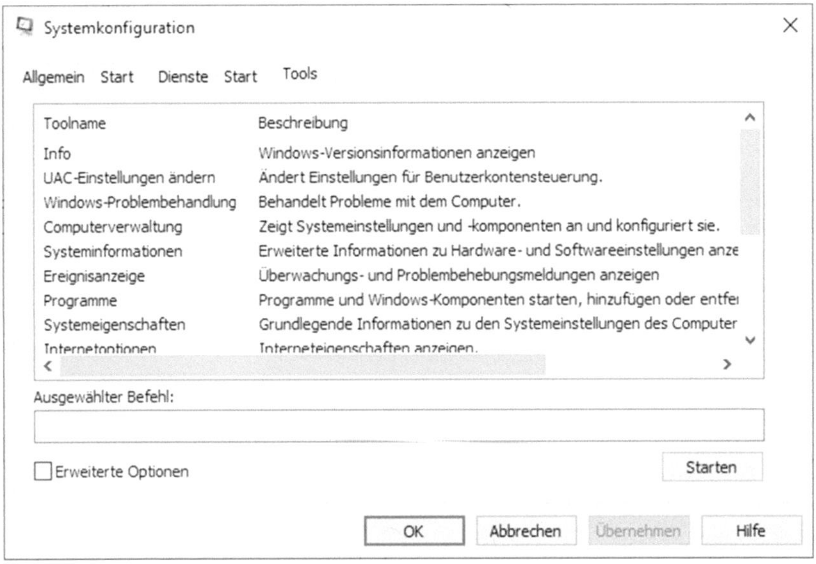

Abbildung 33.47: Tools

Übung 33.2.5

- Betrachten Sie das Tool „Systemkonfiguration“
- Setzen Sie alle virtuellen Maschinen auf den Prüfpunkt „Basis“ zurück

34 Tag 34: Erweiterte Themen

Unser Kurs neigt sich dem Ende zu, wir haben beinahe alle wichtigen Themen besprochen.

Nun wollen wir noch einen Blick auf erweiterte Themen in Bezug auf die Dienste DNS und DHCP werfen.

34.1 Sicherheit für DNS

DNS ist ein kritischer Netzwerkdienst. Deswegen sind alle Sicherheitseinstellungen für DNS von großer Wichtigkeit.

34.1.1 DNSSec

Ein Problem bei der DNS-Abfrage ist die Vertrauenswürdigkeit.

Es könnte fatal sein, wenn auf eine Anfrage ein falscher DNS Server eine falsche Antwort gibt.

Aus diesem Grund gibt es DNSSec. Mit DNSSec wird eine digitale Signatur zusammen mit den DNS Antworten übermittelt, um die Richtigkeit der Antwort sicher zu stellen.

Das Einrichten von DNSSec ist einfach.

Sie wählen die Zone, die Sie sichern wollen, und klicken mit der rechten Maustaste darauf.

Dann wählen Sie „DNSSec" – „Zone signieren".

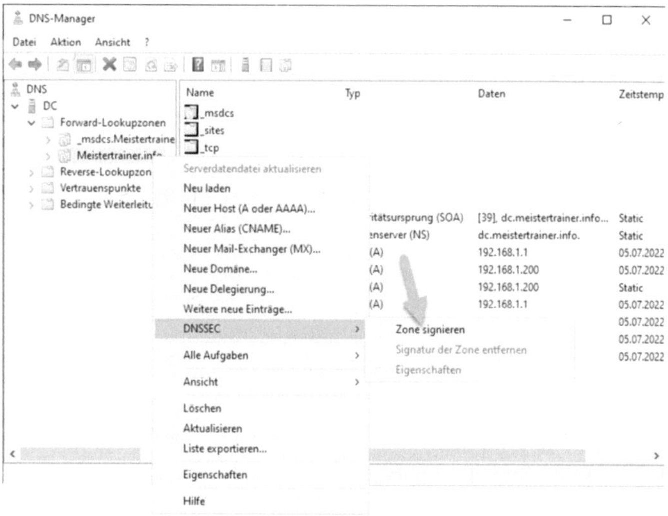

Abbildung 34.1: DNSSec

Ein Assistent startet, der Sie durch die Einrichtung führt.

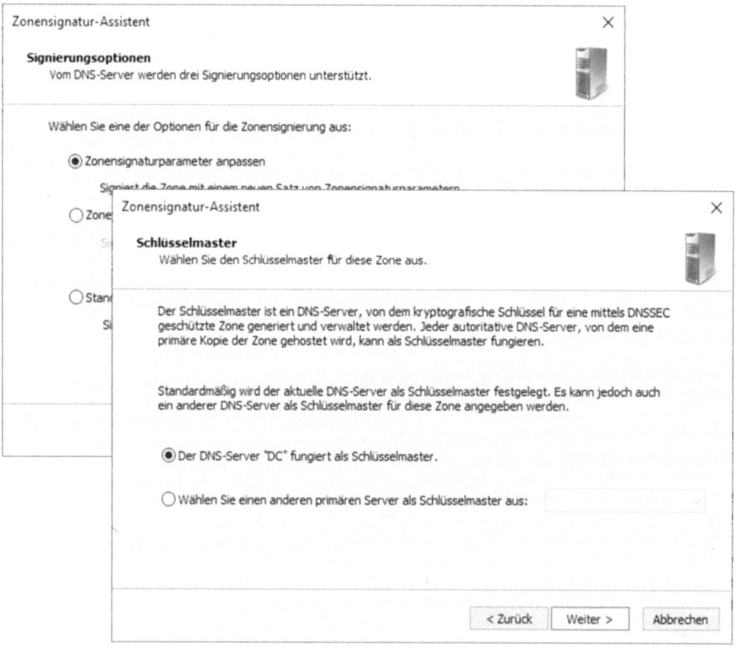

Abbildung 34.2: Einstellungen

Sie können in den meisten Fällen die Standardeinstellungen belassen, dann werden neue Schlüssel generiert.

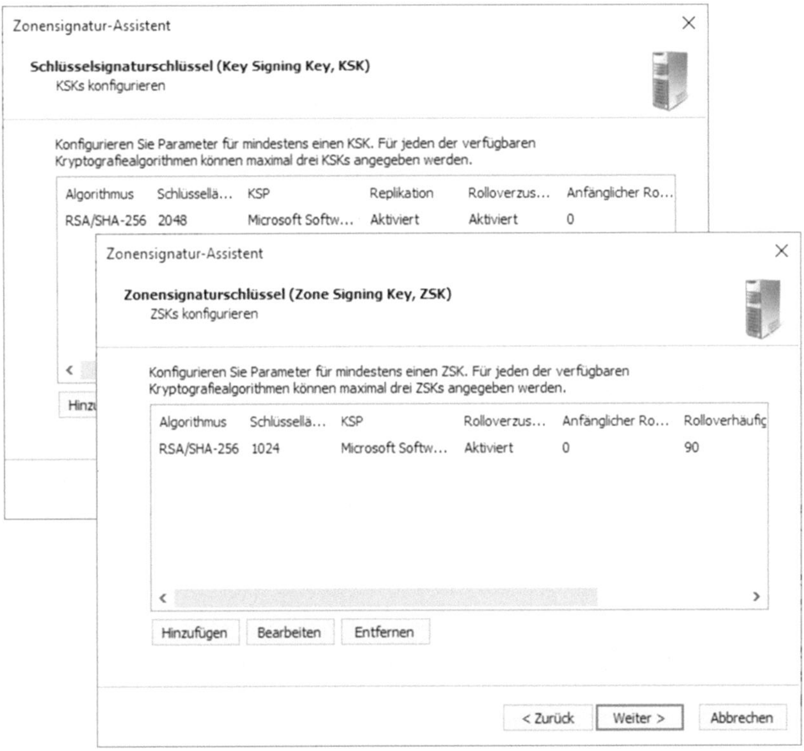

Abbildung 34.3: Schlüssel

Es wird ein Schlüsselsignaturschlüssel (übergeordnet) und ein Zonensignaturschlüssel erstellt.

Der nächste Schritt ist der „Next Secure“ Eintrag.

Abbildung 34.4: Next Secure

Wenn es eine Abfrage für eine nicht existierende Domain gibt, muss auch die Nichtexistenz bewiesen werden.

Die Antwort bekommt man durch einen entsprechenden NSEC Eintrag (Next Secure Record). Hierbei wird sinngemäß eine Antwort gegeben, wie „Diesen Eintrag gibt es nicht. Der nächste gültige Eintrag ist…“.

Leider ist diese Form der Auskunft anfällig, da mit viel Arbeit eine vollständige Liste der gültigen Domains erstellt werden kann.

Die neuere Art der Einträge, NSEC3, liefert im Prinzip die gleiche Information, mit dem Unterschied, dass kein Klartext ausgegeben wird, sondern Hashwerte.

Damit ist NSEC3 sicherer und sollte immer bevorzugt werden.

Im letzten Schritt wird die Verteilung der Vertrauensanker festgelegt.

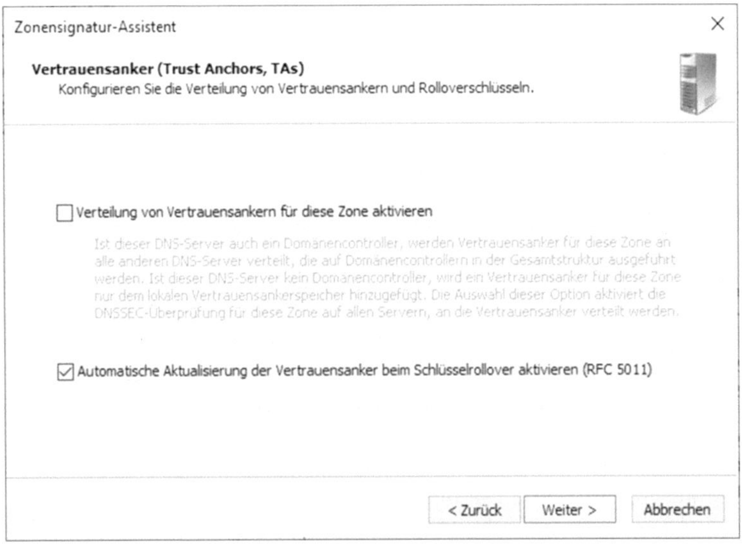

Abbildung 34.5: Vertrauensanker

Der Vertrauensanker ist der öffentliche kryptographische Schlüssel für die signierte Zone.

Dieser sollte natürlich auf allen autorisierten DNS Servern bereitstehen.

Nun wird die Signierung eingerichtet.

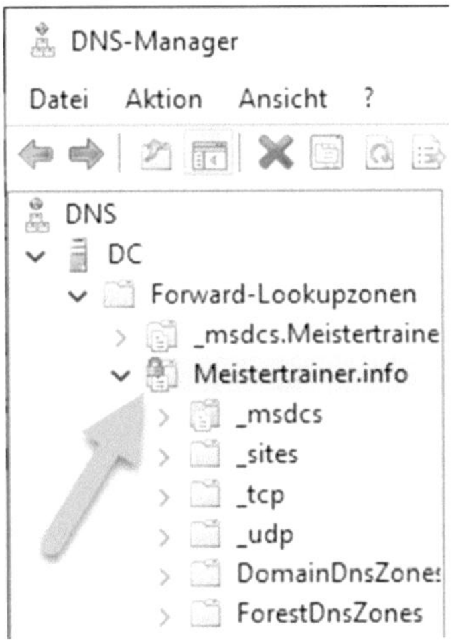

Abbildung 34.6: Symbol

Nach der Einrichtung können Sie eine DNSSec-Zone am Symbol erkennen.

Nachdem DNSSec eingerichtet ist, müssen nun die Clients erfahren, dass sie diese Funktion benutzen sollen.

Dazu benutzen Sie eine Gruppenrichtlinie, in der Sie die Parameter für die Clients festlegen.

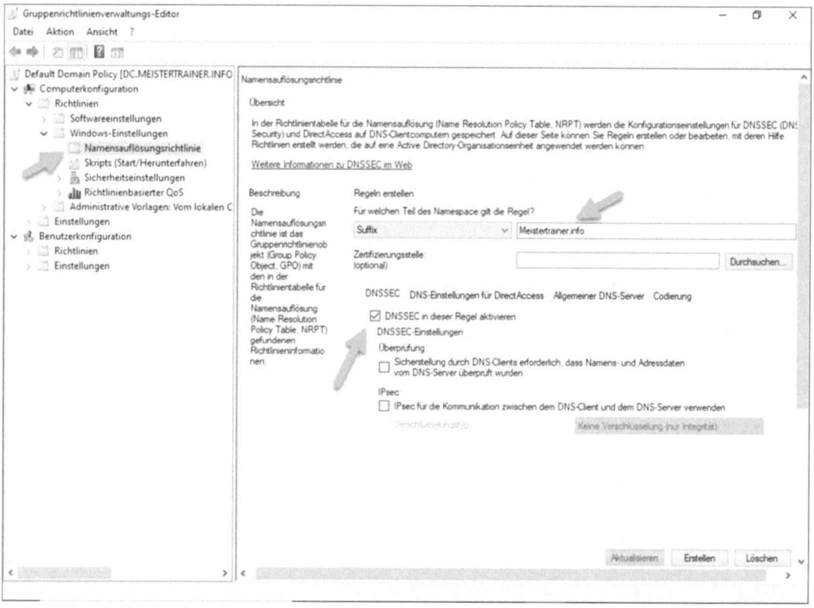

Abbildung 34.7: Gruppenrichtlinie für DNSSec

Diese Tabelle wird „Name Resolution Policy Table“ genannt (NRPT).

Übung 34.1.1

- Richten Sie die Forward-Lookupzone „meitertrainer.info“ für DNSSec ein
- Erstellen Sie dafür einen NRPT

34.1.2 Response Rate Limiting (RRL)

Ein weiterer neuer Sicherheitsgewinn ist Response Rate Limiting.

Mit dieser Funktion wird nur eine begrenzte Zahl an Antworten an eine IP-Adresse geschickt. Das ist dann wichtig, wenn Abfragen an den DNS-Server geschickt werden, nur um Datenverkehr zu provozieren.

Standardmäßig ist RRL nicht aktiviert. Sie können es mit folgendem Cmdlet aktivieren:

SET-DNSSERVERRRL

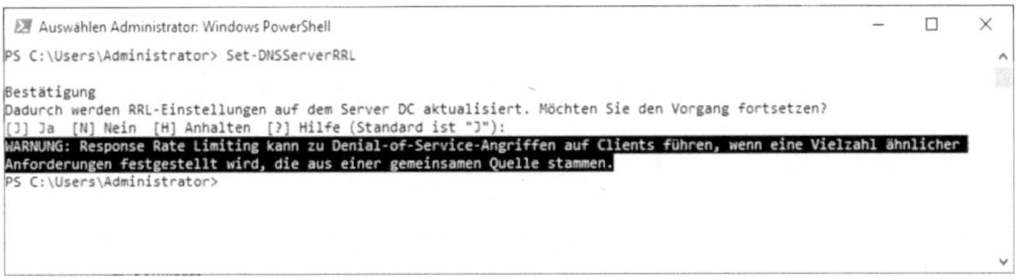

```
Auswählen Administrator: Windows PowerShell
PS C:\Users\Administrator> Set-DNSServerRRL

Bestätigung
Dadurch werden RRL-Einstellungen auf dem Server DC aktualisiert. Möchten Sie den Vorgang fortsetzen?
[J] Ja  [N] Nein  [H] Anhalten  [?] Hilfe (Standard ist "J"):
WARNUNG: Response Rate Limiting kann zu Denial-of-Service-Angriffen auf Clients führen, wenn eine Vielzahl ähnlicher
Anforderungen festgestellt wird, die aus einer gemeinsamen Quelle stammen.
PS C:\Users\Administrator>
```

Abbildung 34.8: RRL aktiviert

Oft ist es so, dass Sie RRL nur für bestimmte Subnetze einrichten möchten, nicht für alle.

In diesem Fall können Sie einfach Subnetze ausnehmen, dann wird RRL auf sie nicht angewendet.

Die Cmdlets hierfür lauten:

ADD-DNSSERVERCLIENTSUBNET
SET-DNSSERVERRESPONSERATELIMITINGEXCEPTIONSLIST

Übung 34.1.2

- Richten Sie RRL auf dem DNS-Server ein

34.2 DNS und WINS: GlobalNamesZone

Windows Server 2022 unterstützt auch noch eine weitere Zone: Die „GlobalNamesZone“.

Um zu verstehen, was dies für eine Bedeutung hat, müssen wir einen kleinen Ausflug in der Geschichte von Windows machen.

Früher wurde als Namenserver der „WINS-Server“ benutzt. Dieser wurde später vom DNS-Server abgelöst, der weitaus bessere Möglichkeiten bietet.

Allerdings hatte der WINS-Server natürlich auch Vorteile. Die Verwaltung war sehr einfach, und es war sehr einfach möglich, eine einfache Namensstruktur zu schaffen.

Ein Beispiel:

Wir haben folgende Domänenstruktur:

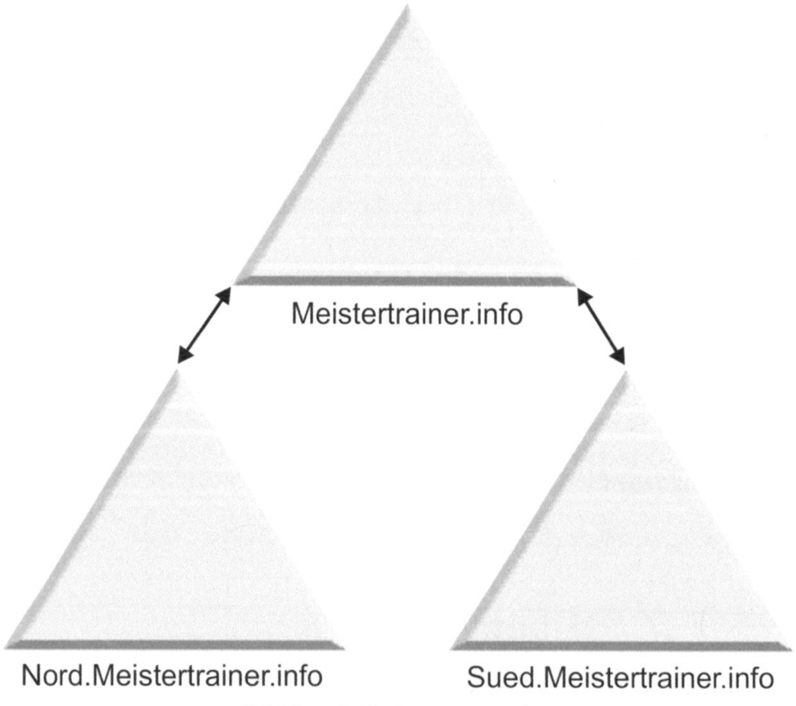

Abbildung 34.9: Domänenstruktur

Stellen Sie sich vor, in der Stammdomäne „Meistertrainer.info“ steht ein Server, dessen Name „Server1.Meistertrainer.info“ ist.

Wenn dieser Server jetzt einfach unter dem Namen „Server1“ erreichbar sein soll, ist das zwar in der Stammdomäne „Meistertrainer.info“ kein Problem, aber in den untergeordneten Domänen sehr wohl.

Das Problem kann nur gelöst werden, wenn in jeder untergeordneten Domäne ein CNAME (Alias) für diesen Server erstellt wird, also

- Server1.Sued.Meistertrainer.info
- Server1.Nord.Meistertrainer.info

Das klingt noch nicht wirklich spektakulär, ist aber in der Praxis kaum durchführbar.

Mit WINS war das einfach, denn hier genügte das Hinzufügen eines einzigen statischen WINS-Eintrags.

Aber immer mehr Unternehmen möchten ihre alte WINS-Struktur auflösen, und nur noch mit DNS als Namensauflösung arbeiten.

Damit dieser Übergang reibungslos vollzogen werden kann, gibt es seit Windows Server 2008 eben diese Zone mit Namen „GlobalNames“.

Sie ist dafür gedacht, die vereinfachten Bezeichnungen zentral zu speichern.

Diese Zone wird normalerweise über die Gesamtstruktur repliziert, alles andere würde ja auch keinen Sinn machen.

ACHTUNG!

Aus diesen Gründen muss diese Zone natürlich Active Directory integriert sein!

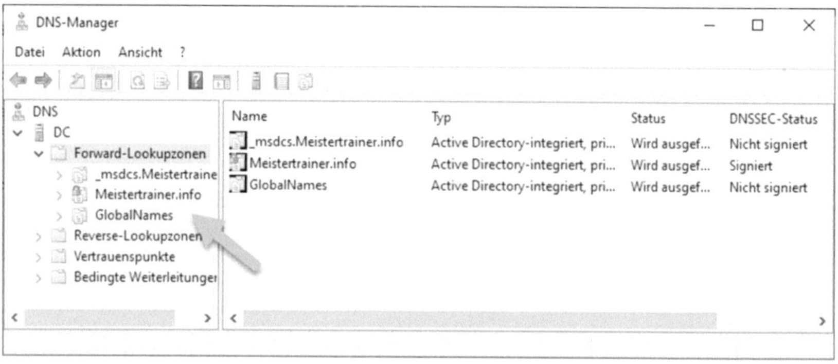

Abbildung 34.10: GlobalNames

In dieser Zone können Sie dann Einträge hinzufügen, die global aus allen Domänen der Gesamtstruktur zu erreichen sein sollen.

Was ist noch zu beachten?

- Die Namen müssen in der Gesamtstruktur eindeutig sein
- Sie sollten nur eine begrenzte Anzahl an Servern hier eintragen
- Die eingetragenen Server dürfen keine dynamische IP-Adresse haben

34.2.1 Aktivierung der GlobalNames Zone

Nachdem die Zone erstellt ist, muss sie noch aktiviert werden. Dies muss auf jedem autorisierten DNS-Server in der Gesamtstruktur gemacht werden!

Der Befehl dafür lautet:

dnscmd <ServerName> /config /enableglobalnamessupport 1

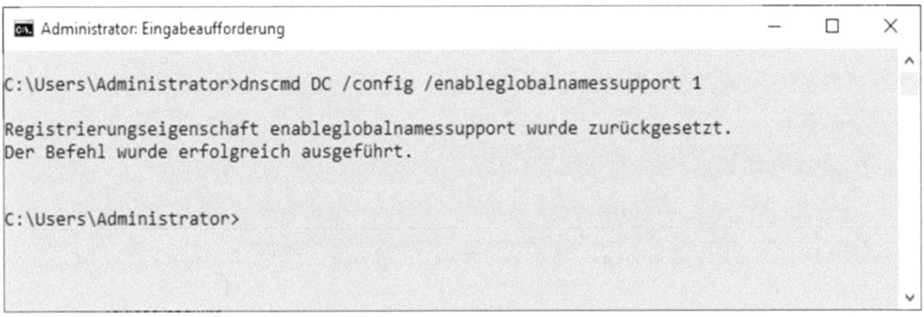

Abbildung 34.11: Aktivieren

Übung 34.2

- Erstellen und aktivieren Sie eine „GlobalNames“ Zone auf DC

34.3 DNS Richtlinien

Eine zusätzliche Sicherheitsfunktion bieten die DNS-Richtlinien.

Mit diesen Richtlinien haben Sie die Möglichkeit, die Namensauflösung des DNS Servers bis zu einem bestimmten Maß an Ihre Bedürfnisse anzupassen.

So können Sie DNS Richtlinien für folgende Szenarien einsetzen:

Zeitliche Umleitung:

DNS Clients können nach Tageszeit zu anderen Servern umgeleitet werden

Hochverfügbarkeit der Anwendungen:

DNS Clients können an den besten Endpunkt für Anwendungen umgeleitet werden

Datenverkehrsmanagement:

DNS Clients können zum räumlich nächsten Punkt umgeleitet werden

Filtern:

DNS Anfragen von bestimmten IP-Adressen oder FQDN werden abgewiesen

und einiges mehr

34.3.1 Arten von Richtlinien

Um DNS Richtlinien zu verstehen, betrachten wir die Arten der Richtlinien.

Anfragen-Auflösungs-Richtlinien

Bei dieser Art der Richtlinien können Sie festlegen, wie ankommende Anfragen von einem DNS-Server abgearbeitet werden.

Rekursionsrichtlinien

Rekursionsrichtlinien legen fest, wie der DNS-Server eine rekursive Abfrage behandelt. Sie können rekursive Abfragen erlauben oder verbieten und Forwarder festlegen.

Zonenübertragungsrichtlinien

Zonenübertragungsrichtlinien legen fest, ob eine Zone übertragen werden darf.

34.3.2 DNS Richtlinien erstellen

DNS Richtlinien werden mit der PowerShell erstellt, es gibt dafür keine grafische Oberfläche.

Hier zeigen wir Ihnen einige Beispiele für DNS Richtlinien.

Datenverkehrsmanagement

Es ist möglich, den DNS Verkehr je nach Standort des Clients zu dirigieren.

Dabei können Clients, die aus einem bestimmten Subnetz kommen, in ein klar definiertes Server-Subnetz geleitet werden.

```
Add-DnsServerClientSubnet -Name <NameDesClientSubnetzes> -IPv4Subnet <IP-AdressbereichDesServerSubnetzes>
```

Anfragen für eine Domäne blockieren

Sehr einfach können Sie Anfragen für eine bestimmte Domäne blockieren.

```
Add-DnsServerQueryResolutionPolicy -Name <NameDerRichtlinie> -Action IGNORE -FQDN <NameDerBlockierten Domäne>
```

Anfragen aus einem Subnetz blockieren

Auch Anfragen von Clients aus einem bestimmten Subnetz können blockiert werden.

```
Add-DnsServerClientSubnet -Name <NameDesSubnetzes> -IPv4Subnet <BlockierterIPBereich>
```

34.3.3 DNS-Cachesperrung und DNS Socketpool

Mit diesen zwei Funktionen können Sie festlegen, wie der DNS Server die Systemressourcen verwaltet.

DNS Cachesperrung

Normalerweise können alle Daten im DNS Cache überschrieben werden. Sie können aber verhindern, dass Daten sofort überschrieben werden, indem Sie eine Sperre für eine bestimmte Zeit der TTL (Time to Live) der Daten definieren.

Ein Beispiel:

Die TTL beträgt 2400 Sekunden. Sie legen eine Cachesperre von 50% fest, also können die Daten erst nach 1200 Sekunden überschrieben werden.

Für die Cachesperrung gibt es zwei Möglichkeiten:

1. **Möglichkeit:**

Sie geben den Befehl
DNScmd /config /cachelockingpercent 50
ein.

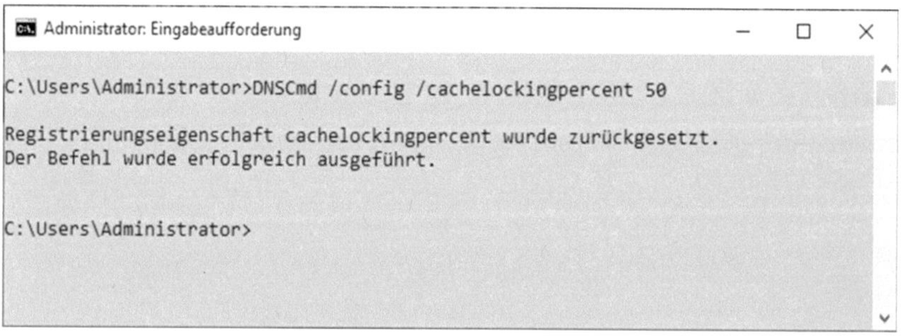

Abbildung 34.12: Cachesperrung

Überprüfen können Sie den Befehl mit
DNScmd /info /cachelockingpercent

2. **Möglichkeit:**

Sie können auch direkt die Registry editieren.
Dazu öffnen Sie mit
Regedit32.exe
den Registrierungseditor und gehen zu folgender Stelle:

HKEY_LOCAL_MACHINE\SYSTEM\CurrentControlSet\services\DNS\Parameters.

Hier suchen Sie nach dem Schlüssel „CacheLockingPercent“ und passen ihn an.

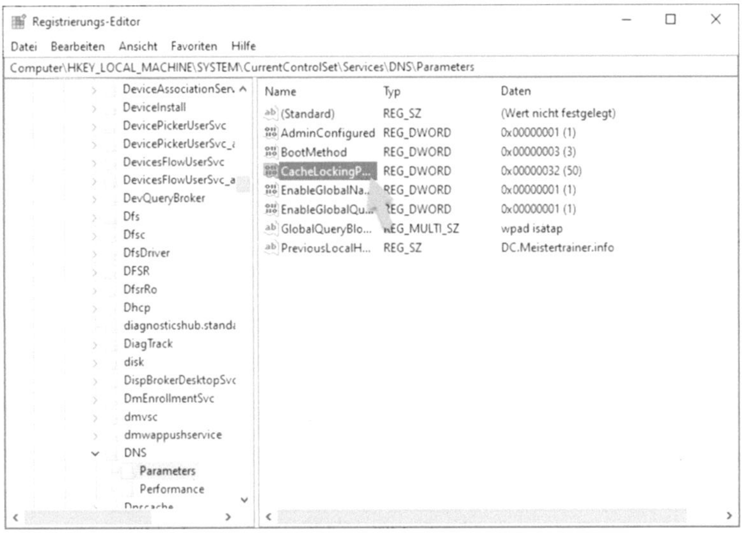

Abbildung 34.13: Registry

Falls der Schlüssel „CacheLockingPercent" noch nicht existiert, erstellen Sie einen neuen Schlüssel, DWORD (32-bit), nennen Sie ihn „CacheLockingPercent" und bearbeiten Sie ihn.

DNS Socketpool

Eine weitere Möglichkeit, den DNS-Cache zu schützen, ist die Bearbeitung des DNS-Socketpools.

Der DNS-Socketpool veranlasst einen zufälligen Wechsel der Abfrageports.

Sie haben die Möglichkeit, sowohl die Größe des Socketpools (als Menge der Ports) zu definieren, als auch Ausschlüsse.

Auch hier gibt es wieder 2 Möglichkeiten:

1. Möglichkeit:

Sie geben den Befehl

dnscmd /Config /SocketPoolSize <GewünschterWert>

und

dnscmd /Config /SocketPoolExcludedPortRanges <AusgeschlossenePortBereiche>

ein.

2. Möglichkeit:

Sie können auch direkt die Registry editieren.

Dazu öffnen Sie mit

Regedit32.exe

den Registrierungseditor und gehen zu folgender Stelle:

HKEY_LOCAL_MACHINE\SYSTEM\CurrentControlSet\services\DNS\Parameters.

Hier suchen Sie nach dem Schlüssel „SocketPoolSize" und passen ihn an.

Falls der Schlüssel „SocketPoolSize" noch nicht existiert, erstellen Sie einen neuen Schlüssel, DWORD (32-bit), nennen Sie ihn „SocketPoolSize" und bearbeiten Sie ihn.

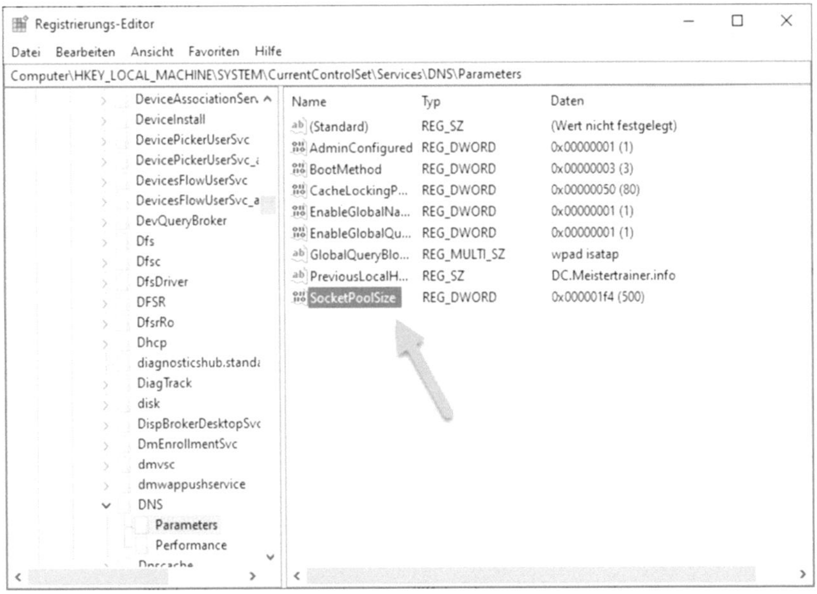

Abbildung 34.14: SocketPool

Sie wählen als Basis „dezimal“ und geben einen Wert von 0 bis 10000 ein.

Die Ausschlussliste bearbeiten Sie folgendermaßen:

HKEY_LOCAL_MACHINE\SYSTEM\CurrentControlSet\services\DNS\Parameters.

Hier suchen Sie nach dem Schlüssel „SocketPoolExcludedPortRanges“ und passen ihn an.

Falls der Schlüssel „SocketPoolExcludedPortRanges“ noch nicht existiert, erstellen Sie einen neuen Schlüssel, Wert der mehrteiligen Zeichenkette, nennen Sie ihn „SocketPoolExcludedPortRanges“ und bearbeiten Sie ihn.

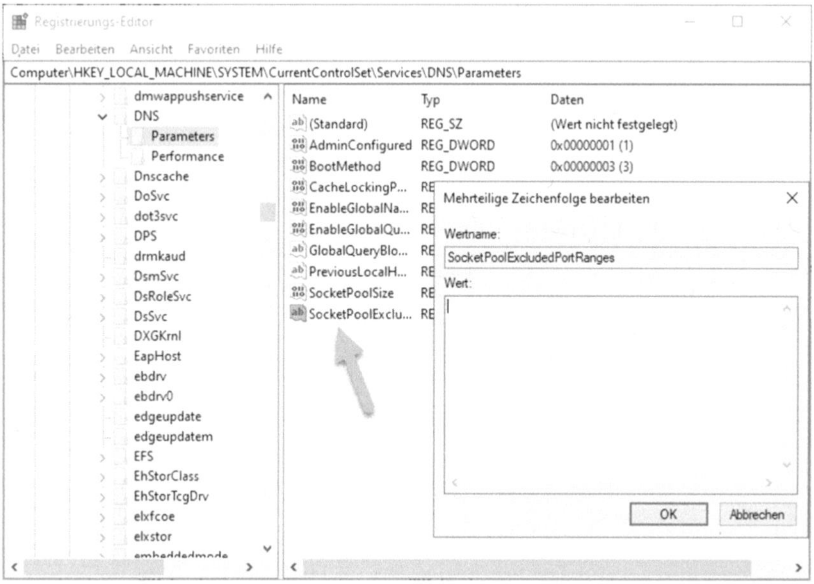

Abbildung 34.15: SocketPool Ausschlüsse

Geben Sie einen oder mehrere Ausschlüsse der Ports ein. Die Bereiche müssen zwischen 0 und 65535 liegen.

ACHTUNG!

Nach allen Arbeiten muss in jedem Fall der DNS-Serverdienst neu gestartet werden!

Übung 34.3.3

- Richten Sie eine DNS-Cachesperre von 50% ein
- Benutzen Sie die Registry

34.4 Sicherheit für DHCP

Auch DHCP ist ein zentraler Dienst sowohl in kleinen als auch in großen Netzwerken.

Deshalb sollten Sie auch hier auf die Sicherheit achten.

34.4.1 Richtlinienbasierte Zuweisung

Eine Funktion, die mit Windows Server 2012 eingeführt worden ist, ist die Zuweisung von IP-Adressen mithilfe von DHCP-Richtlinien.

Diese Richtlinien geben Ihnen die Möglichkeit, IP-Adressen nach mehreren Spezifikationen zuzuweisen und bieten Ihnen damit eine noch feinere Möglichkeit der Steuerung.

Die Zuteilung der IP-Adressen kann nach folgenden Kriterien vorgenommen werden:

- Herstellerklasse
- Benutzerklasse
- MAC-Adresse
- Client-ID
- Informationen zum Relay-Agenten

Die Richtlinien werden für jeden Bereich definiert. Sie können auch mehrere Richtlinien pro Bereich definieren, sie werden nacheinander abgearbeitet und diejenige Richtlinie, die mit den Bedingungen der Anfrage übereinstimmt wird angewendet.

Klicken Sie im jeweiligen Bereich mit der rechten Maustaste auf „Richtlinien“ und wählen Sie „Neue Richtlinie…“.

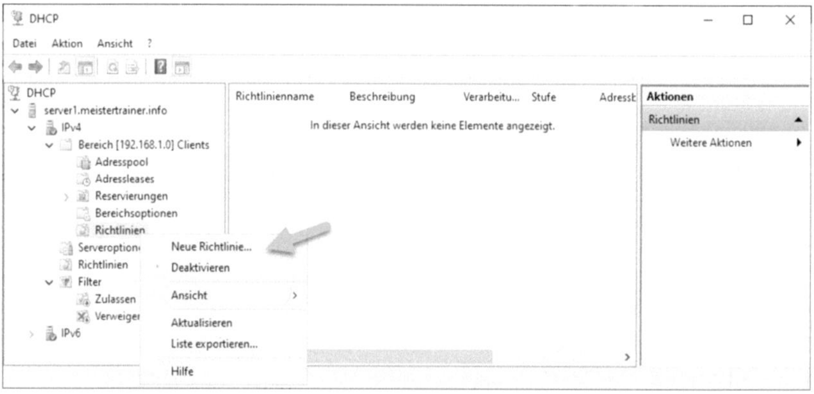

Abbildung 34.16: Neue Richtlinie

Ein Assistent startet.

Zunächst müssen Sie die Bedingungen festlegen, nach denen die Clients selektiert werden.

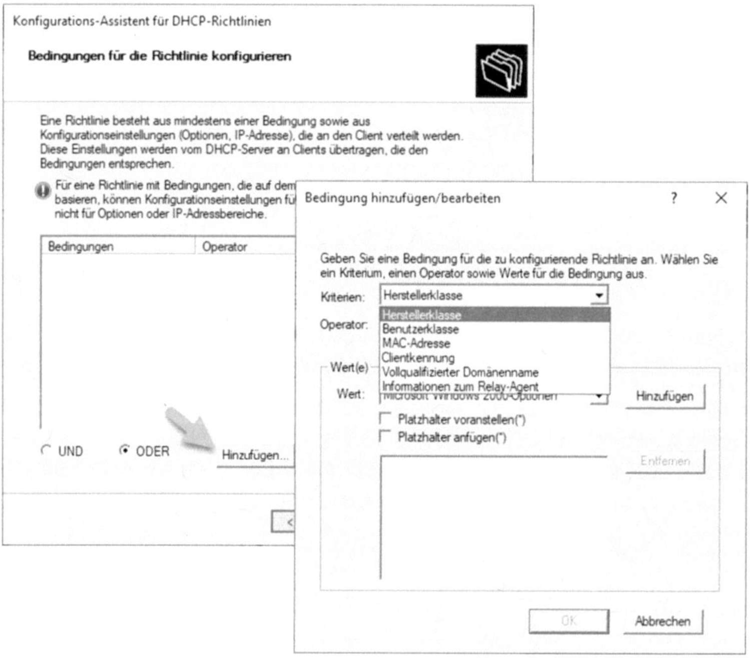

Abbildung 34.17: Bedingungen

Hier sehen Sie die oben erwähnten Auswahlkriterien.

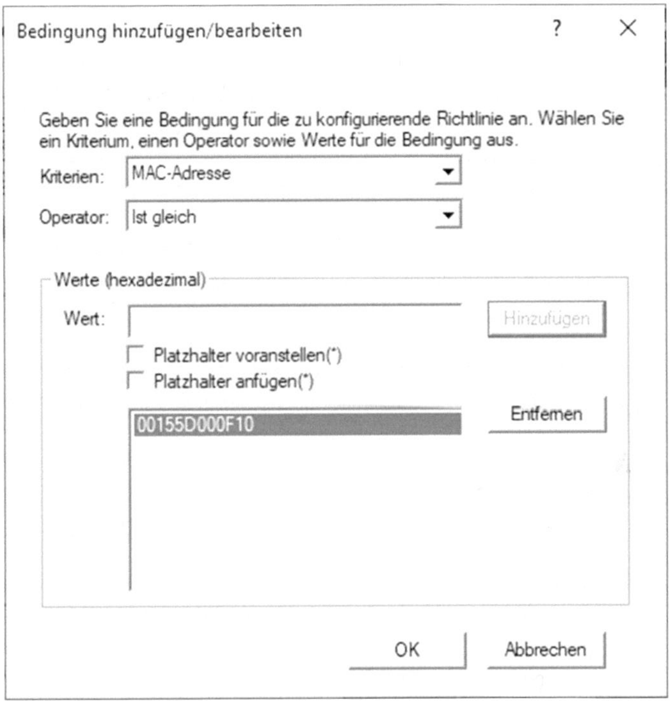

Abbildung 34.18: Operator

Sie legen auch den Operator fest, also ob der Wert kleiner, größer oder gleich sein muss.

Beim Wert können Sie mit Platzhaltern arbeiten, was besonders beim Festlegen eines aufeinanderfolgenden Bereichs hilfreich ist. Ein gutes Beispiel sind hier aufeinanderfolgende MAC-Adressen bei virtuellen Computern.

Sie können auch mehrere Bedingungen definieren, mit den Operatoren „UND“ und „ODER“.

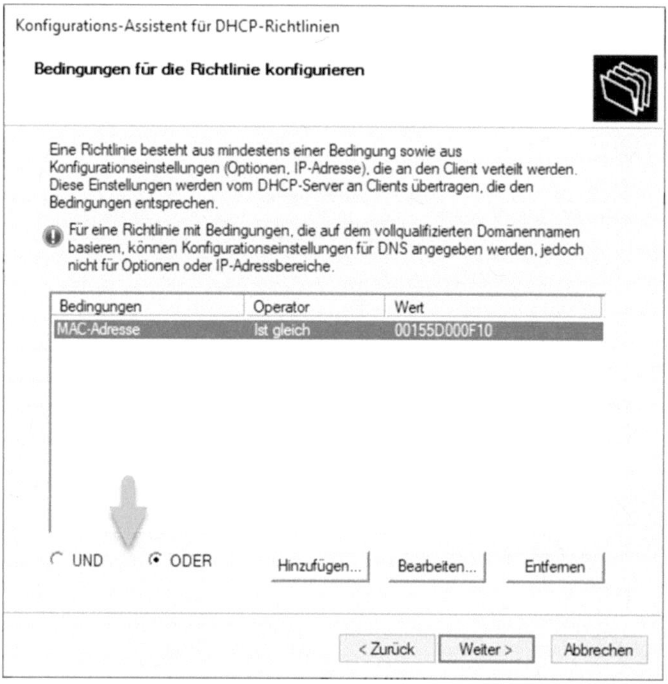

Abbildung 34.19: Mehrere Bedingungen

Danach legen Sie fest, für welchen Bereich die Richtlinie gelten soll.

Wenn Sie keine Auswahl treffen, wird dem Client eine Adresse aus dem kompletten Bereich zugewiesen.

Abbildung 34.20: Bereich

Im nächsten Schritt können Sie noch weitere Optionen festlegen.

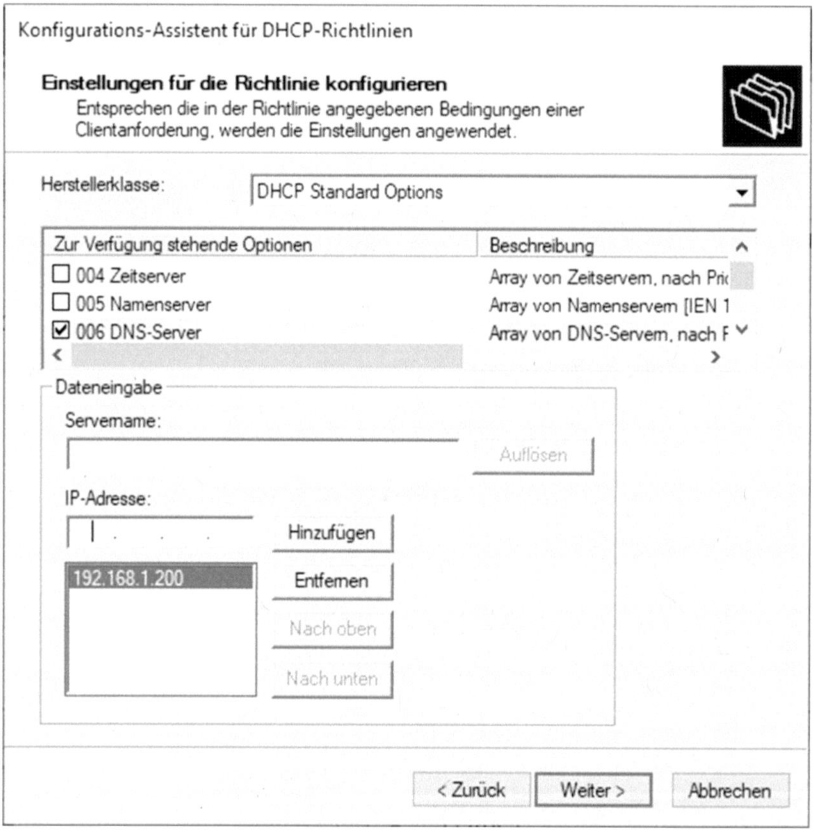

Abbildung 34.21: Optionen

Nach dem Anzeigen einer Zusammenfassung ist die Richtlinie erstellt und aktiv.

Übung 34.4

- Installieren Sie den Dienst DHCP auf „Server1“
- Richten Sie einen Bereich mit Namen „Clients“ ein, der von 192.168.1.50 bis 192.168.1.60 geht
- Behalten Sie die Standardeinstellungen für den Bereich bei
- Erstellen Sie eine DHCP-Richtlinie mit Namen „Richtlinie 1“, die sich auf die MAC-Adresse des Clients „W11“ bezieht
- Er soll zusätzlich zur IP-Adresse aus dem kompletten Bereich auch den DNS-Server 192.168.1.200 mitgeteilt bekommen
- Stellen Sie den Client „W11“ auf DHCP um und überprüfen Sie, ob die Richtlinie angewendet wurde

34.5 Planen einer DHCP-Infrastruktur

Die IP-Adressierung wird häufig mit DHCP zugewiesen, bevorzugt für die Clients. Da hier eine gute Struktur überlebensnotwendig ist, damit die Clients jederzeit kommunizieren können, müssen Sie bereits vor der Einrichtung genaue Planungen bezüglich Infrastruktur, Optionen und Sicherheit des DHCP-Diensts machen.

34.5.1 DHCP-Infrastruktur

Die Infrastruktur von DHCP ist in erster Linie die Anordnung der einzelnen DHCP-Server.

Hier gibt es verschiedene Lösungsmöglichkeiten, je nach der Netzwerkinfrastruktur.

Ein einziges Subnetz

Der einfachste Fall der Netzwerkinfrastruktur ist das Netzwerk, das aus einem einzelnen Subnetz besteht.

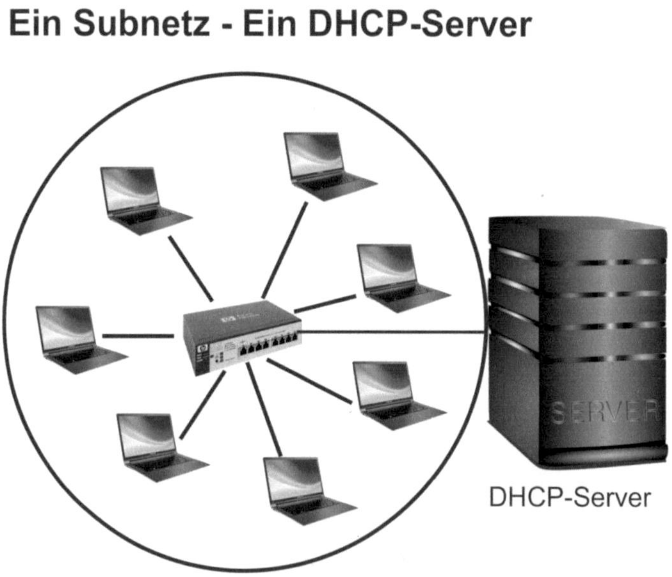

Abbildung 34.22: Einzelnes Subnetz

In diesem Fall wird normalerweise nur ein DHCP-Server benötigt, der in diesem einen Subnetz platziert wird.

Mehrere Subnetze, ein DHCP-Server

In den meisten Fällen gibt es aber in einem Firmennetzwerk mehrere Subnetze, die durch Router verbunden sind.

Wenn Sie auch hier nur einen DHCP-Server benutzen möchten, müssen Sie die Problematik der Client-Anfrage kennen.

Der Vorgang der Anforderung und Zuteilung einer IP-Adresse wird in vier Schritten vorgenommen:

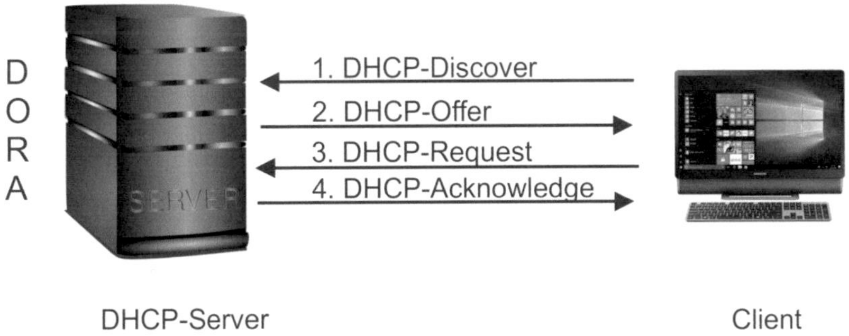

Abbildung 34.23: DORA – Vergabe von IP-Adressen

Wichtig ist, dass alle diese vier Kommunikationsschritte natürlich nur als Broadcast vorgenommen werden können. Unicast ist nicht möglich, da der Client bis zum Abschluss des Vorgangs keine IP-Adresse hat, und Unicast eine IP-Adresse auf beiden Seiten der Kommunikation erfordert.

Broadcast aber ist in gerouteten Netzwerken ein Problem, da Broadcast nicht die Möglichkeit hat, Router zu überwinden.

Aus diesem Grund müssen an den Routern Einstellungen vorgenommen werden, die die IP-Adressanforderung ermöglichen.

BOOTP-fähige Router

BOOTP (Bootstrap Protocol) ist ein Protokoll, das die IP-Konfiguration der Clients ermöglicht. Router, die BOOTP-fähig sind, werden in RFC 1542 definiert.

Viele Hardwarerouter sind nach RFC 1542 konfiguriert, und lassen damit

DHCP-Anfragen passieren.

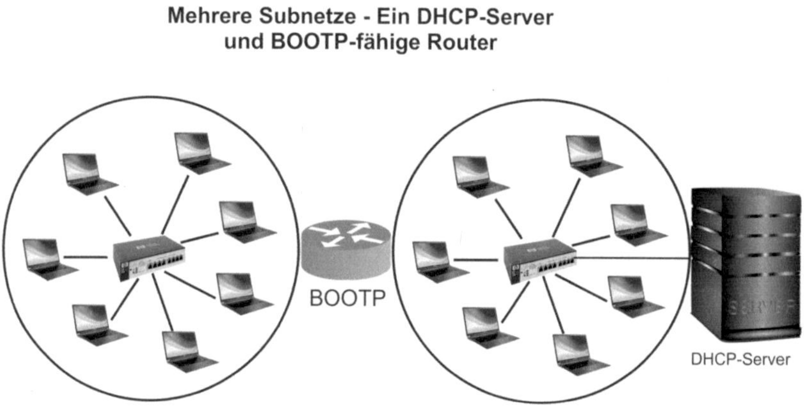

Abbildung 34.24: RFC 1542 fähige Router

Diese Lösung erlaubt die Konfiguration mit einem DHCP-Server in einem mehrfach gerouteten Netzwerk.

DHCP-Relay-Agent

Eine zweite Möglichkeit, die DHCP- Adressvergabe in einem gerouteten Netzwerk zu ermöglichen, ist das Definieren eines DHCP-Relay-Agents.

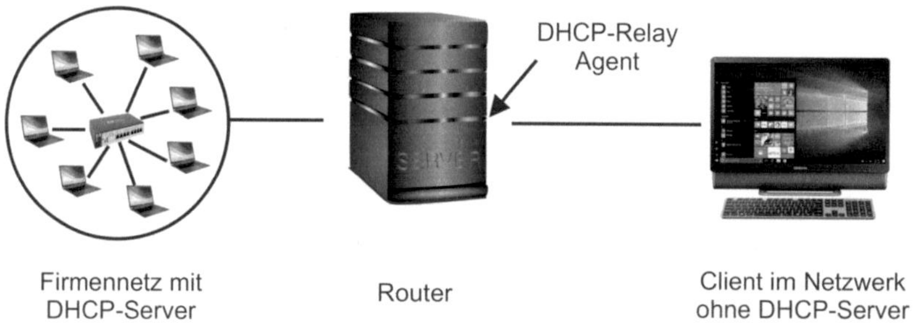

Abbildung 34.25: DHCP-Relay-Agent

Die Auswirkung des DHCP-Relay-Agents ist die gleiche, als wenn Sie einen RFC 1542 kompatiblen Router benutzen:

IP-Adressen können über einen Router hinweg vergeben werden.

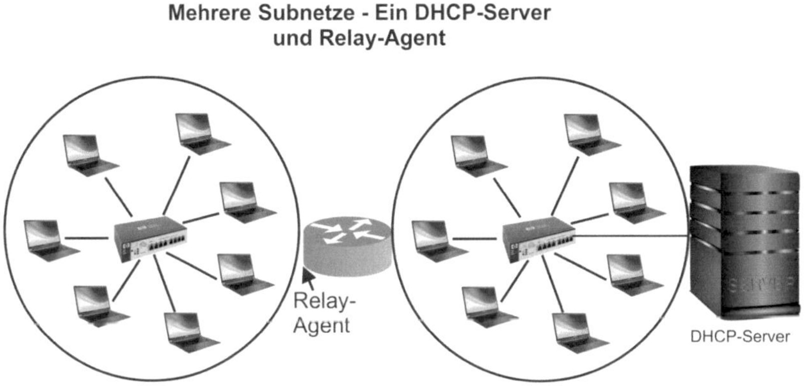

Abbildung 34.26: DHCP-Relay-Agent

Ein DHCP-Relay-Agent muss in dem Subnetz definiert werden, in dem sich die Clients befinden, die eine IP-Adresse vom DHCP-Server empfangen möchten.

Die Clients schicken einen Broadcast (DHCP-Discover). Der DHCP-Relay-Agent empfängt diesen Broadcast, und schickt die Anfrage stellvertretend für die Clients per Unicast an den DHCP-Server weiter. Die Antwort vom DHCP-Server empfängt ebenfalls der DHCP-Relay-Agent und leitet die Daten per Broadcast an den Client weiter.

ACHTUNG!

Wenn Sie einen DHCP-Server für mehrere Subnetze benutzen, muss natürlich für jedes Subnetz ein eigener Bereich definiert sein. Egal, ob die Clients über einen RFC 1542 kompatiblen Router, oder einen DHCP-Relay-Agent kommunizieren, sie benötigen immer einen gültigen DHCP-Bereich.

Wenn Sie nur einen DHCP-Server im Netzwerk betreiben, sollten Sie sich Gedanken machen, wo dieser Server aufgestellt werden sollte.

ACHTUNG!

In jedem Fall sollte der DHCP-Server immer in dem Netzwerk stehen, in dem die meisten Client-Anfragen entstehen. Die Beantwortung der Anfragen aus dem eigenen Netzwerk geht besonders schnell, und somit ist die optimale Leistung des DHCP-Servers gewährleistet.

Mehrere Subnetze, mehrere DHCP-Server

Diese Lösung umgeht die Problematik der Broadcast-Anfrage, da in jedem Subnetz ein eigener DHCP-Server vorhanden ist. Außerdem können zwei DHCP-Server mehr Anfragen schneller beantworten, als nur ein DHCP-Server.

Diese Lösung wird häufig dann benutzt, wenn die Leistung eines einzelnen DHCP-Servers nicht mehr ausreicht, um alle Clients im Netzwerk mit einer IP-Adresse zu versorgen.

ACHTUNG!

Wenn einige DHCP-Clients gültige IP-Adressen erhalten, andere dagegen APIPA-Adressen, ist dies ein Zeichen dafür, dass die Leistung des DHCP-Servers zu gering ist. In solchen Fällen wäre eine Lösung, einen weiteren DHCP-Server in einem anderen Subnetz zu definieren.

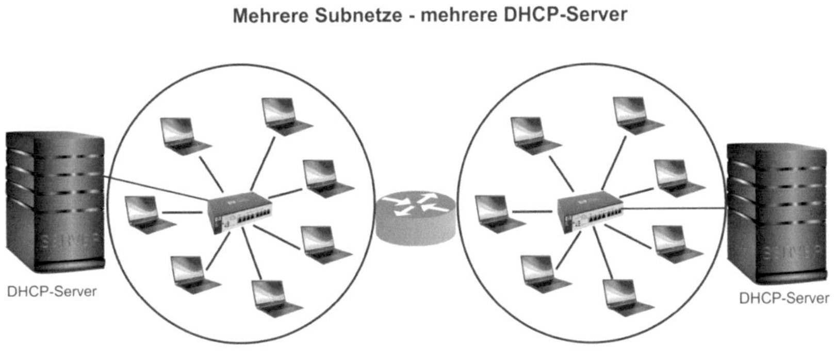

Abbildung 34.27: Mehrere Subnetze und DHCP-Server

Definieren Sie auf jedem DHCP-Server die Bereiche, für die dieser DHCP-Server zuständig sein soll.

Mehrere Subnetze mit WAN-Verbindung

Das Einrichten einer DHCP-Lösung mit einer WAN-Verbindung muss ebenfalls mehrere DHCP-Server beinhalten.

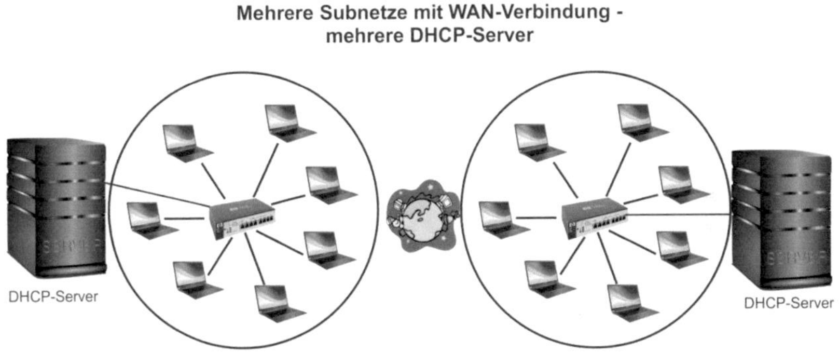

Abbildung 34.28: Auf jeder Seite der WAN-Verbindung ein DHCP-Server

Da die WAN-Verbindung nicht mit DHCP-Verkehr belastet werden soll, und dieser Datenverkehr auch sehr langsam wäre, kann die einzige Lösung sein, dass auf jeder Seite der WAN-Verbindung ein eigener DHCP-Server steht, der diese Seite des Netzwerks mit IP-Adressen versorgt.

ACHTUNG!

Natürlich können auf jeder Seite des Netzwerks auch mehrere DHCP-Server stehen. Hier ist nur wichtig, dass die WAN-Verbindung nicht mit DHCP-Datenverkehr belastet wird.

34.5.2 Redundanz für DHCP

Bisher haben wir DHCP-Lösungen betrachtet, die lediglich auf die optimale Geschwindigkeit ausgerichtet waren.

Für eine gute Netzwerkinfrastruktur ist aber auch die Fehlertoleranz ein wichtiges Thema.

Ein einzelner DHCP-Server kann ausfallen, und dann können die Clients keine IP-Adressen mehr erhalten.

80/20-Regel

Um einem Ausfall vorzubeugen, gibt es die 80/20 Regel für DHCP-Server.

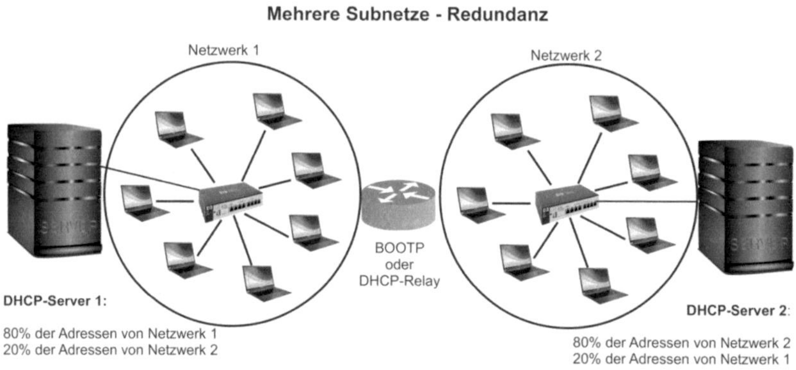

Abbildung 34.29: 80/20 Regel

Hierbei werden zwei DHCP-Server in zwei verschiedenen Netzwerken installiert. Jeder DHCP-Server verwaltet 80% der IP-Adressen für den eigenen Bereich, und 20% der IP-Adressen für den Bereich des anderen DHCP-Servers.

ACHTUNG!

Bei der 80/20 Regel darf es natürlich keinc Überschneidungen geben. Wenn der IP-Bereich beispielsweise 192.168.1.1/24 bis 192.168.1.100/24 ist, würde der eigene DHCP-Server den Bereich von 192.168.1.1./24 bis 192.168.1.80/24 hosten, und der andere DHCP-Server den Bereich von 192.168.1.81/24 bis 192.168.1.100/24.

Sollte das Netzwerk normal funktionieren, weist der DHCP-Server im eigenen Subnetz die IP-Adressen zu, da dieser immer der schnellere der beiden Server ist.

Wenn aber der eigene DHCP Server ausfällt, kann der andere DHCP-Server auch gültige Adressen zuweisen, und das Netzwerk kann einwandfrei funktionieren.

ACHTUNG!

In diesem Fall muss natürlich der Router RFC 1542 kompatibel sein, oder es muss auf jeder Seite des Routers ein DHCP-Relay-Agent installiert sein!

ACHTUNG!

Wenn Sie ein blaues Ausrufezeichen vor dem Bereich sehen, sind die zur Verfügung stehenden IP-Adressen erschöpft!

Hot-Standby

Bei einer „Hot-Standby-Lösung“ wird ein zweiter DHCP-Server im Netzwerk installiert, der identisch wie der erste DHCP-Server konfiguriert wird. Alle Bereiche haben die gleichen Werte.

Der Unterschied zum aktiven DHCP-Server ist, dass der „Hot-Standby-DHCP-Server“ nicht aktiviert ist.

Er steht aber bereit, um sofort aktiviert zu werden, falls der aktive DHCP-Server ausfällt.

Diese Lösung erfordert einen administrativen Eingriff, um bei einem Ausfall des DHCP-Servers sofort für Abhilfe zu sorgen.

Cluster

Es besteht auch die Möglichkeit, einen DHCP-Server zu clustern, um somit für Redundanz zu sorgen.

DHCP ist ein clusterfähiger Dienst, was nicht für alle Windows-Dienste zutrifft. Dadurch können Sie durch ein Clustern sowohl für Redundanz, als auch für Performancesteigerung sorgen.

Failover

Wie zuvor schon erwähnt, bietet Windows Server 2022 nun auch eine neue Funktion für die Ausfallsicherheit, das Failover.

Für die Konfiguration benötigen Sie ausschließlich zwei Server, auf denen der DHCP-Dienst installiert ist. Diese beiden Server müssen noch folgende Anforderungen erfüllen:

- Sie benötigen die gleiche Systemzeit
- Beide müssen über Port 647/TCP kommunizieren können
- Sie müssen in einer Active Directory Domäne autorisiert sein

Nun wird auf dem zukünftigen primären DHCP Server der Bereich eingerichtet, der redundant behandelt werden soll.

Danach können Sie „Failover einrichten“ wählen.

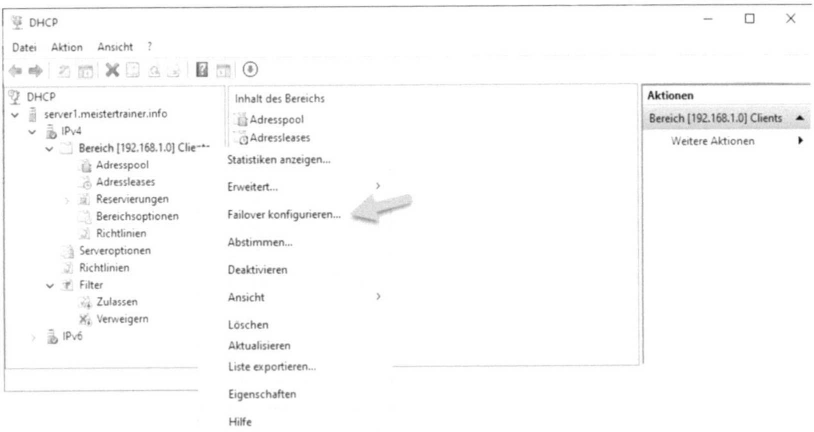

Abbildung 34.30: DHCP Failover einrichten

Nun wählen Sie, welche Bereiche in die Konfiguration einbezogen werden sollen.

Abbildung 34.31: Bereiche

Im nächsten Schritt wählen Sie den zweiten Server aus.

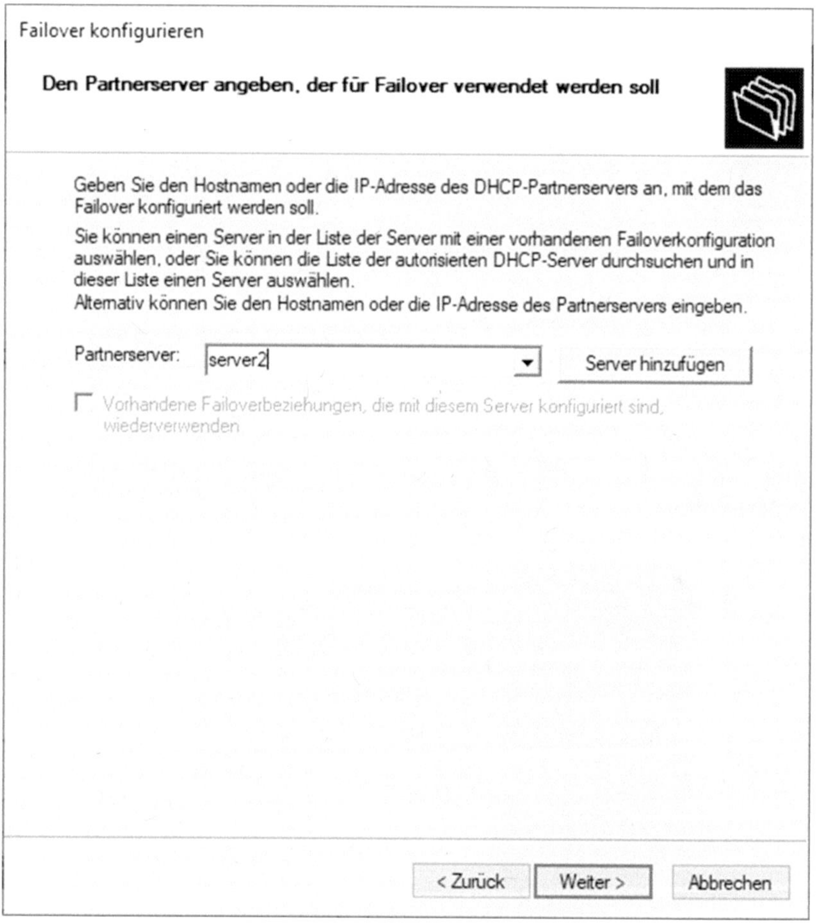

Abbildung 34.32: Auswahl zweiter Server

Nun erstellen Sie die Art der Beziehung zwischen den beiden Servern.

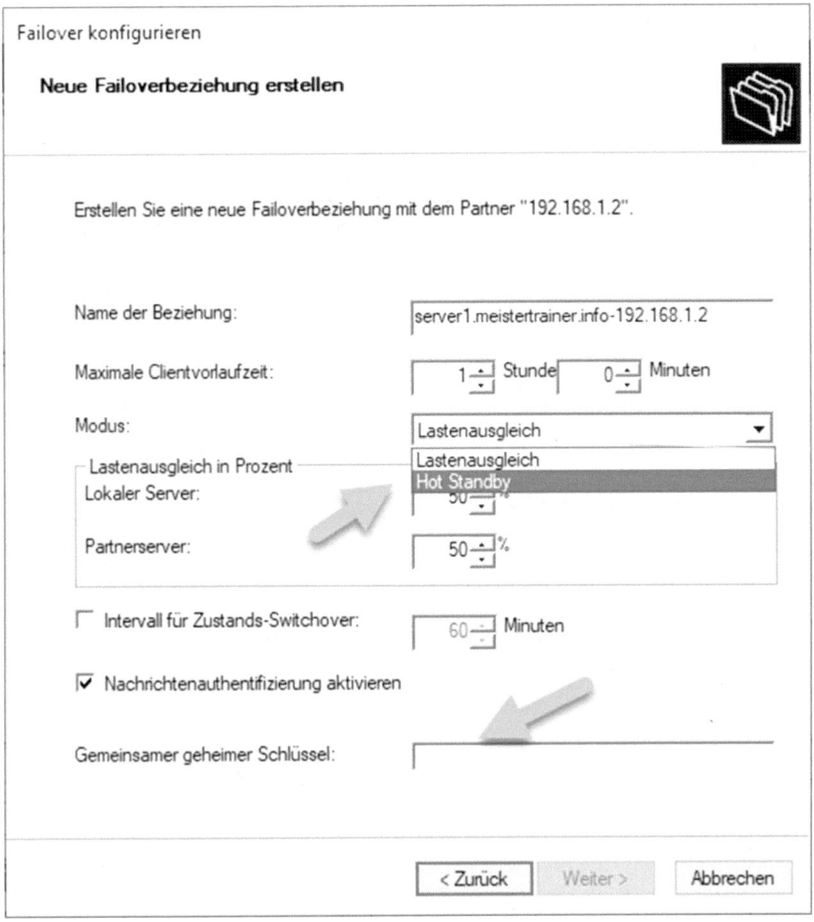

Abbildung 34.33: Beziehung

Zur Auswahl stehen:

Lastenausgleich

Beide Server arbeiten parallel und beide vergeben IP-Adressen.

Hot-Standby

Dies ist die einfachere Konfiguration, Sie müssen nur einen primären und einen Standby-Server festlegen.

Nur wenn der primäre Server ausfällt, springt der Standby-Server ein.

Im unteren Teil geben Sie noch einen gemeinsamen geheimen Schlüssel ein, danach wird der Failover erstellt.

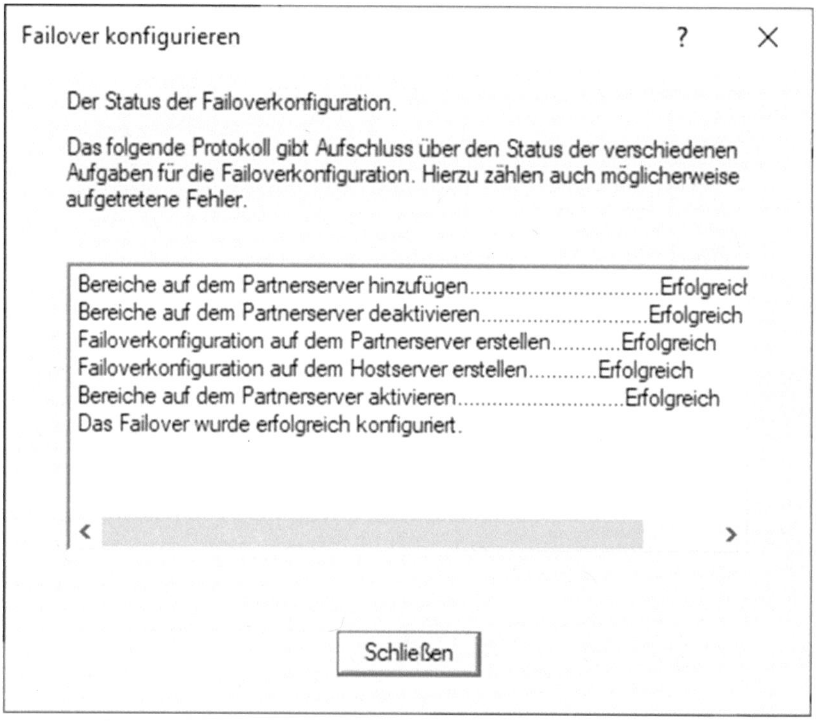

Abbildung 34.34: Failover ist erstellt

Der Bereich ist nun auch beim Partnerserver verfügbar und vergibt IP-Adressen, je nach Konfiguration.

Übung 34.5

- Sie möchten ein Failover mit Hot-Standby für den DHCP-Dienst einrichten
- Dafür installieren und autorisieren Sie DHCP auch auf „Server2"
- Setzen Sie alle virtuellen Maschinen auf den Prüfpunkt „Basis" zurück

35 Tag 35: Was ist Azure Active Directory?

Wir haben uns nun ausführlich über Unternehmensstrategien mithilfe einer Active Directory Domäne unterhalten.

Zum Abschluss dieses Kurses wollen wir noch einen Ausblick auf die Cloud-Technologie „Azure Active Directory“ wagen.

35.1 Grundlagen Azure Active Directory

Es müssen für alle Benutzerkonten sichere Umstände für die Verwaltung angeboten werden, egal, ob sich die Benutzer direkt in der Cloud oder zunächst am On-Premise Active Directory verifizieren.

Auch die Dienste, die in der Cloud zur Verfügung gestellt werden, müssen für die gewünschten Benutzer verwaltet und gesichert werden.

Generell gibt es zwei grundsätzliche Vorgehensweisen bei der Verwaltung und Wartung von Benutzern und Diensten:

- On-Premise
- Cloudbasiert

On-Premise

Dies ist die bis dato herkömmliche Herangehensweise, in diesem Fall existiert eine Active-Directory-Domäne, in der alle Benutzer, Gruppen, Geräte und Dienste verwaltet werden.

Abbildung 35.1: Active Directory

Verwaltung und Wartung finden hier innerhalb der Domäne mit den gegebenen Möglichkeiten statt.

Cloudbasiert

In letzter Zeit gewinnt das Azure Active Directory immer mehr Bedeutung. Hier findet die Verwaltung von Benutzern, Gruppen, Geräten und Diensten nicht mehr ausschließlich in der Active Directory Domäne statt, sondern kann teilweise oder ganz in das Azure Active Directory ausgelagert werden, das ein Online-Service von Microsoft ist.

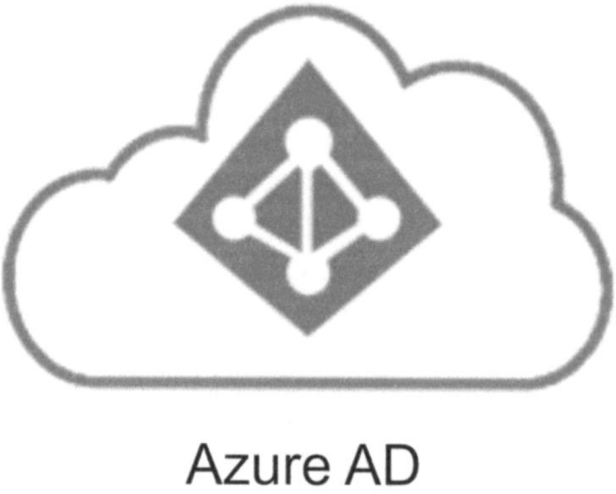

Abbildung 35.2: Azure Active Directory

Azure Active Directory kann als„Paas“ (Platform as a Service) bezeichnet werden, und wird von Microsoft zur Verfügung gestellt.

Sie können jederzeit ein kostenloses Konto für Azure Active Directory erstellen.

Wenn Sie aber alle Funktionen nutzen wollen, die Ihnen in der Cloud zur Verfügung stehen können, benötigen Sie ein Abonnement für Microsoft 365.

Microsoft 365 besteht aus

- Windows 10 Lizenzen
- Office 365
- und diversen Verwaltungswerkzeugen mit Namen „Enterprise Mobility + Security“

35.1.1 Was sind die Unterschiede zwischen Active Directory und Azure Active Directory?

Um zu verstehen, wann Sie Active Directory und wann Azure Active Directory verwenden sollten, sollten Sie die Unterschiede kennen.

Infrastruktur

Lokales Active Directory

Eine On-Premise Domäne, also ein lokales Active Directory, setzt eine komplette Infrastruktur voraus, bestehend aus mindestens einem Domänencontroller und dessen Konfiguration.

Azure Active Directory

Azure AD dagegen setzt keine Infrastruktur voraus, es werden lediglich ein Internetzugang und die Zugriffsberechtigung auf Azure AD benötigt.

Verwalten der Konten und Zugriffssteuerung (Identitätsmanagement)

Lokales Active Directory

Das lokale Active Directory verwaltet die Identitäten mithilfe mehrerer Dienste, wie

- Kerberos
- LDAP
- DNS

Azure Active Directory

Azure AD dagegen benutzt nur die Internetprotokolle

- http
- https

und sichert diese Übertragungen noch durch weitere Maßnahmen.

Interne Struktur der Datenbank

Lokales Active Directory

Das Active Directory gibt uns sehr fein granulierte Möglichkeiten, die tatsächliche Organisationsstruktur abzubilden und Zugriffe diesbezüglich zu gestatten oder zu verbieten.

Werkzeuge hierfür sind

- Domänenstrukturen
- OUs
- Gruppenrichtlinien
- Und vieles mehr

Azure Active Directory

All das gibt es im Azure AD nicht.

Sie können keine untergeordneten Domänen erstellen, keine OUs anlegen, und auch Gruppenrichtlinien können deswegen nicht in der uns bekannten Art erstellt werden.

Azure AD arbeitet nur auf einer Organisationsebene.

35.1.2 Welche Variante ist besser?

Beide haben ihre Daseinsberechtigung.

Azure AD ist ideal, um Cloudanwendungen in die Firmenstruktur zu integrieren, das lokale Active Directory dagegen ist unschlagbar, wenn es um die Verwaltung der lokalen Sicherheitsbedürfnisse einer Firma geht.

Darum ist die Antwort auf diese Frage:

Sie sollten beide Verzeichnisdienste kombinieren.

Das lokale Identitätsmanagement sollte weiterhin in einer geschützten On-Premise Domäne erfolgen, Azure AD wird **ZUSÄTZLICH** für die Verwaltung der Cloud-Dienste benutzt.

35.1.3 Wie kombiniere ich diese beiden Welten?

Das ist nicht ganz profan, aber machbar.

Mit einem Tool mit Namen „AD-Connect“ können bereits vorhandene On-Premise Active Directorys mit einem Azure Active Directory verbunden werden.

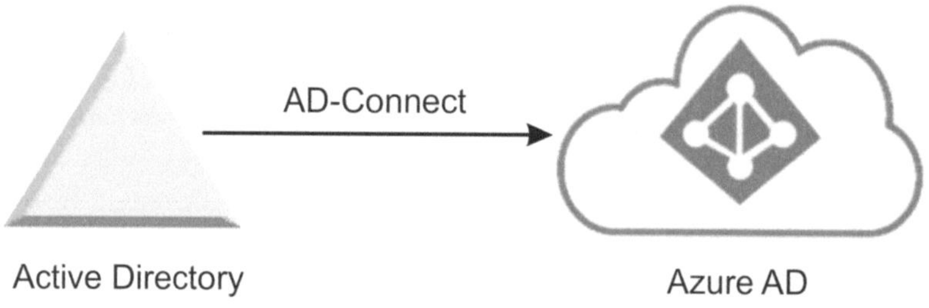

Abbildung 35.3: AD-Connect

Hierbei synchronisieren sich alle im Active Directory vorhandenen Benutzer ins Azure Active Directory.

Damit stehen Ihnen alle Funktionen sowohl der Domäne als auch alle Azure Funktionen nach einer einzigen Anmeldung zur Verfügung.

Dafür wird auf einem Server in der On-Premise Domäne ein Agent installiert, der die Synchronisation zwischen den beiden Komponenten verwaltet.

35.2 Beispiele für Funktionen von Azure Active Directory

Azure Active Directory bietet viele Möglichkeiten, den Zugriff auf Cloudanwendungen zu steuern.

Ein großer Punkt dabei ist die Verwaltung der Geräte, denn oft wird der Zugriff vom Zustand der Geräte abhängig gemacht.

35.2.1 Clientverwaltung mit Autopilot

So ist es beispielsweise möglich, Clients automatisch über die Cloud auszurollen.

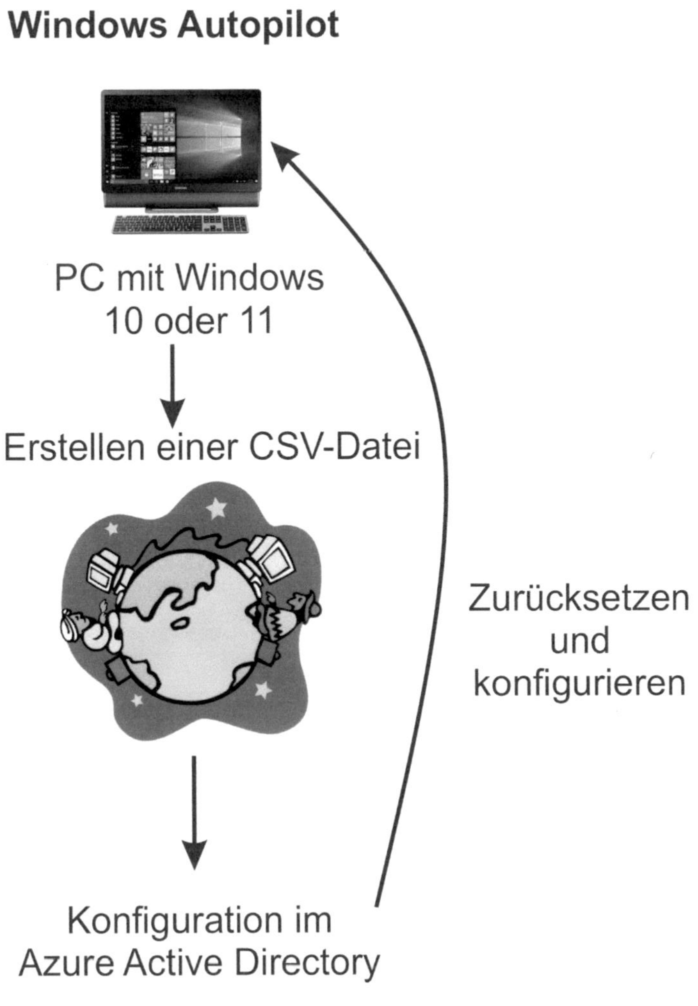

Abbildung 35.4: Prinzip Windows Autopilot

Windows Autopilot installiert Windows 10 oder 11 nicht, der Client muss bereits vor der Bereitstellung ein Clientbetriebssystem installiert haben, bei Autopilot werden lediglich unternehmensrelevante Einstellungen vorgenommen.

Voraussetzungen für Windows Autopilot

Azure Active Directory

Windows Autopilot funktioniert cloudbasiert, das heißt Azure Active Directory ist eine zwingende Voraussetzung.

Die Geräte benötigen ein vorinstalliertes Windows 10 oder 11

Da Autopilot nicht installiert, sondern lediglich konfiguriert, muss Windows 10 Pro, Enterprise, oder Education ab der Version 1703 oder Windows 11 in den gleichen Versionen auf den Geräten vorinstalliert sein.

Microsoft Intune oder Microsoft Store für Unternehmen

Um die Konfiguration von Windows Autopilot vornehmen lassen zu können, wird entweder Microsoft Intune oder der Microsoft Store für Unternehmen benötigt. Einer dieser Clouddienste muss im Unternehmen verfügbar sein.

Internetverbindung

Da die Konfiguration cloudbasiert stattfindet, muss natürlich eine Internetverbindung vorhanden sein.

Die Geräte müssen registriert sein

Windows Autopilot muss die Geräte, die konfiguriert werden sollen, vorab kennen. Bevor eine Konfiguration stattfinden kann, müssen bestimmte Informationen über das Gerät hochgeladen werden, wie beispielsweise die Hardware-ID.

Diese Informationen müssen zunächst in einer CSV-Datei gespeichert werden.

Erstellen der Konfigurationsdatei

Nehmen wir an, Sie haben einen Rechner mit einem vorinstallierten Windows Pro, den Sie mit Autopilot konfigurieren möchten.

Der erste Schritt dafür ist das Auslesen der Seriennummer des Geräts, der Windows Produktnummer und des Hardware Hashs.

Mit diesen Informationen wird eine CSV-Datei erstellt.

Die Vorgehensweise ist sehr einfach.

INSTALL-SCRIPT -NAME GET-WINDOWSAUTOPILOTINFO

Mit diesem Befehl wird das Skript installiert, um es später ausführen zu können.

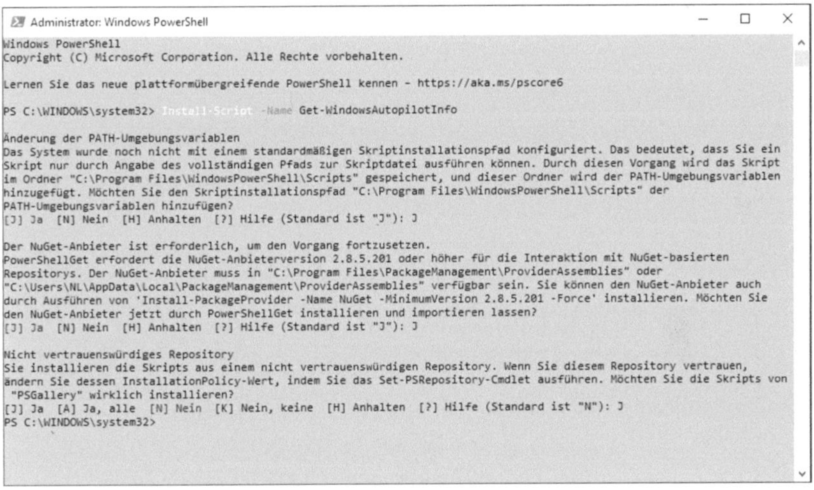

Abbildung 35.5: Installation des Skripts

Der nächste Schritt ist das eigentliche Erstellen der CSV-Datei mit dem Befehl:

GET-WINDOWSAUTOPILOTINFO.PS1 -OUTPUTFILE AUTOPILOTHWID.CSV

Diese Datei kann nun betrachtet werden.

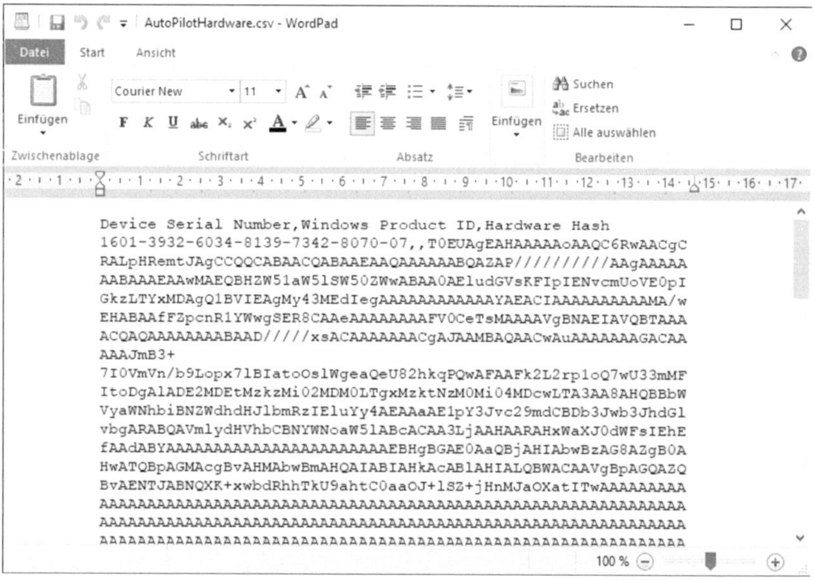

Abbildung 35.6: Geöffnete CSV-Datei

Wir sehen, dass drei Informationen gespeichert sind:

- Seriennummer des Geräts
- Die Windows Produktnummer
- Der Hardware Hash

CSV-Datei bereitstellen

Im nächsten Schritt muss diese CSV-Datei bereitgestellt werden.
Dafür muss sie zu Azure AD hochgeladen werden.

Ihnen stehen dafür mehrere Möglichkeiten offen, denn mehrere Clouddienste können diese Aufgabe:

- Windows Store für Unternehmen
- Microsoft Intune (Endpoint Manager)

Die genaue Vorgehensweise ist relativ aufwändig und wird hier nicht behandelt.

Zurücksetzen der Windows 10 Installation (Autopilot Reset)

Langsam wird es ernst.

Wenn Sie einen Computer zum ersten Mal starten, werden Sie von einem Assistenten durch einige Abfragen geführt, indem Sie Land, Sprache und ähnliches eingeben müssen.

Diese Stelle in der Installationsroutine nennt sich Out-Of-Box Experience (OOBE).

Windows 10 Pro, Enterprise oder Education versucht nun, Kontakt mit dem Internet aufzunehmen und überprüft, ob eine Konfigurationsdatei von AutoPilot vorliegt.

Aus diesem Grund müssen Sie den Windows 10/11 Rechner zunächst einmal komplett zurücksetzen, nur dann startet er in OOBE.

Wenn alle Vorbereitungen abgeschlossen sind, öffnen Sie auf dem Windows 10/11 Rechner, den Sie mit Autopilot konfigurieren möchten, die Einstellungen, und navigieren zu „Diesen PC zurücksetzen".

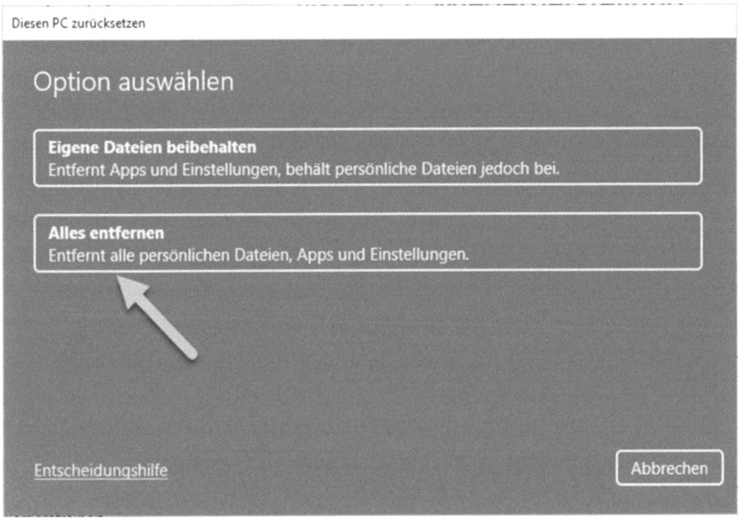

Abbildung 35.7: Zurücksetzen

In der ersten Abfrage wählen Sie „Alles entfernen“, da Sie den Rechner ja komplett von den Daten, die vorher eventuell gespeichert waren, befreien möchten.

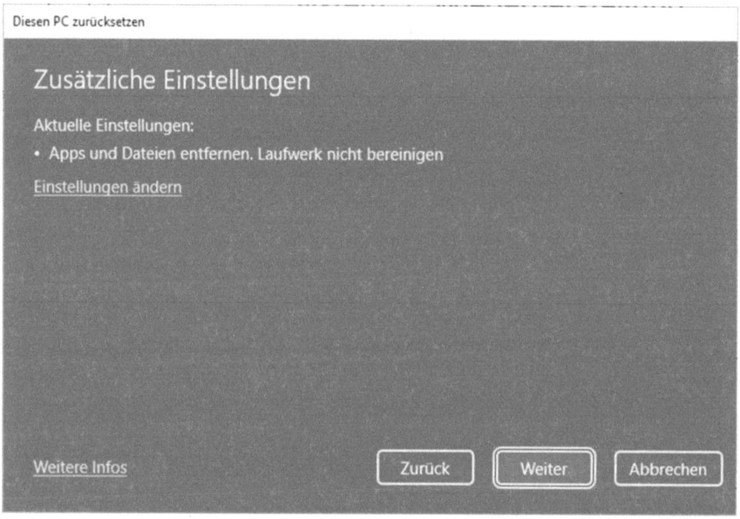

Abbildung 35.8: Abfrage

In der zweiten Abfrage bestätigen Sie die Auswahl.

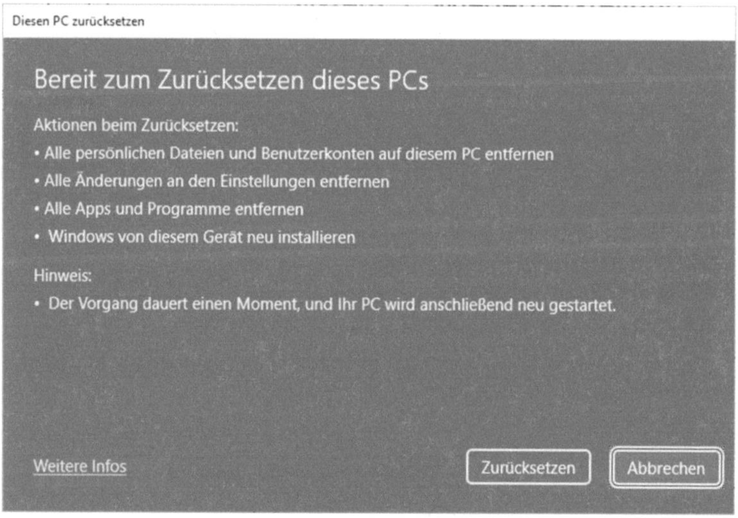

Abbildung 35.9: Rücksetzung beginnt

Das dauert sehr lange, sollte aber immer gemacht werden, wenn die vorherigen Daten dauerhaft zerstört werden sollen.

Nachdem Sie die Zusammenfassung bestätigt haben, beginnt die Rücksetzung.

Danach wird der Rechner automatisch neu gestartet.

Konfiguration über Autopilot

Wenn der Computer nach der Rücksetzung wieder startet, erhalten Sie, wie gewohnt bei einer Installation, zunächst die Abfrage nach Region und Tastaturlayout.

Danach nimmt der Client automatisch über das Internet Kontakt mit Microsoft Intune und dem Azure Active Directory auf und stellt fest, dass er dort registriert ist.

Deswegen werden Sie aufgefordert, eine entsprechende E-Mail-Adresse einzugeben, die einem autorisierten Konto entspricht.

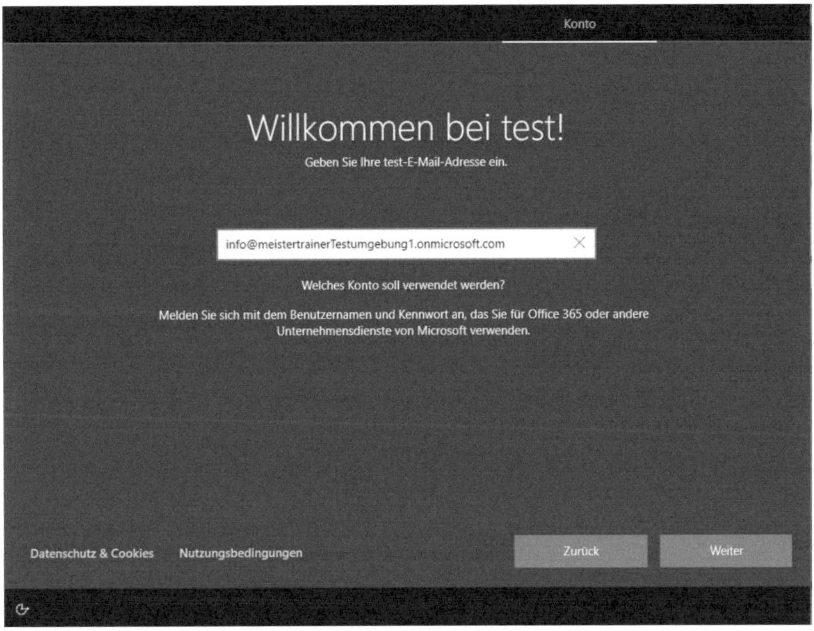

Abbildung 35.10: Eingabe E-Mail-Adresse

Nun erfolgt die weitere Einrichtung gemäß des von Ihnen erstellten Profils.

35.2.2 Geräte-Compliance verwalten

Die Arbeitswelt ist im Wandel. Früher war es undenkbar, dass Angestellte mit ihren eigenen Geräten arbeiten, ein Desktop in der Firma war das Arbeitsgerät.

Mittlerweile werden immer öfter auch Geräte genutzt, die nicht zum Firmeninventar gehören, wie Notebooks der Angestellten, oder auch Smartphones.

Dieses Phänomen nennt sich „BYOD“ (bring your own device).

Wenn die Geräte nicht mehr voll kontrolliert werden können, bringt das natürlich große Sicherheitsprobleme mit sich, denn wie soll der Administrator den Überblick darüber behalten, welche Programme auf welchen privaten Geräten installiert sind?

Hier kommt Microsoft Intune (Endpoint Manager) ins Spiel.

Mit Microsoft Intune können Sie alle Geräte managen und bestimmen, welches Gerät welchen Zugriff erhält.

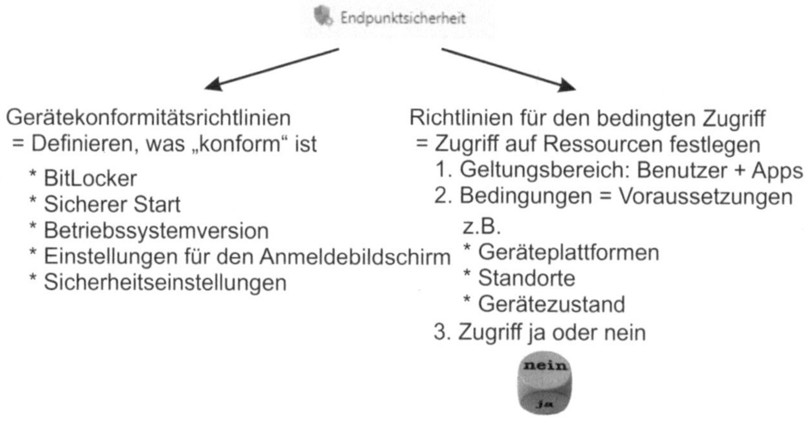

Abbildung 35.11: Richtlinien in Intune

Microsoft Intune bietet für die Verwaltung der Geräte mehrere Möglichkeiten.

Gerätekonformitätsrichtlinie

Konformitätsrichtlinien sind Richtlinien, die Regeln definieren, die eingehalten werden müssen, damit ein Gerät oder ein Benutzer als „konform" gilt.

Geräte, die diese Anforderungen nicht erfüllen, erhalten den Status „konform" nicht.

So kann beispielsweise festgelegt werden, dass ein Gerät ein bestimmtes Betriebssystem haben muss, um konform zu sein.

Richtlinie für den bedingten Zugriff

Richtlinien für den bedingten Zugriff definieren zunächst den Geltungsbereich, also für welche Benutzer und welche Apps sie gelten sollen.

Im zweiten Schritt werden die Bedingungen festgelegt, also die Voraussetzungen, die erfüllt sein müssen.

Dies können beispielsweise sein:

- Geräteplattformen
- Gerätestandort
- Gerätezustand

Im dritten Schritt wird definiert, ob bei Erfüllung der Kriterien Zugriff gewährt oder verweigert wird.

Damit haben Sie die Möglichkeit, den Zugriff auf bestimmte Ressourcen von bestimmten Voraussetzungen abhängig zu machen, unter anderem kann die mit einer Gerätekonformitätsrichtlinie festgelegte Konformität ein Kriterium sein.

Geräteprofile

Profile sind Festlegungen von Einstellungen.

Mithilfe von Geräteprofilen können Sie alle Geräte Ihres Unternehmens mit bestimmten Einstellungen konfigurieren. Das gilt für alle verwendeten Plattformen, also Windows, iOS und Android.

Mit Geräteprofilen können Sie die verschiedensten Anforderungen an Geräte erfüllen.

Hier einige Beispiele:

- Erstellen eines WLAN-Profils für den Zugriff auf das Netzwerk
- Erstellen eines VPN-Profils
- Definieren von Eigenschaften für ein Kiosk-Gerät
- und vieles mehr

Abbildung 35.12: Prinzip Geräteprofil

35.2.3 Apps verwalten

In einer funktionierenden Unternehmensumgebung wird mit Apps gearbeitet, die Daten erzeugen.

Viele dieser Apps sind inzwischen in der Cloud verfügbar, dies ist ebenfalls ein gutes Beispiel, wie Azure AD eingesetzt werden kann.

Apps mithilfe von Azure AD bereitstellen

Die Verwaltung von Apps in einem Unternehmen ist eine zeitaufwändige Aufgabe.

Es ist nicht nur die Vielfalt der Anwendungen, die in einem Unternehmen benötigt werden, sondern auch die Diversität.

Nicht alle Anwendungen werden auf allen Windows Rechnern benötigt, oft gibt es gravierende Unterschiede je nach Abteilung.

Und es gibt auch viele Nicht-Windows Geräte, auf denen bestimmte Apps ebenfalls installiert werden müssen.

Abbildung 35.13: Prinzip Apps bereitstellen

Ein wichtiger Aspekt ist natürlich auch, dass die Apps und deren Daten sicher vor unberechtigtem Zugriff geschützt werden müssen.

Bei all diesen Herausforderungen kann Ihnen Azure AD mit dem Endpoint Manager eine große Hilfe sein.

Definieren einer App

Zunächst muss also eine App definiert werden.

Dafür bietet Azure AD die „Endpunktsicherheit" an, in der Sie die gewünschte App definieren können.

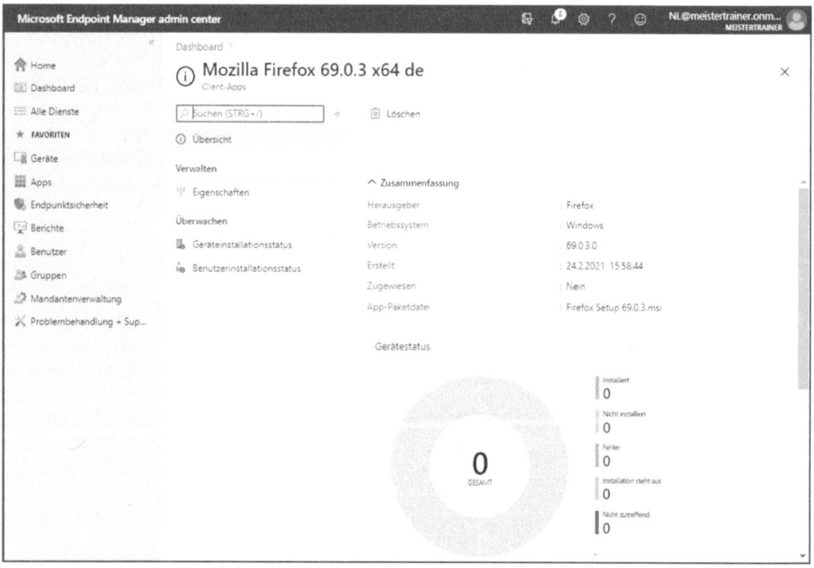

Abbildung 35.14: Bereit für die Konfiguration

App-Schutzrichtlinien

Wenn Mitarbeiter Apps benutzen, müssen Sie sich immer Gedanken über die Sicherheit von App und Daten machen. Dies gilt umso mehr, als viele mobile Geräte benutzt werden, bei denen der Schutz noch viel wichtiger ist als bei den internen Desktopgeräten.

Noch größer ist die Gefahr, dass Mitarbeiter Geräte benutzen, die nicht unter Ihrer Verwaltung stehen, also mit ihren eigenen Geräten arbeiten (BYOD).

Hier kommen die App-Schutzrichtlinien ins Spiel. Mit ihnen können Sie Regeln für Apps festlegen, die unabhängig von der Geräteverwaltung agieren.

Damit können Sie auf Ebene der App Zugriff auf Unternehmensressourcen einschränken.

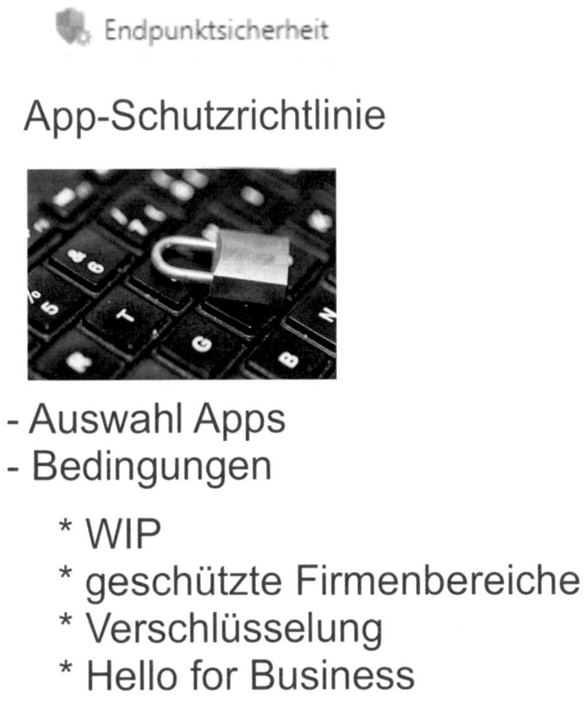

Abbildung 35.15: Prinzip App-Schutzrichtlinie

App-Schutzrichtlinien können für die gebräuchlichsten Plattformen erstellt werden.

Sie können wählen zwischen

- iOS
- Android
- Windows

Danach wählen Sie die Apps aus, für die diese Richtlinie gelten soll.

Im nächsten Schritt können Sie folgende Einstellungen vornehmen:

Windows Information Protection-Modus:

Mit Windows Information Protection können Sie verhindern, dass unternehmensinterne Daten, die mit bestimmten Programmen erstellt worden sind, nach außen gelangen können, beispielsweise als Anhang einer E-Mail.

An dieser Stelle legen Sie fest, wie mit solchen Daten umgegangen werden soll.

Blockiert:

Geschützte Daten können das Unternehmen nicht verlassen, der Schutz ist vollständig.

Außerkraftsetzen zulassen:

In diesem Fall wird der Benutzer beim Versuch, Daten aus einer geschützten App zu verschieben, gefragt, ob er das wirklich tun will.

In diesem Fall wird ein Protokoll erstellt.

Im Hintergrund

Bei dieser Auswahl ist ein Verschieben von geschützten Daten möglich, der Vorgang wird aber protokolliert.

Manchmal wird diese Auswahl auch „Lautlos“ genannt.

Aus

Windows Information Protection ist inaktiv, Daten können verschoben werden.

Eine weitere Festlegung an dieser Stelle ist die Unternehmensidentität.

Hier wird die aktuelle Azure-Domäne als Ausdehnung des Unternehmens eingetragen, andere Eintragungen sind hier nicht zulässig.

Sie können noch viele weitere Einstellungen vornehmen, wie zum

Beispiel:

- Definition des geschützten Firmennetzwerks über IP-Bereiche
- Verschlüsselung
- Einstellungen für „Hello For Business", wie Länge der PIN
- und einiges mehr

Office 365 ProPlus bereitstellen

Eine Bereitstellung von Office 365 ProPlus über Microsoft Endpoint Manager ist genauso einfach einzurichten wie das Bereitstellen anderer Programme.

Wichtig zu wissen ist, dass Office 365 Apps nur für Windows 10 und MacOS bereitgestellt werden können. Natürlich müssen Sie im Besitz einer gültigen Lizenz sein.

Auch sollten Sie daran denken, dass bereits auf den Geräten installierte Office Versionen vor der Bereitstellung von Office 365 ProPlus rückstandslos entfernt werden müssen, da sonst die Zuweisung nicht funktionieren wird.

Für die Zuweisung öffnen Sie einfach den Endpoint Manager und definieren die gewünschten Einstellungen für Office 365.

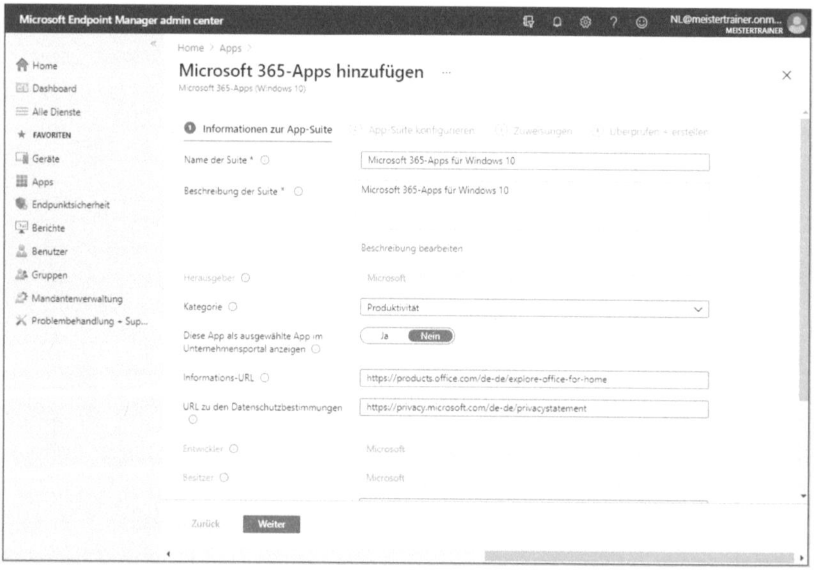

Abbildung 35.16: Informationen zur App-Suite

Sie sehen, auch Azure Active Directory ist ein spannendes Thema, mit dem Sie die Verwaltung Ihres Unternehmens komplettieren können.

Index